BILINGUAL EDITION
KEYSTONE
1

Programa Bilingüe de Sadlier
Acercándote a la fe
Guía para el catequista

ACERCÁNDOTE A
DIOS

Dr. Gerard F. Baumbach

Dr. Eleanor Ann Brownell

Joan B. Collins

Moya Gullage

Helen Hemmer, I. H. M.

Gloria Hutchinson

Dr. Norman F. Josaitis

Rev. Michael J. Lanning, O. F. M.

Dr. Marie Murphy

Karen Ryan

Joseph F. Sweeney

Patricia Andrews

El Comité Ad Hoc de la
Conferencia Nacional de Obispos Católicos,
que supervisa el uso del Catecismo,
consideró que la doctrina en esta guía
está conforme con el
Catecismo de la Iglesia Católica.

Consultor Teológico
Reverendísimo Edward K. Braxton, Ph.D., S.T.D.
Obispo Auxiliar de San Luis

Consultor Bíblico
Rev. Donald Senior, C.P., Ph.D., S.T.D.

Consultores de Liturgia y Catequesis
Dr. Gerard F. Baumbach
Dr. Eleanor Ann Brownell

Consultores de Pastoral
Rev. Msgr. John F. Barry
Rev. Virgilio P. Elizondo, Ph.D., S.T.D.

Traducción y adaptación
Dulce M. Jiménez-Abreu

Colaboradora
Beverly Neureiter Malone

William H. Sadlier, Inc.
9 Pine Street
New York, New York 10005–1002
www.sadlier.com

INDICE / CONTENTS

FE VIVA EN EL HOGAR Y EN LA PARROQUIA
incluida en cada capítulo

FAITH ALIVE AT HOME AND IN THE PARISH
is included in each chapter

Productos Religiosos Bilingües
Español-Inglés

Nuestros obispos en los Estados Unidos destacan la importancia de la presencia de los latinos en la Iglesia del país.

Es por esa razón que William H. Sadlier, Inc. se coloca al servicio de la comunidad latina preparando un programa especialmente diseñado para llenar la necesidad de los catequistas, maestros de religión y las familias que hablan español.

Anunciamos con orgullo que el programa de Sadlier, **Acercándote a la fe/Coming to Faith** es un programa bilingüe completo para los cursos primarios.

En Sadlier estamos orgullosos de que el Comité Ad Hoc de la Conferencia Nacional de Obispos Católicos, que supervisa el uso del Catecismo, consideró que esta serie está conforme con el Catecismo de la Iglesia Católica.

Acercándote a la fe/Coming to Faith ayuda a catequistas y maestros de religión a comunicarse mejor con los estudiantes de habla hispana y sus familias.

Puede usarse con niños que sólo hablan español y con niños que hablan ambos idiomas.

Bilingual Religion Products
Spanish-English

Our nation's bishops have affirmed in a distinctive way the important gift of the Latino community to the Church in the United States.

It is for this reason that William H. Sadlier, Inc. places itself at the service of the Latino community by preparing a program specifically designed to meet the needs of catechists, religion teachers, and Spanish-speaking families.

We announce that Sadlier's **Acercándote a la Fe/Coming to Faith** forms a complete bilingual program for grades 1–6.

Sadlier is proud that the **Keystone Bilingual Edition** has been found by the Ad Hoc Committee to Oversee the Use of the Catechism, National Conference of Catholic Bishops, to be in conformity with the Catechism of the Catholic Church.

Acercándote a la Fe/Coming to Faith will enable catechists/religion teachers to communicate more effectively with Spanish-speaking children and their families.

The materials may be used with Spanish-speaking children, and with children in bilingual situations.

6-A

Sadlier Keystone Edición
Acercándote a la Fe

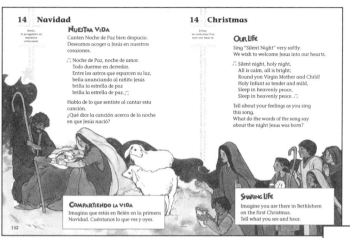

14 Navidad

NUESTRA VIDA

Jesús, te acogemos en nuestros corazones.

Canten Noche de Paz bien despacio. Deseamos acoger a Jesús en nuestros corazones.

♫ Noche de Paz, noche de amor.
Todo duerme en derredor.
Entre los astros que esparcen su luz,
bella anunciando al niñito Jesús
brilla la estrella de paz
brilla la estrella de paz.

Habla de lo que sentiste al cantar esta canción.
¿Qué dice la canción acerca de la noche en que Jesús nació?

COMPARTIENDO LA VIDA

Imagina que estás en Belén en la primera Navidad. Cuéntanos lo que ves y oyes.

132

14 Christmas

Jesus, we welcome You into our hearts.

OUR LIFE

Sing "Silent Night" very softly.
We wish to welcome Jesus into our hearts.

♫ Silent night, holy night,
All is calm, all is bright;
Round yon Virgin Mother and Child!
Holy Infant so tender and mild,
Sleep in heavenly peace,
Sleep in heavenly peace.

Tell about your feelings as you sing this song.
What do the words of the song say about the night Jesus was born?

SHARING LIFE

Imagine you are there in Bethlehem on the first Christmas. Tell what you see and hear.

Somos Hijos de Dios — We Are God's Children

ACERCÁNDOTE A LA FE

Imagina que un amigo te pregunta "¿Qué significa ser bautizado?" ¿Qué contestarías?

VIVIENDO LA FE

Celebraremos el ser hijos de Dios. Vamos a ponernos de pie y a aplaudirnos.

COMING TO FAITH

Imagine a friend asks you, "What does it mean to be baptized?" What would you say?

PRACTICING FAITH

We will celebrate being children of God. Let us stand and clap for each other.

VOCABULARIO

Orar es hablar y escuchar a Dios.

Jesús es el mejor amigo que podemos tener. Algunas veces nos sentimos solos o con miedo. Pero nunca estamos solos. Jesús siempre está con nosotros.

Siempre podemos hablar o rezar a Jesús. Podemos decirle que le amamos. Darle gracias por ser nuestro mejor amigo.

Podemos pedirle que nos ayude. Si hacemos algo mal, podemos decir a Jesús que lo sentimos. El siempre nos perdona.

Podemos rezar en cualquier lugar, en cualquier momento. Podemos rezar en la mañana, en la noche, antes o después de las comidas.

Jesús escucha nuestras oraciones.

96

FAITH WORD

Prayer is talking and listening to God.

Jesus is the best friend we can have. Sometimes we feel alone or afraid. But we are never really alone. Jesus is always with us.

We can always talk or pray to Jesus. We can tell Jesus we love Him. We can thank Him for being our best friend.

We can ask Jesus to help us and others. If we do things that are wrong, we can tell Jesus we are sorry. Jesus always forgives us.

We can pray anywhere, anytime. We can pray in the morning, at night, or before we eat.

Jesus always hears our prayers.

97

167

NUESTRA FE CATÓLICA

Dios hizo el mundo

Todas las cosas buenas vienen de Dios, nuestro Padre.

Esta es una historia de la creación tomada de la Biblia.

Léeme de la Biblia
Dios hizo el sol, la luna y las estrellas.
La luz que nos permite ver y nos calienta. Dios dijo: "Es bueno".
Basado en Génesis 1:3-4.

Dios hizo el agua y la tierra.
Dios hizo las plantas, los árboles y las flores. Dios dijo: "Es bueno".
Basado en Génesis 1:10-13.

Dios hizo todas las cosas vivientes en nuestro mundo. Dios hizo todos los animales, grandes y pequeños. Dios dijo: "Es bueno".
Basado en Génesis 1:24-25.

Creación es todo lo hecho por Dios. Toda la creación es un regalo del Padre para nosotros.

¡Toda la creación de Dios es buena! Podemos conocer a Dios a través de las cosas que nuestro Padre celestial ha creado para nosotros.

8

OUR CATHOLIC FAITH

God Made the World

Everything good comes from God our Father.

This is the story of creation from the Bible.

Read to me from the Bible
God made the sun, the moon, and the stars.
The light helps us to see.
The light makes us warm.
God said, "It is good."
From Genesis 1:3-4.

God made the water and the earth.
He made the plants, trees, and flowers.
God said, "It is good."
From Genesis 1:10-13.

God made all living things in our world.
He made all the animals, big and small.
God said, "It is good."
From Genesis 1:24-25.

Creation is everything made by God. All of creation is the Father's gift to us.

All God's creation is good!
We can know God through the things our heavenly Father made for us.

9

La edición bilingüe del **Programa Coming to Faith,** edición **Keystone** introduce la belleza de la fe católica a los niños.

Cada texto trata aspectos que ayudan a llevar la riqueza de la herencia católica a una fe viva. Bellas **ilustraciones** despiertan la imaginación de los niños. La sección **Vocabulario** de cada capítulo da oportunidad al niño de aumentar su vocabulario católico. Cada texto contiene un folleto que resume la fe: **Mi libro de la fe católica** (cursos 1–3) y **Compartiendo nuestra fe** como católicos (cursos 4–6).

Lecciones litúrgicas diseñadas para que los niños entiendan con más facilidad los tiempos litúrgicos y las celebraciones.

Cintas grabadas con canciones en español están disponibles para primer y segundo cursos.

The **Keystone Bilingual Edition** of **Coming to Faith** initiates the children into the heart and beauty of their Catholic faith.

Each text contains features that help turn the richness of our Catholic heritage into a lived faith. Beautiful art sparks the child's imagination. **Faith Words** in each chapter provide the child with an extensive Catholic vocabulary. Texts also contain **Catholic Belief Booklets: My Catholic Faith Book** (grades 1–3) and **Sharing Our Faith as Catholics** (grades 4–6).

Liturgy Lessons are designed to enhance the child's understanding of liturgical seasons and celebrations.

Music cassettes featuring songs in Spanish complement lessons in grades 1 and 2.

Bilingüe/Español-Inglés /Coming to Faith

REVISION DE LA SEGUNDA UNIDAD

Jesús es parte de nuestra familia humana.
Jesús es humano como nosotros.
El rió y jugó con sus amigos. El los amó y se preocupó por ellos. Algunas veces se sintió cansado y triste. Jesús hizo las cosas que nosotros hacemos.

Jesús es el Hijo de Dios.
Jesús mostró a la gente lo mucho que Dios nos ama. Jesús mostró, con lo que hizo y dijo, que él era el Hijo de Dios.

Jesús es nuestro amigo y maestro.

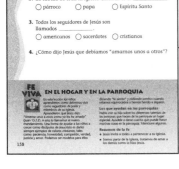

REPASO

Colorea el círculo al lado de la respuesta correcta.

1. Jesús invita a todo el mundo a pertenecer a _____.
   ○ la parroquia ○ el papa ○ la Iglesia

2. La cabeza de toda la Iglesia Católica es el _____.
   ○ párroco ○ papa ○ Espíritu Santo

3. Todos los seguidores de Jesús son llamados _____.
   ○ americanos ○ sacerdotes ○ cristianos

4. ¿Cómo dijo Jesús que debíamos "amarnos unos a otros"?

FE VIVA · EN EL HOGAR Y EN LA PARROQUIA

158

4471-3

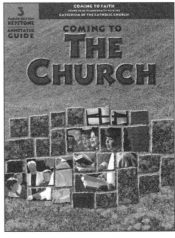

4373-3

1279-X

SEMBRANDO LA PALABRA
Manual para catequistas

Sowing the Word
A Manual for Catechists

Técnicas de enseñanza y aprendizaje

Techniques For Teaching and Learning

La página **Fe viva: en el hogar y en la parroquia,** anima a la familia a participar. Las actividades en esta sección resumen la lección, revisan el contenido del capítulo y sugieren a la familia dialogar y orar.

Las guías para los catequistas escritas en forma clara y concisa son fáciles de usar. La planificación de cada lección se inicia con una **referencia** al tema, también provee **recursos de justicia y paz.** Ofrecen actividades para **niños con necesidades especiales** basadas en necesidades visuales, auditivas, motoras y de tacto.

Sembrando la palabra/Sowing the Word es una fina colección de artículos formativos e informativos diseñada para ayudar a los catequistas a enseñar la fe católica, especialmente a niños de habla hispana. Complementa la guía del catequista.

Nuestra fe católica/Our Catholic Faith es una presentación comprensiva de la doctrina y un excelente resumen de las creencias básicas para estudiantes intermedios.

Family involvement is encouraged through the use of **Faith Alive at Home and in the Parish.** The activities in this section summarize the lesson, review the chapter's content, and engage the family in discussion and prayer.

Catechists' Guides are clear, concise, and easy to use! Every lesson plan begins with **Adult Background. Liturgical** and **Justice and Peace Resources** are provided as well. **Special Needs Activities** focus on visual, auditory, and tactile-motor needs.

Sembrando la Palabra/Sowing the Word is a fine collection of formative and informative articles designed to help the catechist teach the Catholic faith, especially to Spanish-speaking children. This complements the Catechist's guide.

Nuestra Fe Católica/Our Catholic Faith is a comprehensive presentation of doctrine and is an excellent summary of essential beliefs for middle grade students.

Dios hizo el mundo

Para el catequista: Desarrollo espiritual y catequético

Nuestra vida

Todos hemos experimentado esos maravillosos momentos nos percatamos, como dice Gerard Manley Hopkins, de que: "El mundo está lleno de las grandezas de Dios".

Caminamos bajo un fuerte aguacero y de repente un hermoso arco iris nos deslumbra. Nuestra oración es una admiración "¡oh!" dirigida al divino artista.

Vemos la mano creativa de Dios en los amaneceres y atardeceres, en la claridad de un río, en la particularidad de un oso panda, en cada perrito, en cada periquito.

Cuando nos asombramos de la creación y nos damos cuenta de que todo pertenece a un Dios de amor, también aclamamos: "¡es bueno!"

Pregúntese:

• ¿Cuándo estoy más apto para apreciar la creación de Dios?

• ¿Cómo describo mi relación actual con la naturaleza?

Compartiendo la vida

¿Encuentra difícil algunas veces apreciar la creación de Dios? ¿Por qué?

¿Cómo afectan sus sentimientos sobre la creación su relación con Dios?

Nuestra fe católica

En el libro de Génesis, la primera historia de la creación ofrece una dramática descripción del admirable poder de Dios. La tierra es un lugar oscuro y desolado sumergido en aguas furiosas. Luego el Espíritu de Dios se movió sobre las aguas sin forma: "Hágase la luz", dijo Dios, disipando la oscuridad que representa el caos. Se hizo la luz.

"Aunque la obra de la creación se atribuya particularmente al Padre, es igualmente verdad de fe que el Padre, el Hijo y el Espíritu Santo son el principio único e indivisible de la creación" (Catecismo 316). Dios creó el universo de la nada. Después de completar cada trabajo Dios miró y dijo: "Es bueno".

Así como la creación satisface a Dios, debe complacernos a nosotros quienes somos hecho a imagen de Dios. Somos llamados para confirmar que la creación es un signo innegable de:

• el poder de Dios (¿quién sino Dios pudo crear todo el universo de la forma que fue creado?)

• el amor de Dios (¿qué es la creación sino un maravilloso regalo de amor?)

• la presencia de Dios en nosotros (¿quién sino Dios puede sustentar la creación momento a momento?)

Ignorar o dar por sentado cualquier aspecto de la creación de Dios es perder una oportunidad para crecer espiritualmente. Nuestra vocación común como hijos de Dios es dar gracias y cantar alabanzas a los corazones que exaltan lo que Dios ha hecho.

Acercándote a la fe

¿Qué significaría en su vida un mayor aprecio por la creación de Dios?

¿Cuál es su creencia de la primera historia bíblica acerca de la creación?

Viviendo la fe

¿Qué forma va a escoger para dar gracias a Dios por la creación?

¿Cómo ayudará a los niños a apreciar el regalo de la creación de Dios?

God Made The World

For the Catechist:
Spiritual and Catechetical Development

ADULT BACKGROUND

Our Life

We have all experienced those wonder-filled moments when we knew, as Gerard Manley Hopkins put it, that "the world is charged with the grandeur of God."

We are out walking after a rainstorm. Unexpectedly, a brilliant rainbow delights us. Our prayer is an admiring "Wow!" directed to the Divine Artist.

We sense God's creative hand in the daily display of sunrise and sunset, in the clarity of a mountain stream, in the uniqueness of every panda, every pet collie, every parakeet.

When we are awake to creation and aware that it all belongs to a loving God, we, too, proclaim, "It is good!"

Ask yourself:

• When am I most apt to appreciate God's creation?

• How would I describe my present relationship with nature?

Sharing Life

Do you sometimes find it difficult to appreciate God's creation? Why?

How do your feelings about creation affect your relationship with God?

Our Catholic Faith

In the Book of Genesis, the first story of creation gives us a dramatic depiction of God's awesome power. Earth is a dark and desolate place submerged in raging waters. Then the spirit of God moves over the formless waste. "Let there be light," God declares, dispelling the darkness, which represents chaos and evil. Day is born.

"Though the work of creation is attributed to the Father in particular, it is equally a truth of faith that the Father, Son, and Holy Spirit together are the one, indivisible principle of creation" (*Catechism*, 316). God created the universe out of nothing. And after each work was completed, God looked at it and said, "It is good."

Just as creation is pleasing to God, it is pleasing to us, who are made in his image. We are called to affirm creation as:

• God's power (for who but God can create an entire universe as it was created?)

• God's love (for what else is creation than a marvelous gift of love?)

• God's presence with us (for who but God can sustain creation from moment to moment?).

To ignore or take for granted any aspect of God's creation is to miss an opportunity for spiritual growth. Our common vocation as the people of God is to be thanks-givers and praise-singers whose hearts exult at all that God has made.

Coming to Faith

What do you think a more active appreciation of God's creation might mean for your life?

What is your understanding of the first biblical creation story?

Practicing Faith

In what new way might you choose to be a thanks giver for creation?

How will you help the children to appreciate God's gift of creation?

El tema de este capítulo corresponde al párrafo 282

RECURSOS LITURGICOS

Así como Jesús rezaba los salmos diariamente, la Iglesia reza la Liturgia de las Horas todos los días. Esta antigua oración combina los salmos con una lectura de la Escritura e intercesiones.

Usted puede introducir a los niños a esta costumbre de rezar los salmos cada mañana y cada tarde. Escriba versículos en la pizarra o en pedazos de papel.

Oraciones a nuestro creador

¡Aclama al Señor, tierra entera,
  con gritos de alegría!
(Salmo 98:4)

Señor, ¡qué numerosas son tus obras!
  Tus criaturas se ven en todas partes.
(Salmo 104:24)

Que lo alaben ustedes, sol y luna,
  que lo alaben, estrellas luminosas,
(Salmo 148:3)

Aplaudan juntos los ríos,
  y alégrense los montes.
(Salmo 98:8)

Anime a los niños a aprender de memoria uno o más de estos versículos.

RECURSOS DE JUSTICIA Y PAZ

¿Qué puede ser más crucial para nuestra creación que la supervivencia de nuestro hermoso planeta? Contribuimos a la supervivencia de la tierra cada vez que participamos en promover la justicia y la paz.

Cada día de esta semana puede tomar 5 minutos para leer *The Challenge of Peace: (El desafío de la paz) promesa de Dios y nuestra respuesta*. Pastoral sobre la paz de los obispos católicos de los Estados Unidos. (Puede pedir ayuda al DER o al director de la escuela para conseguir un ejemplar). En la primera parte de la pastoral leemos:

Cómo la paz es uno de los signos del [reino de Dios] presente en el mundo, la Iglesia lleva a cabo parte de su misión esencial de hacer más visible el reino de en nuestro tiempo. (22)

Forme un "círculo de paz" con los niños. Pida a un voluntario hacer una paloma en una hoja de papel. Cada niño debe tomar la paloma en sus manos y completar la afirmación "puedo fomentar la paz _____".

Anime a los niños a reconocer las diferentes formas en que se puede preservar la paz: siendo paciente; escuchando; siendo gentil; hablando bajo cuando alguien levanta la voz. Luego compartan la señal de la paz cantando una canción apropiada.

The Theme of This Chapter Corresponds with Paragraph 282

LITURGICAL RESOURCES

Just as Jesus prayed the psalms daily, the Church each day offers the Liturgy of the Hours. This ancient prayer combines the psalms with a Scripture reading and intercessions.

You might introduce the children to the custom of praying from the psalms each morning and evening. Print verses like the following on the board or on a piece of oaktag.

Prayers to Our Creator God

Sing for joy to the Lord,
    all the earth!
(from Psalm 98:4)

Lord, you have made so
    many things!
  The earth is filled with
    your creatures.
(from Psalm 104:24)

Praise him, sun and moon;
  praise him, shining stars.
(Psalm 148:3)

Clap your hands, you rivers;
  you hills, sing together
    with joy before the Lord.
(Psalm 98:8)

Encourage the children to learn one or more of these verses by heart.

JUSTICE AND PEACE RESOURCES

What could be more crucial to creation than the survival of our beautiful planet? We contribute to the survival of the Earth whenever we participate in furthering justice and thus making peace.

Each day this week you might decide to spend five minutes reading short excerpts from the American Catholic Bishops' Peace Pastoral *The Challenge of Peace: God's Promise and Our Response.* (Ask your DRE or principal to help you get a copy.) In the first part of the pastoral we read:

> Since peace is one of the signs of [God's kingdom] present in the world, the Church fulfills part of her essential mission by making the peace of the Kingdom more visible in our time. (22)

Form a "peace circle" with the children. Have a volunteer make a large paper or fabric dove for the occasion. Each child should gently hold the dove in his or her hands and complete the statement "I can make peace by _____."

Encourage recognition of the many good ways we can preserve peace: by being patient when others are impatient; by listening to those who need attention; by speaking gently when others are raising their voices. Then share a sign of peace and an appropriate song.

Recursos de enseñar

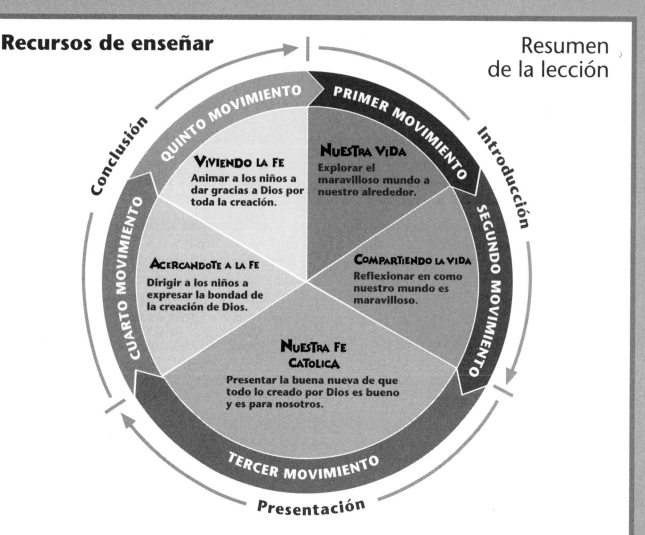

QUINTO MOVIMIENTO

PRIMER MOVIMIENTO

Conclusión

Introducción

SEGUNDO MOVIMIENTO

CUARTO MOVIMIENTO

VIVIENDO LA FE
Animar a los niños a dar gracias a Dios por toda la creación.

NUESTRA VIDA
Explorar el maravilloso mundo a nuestro alrededor.

ACERCANDOTE A LA FE
Dirigir a los niños a expresar la bondad de la creación de Dios.

COMPARTIENDO LA VIDA
Reflexionar en como nuestro mundo es maravilloso.

NUESTRA FE CATOLICA
Presentar la buena nueva de que todo lo creado por Dios es bueno y es para nosotros.

TERCER MOVIMIENTO

Presentación

Sugerencias

Esta lección pone énfasis en el maravilloso mundo creado por Dios para nosotros y la bondad inherente en la creación de Dios.

En esta lección los niños tendrán oportunidades de expresar su deleite en la gratitud por la creación de Dios por medio de canciones, oraciones y actividades. Con sus palabras y gestos muestre su entusiasmo, asombro y reverencia por el maravilloso mundo en que vive.

Niños con necesidades especiales

Cuando se enseña a niños con necesidades especiales se debe tener en mente que sus impedimentos muchas veces hacen las actividades de grupo físicamente exigentes. Es importante estar atento a las señales de agotamiento o frustración.

Necesidades visuales
• fotografías grandes de escenas naturales en colores brillantes

Necesidades auditivas
• audífonos, instrumentos de grabación

Necesidades motoras y de tacto
• marcadores grandes

Recursos complementarios

Color of Love (Creation) (video)
Freckles and Friends (series)
Brown–ROA
1665 Embassy West Drive
Dubuque, IA 52002-2259
(1-800-922-7696)

God made the World: Creation (video)
Program 1, *God Made the World*
Treehaus Communications, Inc.
P.O. Box 249
Loveland, OH 45140-0249
(1-800-638-4287)

Teaching Resources

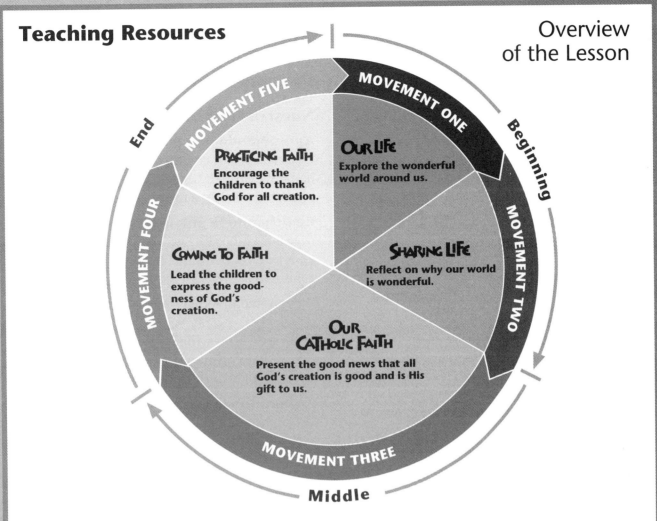

Beginning

MOVEMENT ONE

Our Life
Explore the wonderful world around us.

MOVEMENT TWO

Sharing Life
Reflect on why our world is wonderful.

MOVEMENT THREE

Middle

Our Catholic Faith
Present the good news that all God's creation is good and is His gift to us.

MOVEMENT FOUR

Coming To Faith
Lead the children to express the goodness of God's creation.

MOVEMENT FIVE

End

Practicing Faith
Encourage the children to thank God for all creation.

Teaching Hints

This lesson focuses on the wonderful world God made for us and the inherent goodness in all his creation.

In this lesson the children will have many opportunities to express their delight in and gratitude for God's creation through song, prayer, and creative activities. By your words and gestures show your enthusiasm, awe, and reverence for the wonderful world in which we live.

Special-Needs Child

When teaching children with special needs keep in mind that their disabilities often make group activities physically demanding. It is important to look for signs of fatigue or frustration.

Visual Needs
• large, colorful photos of nature scenes

Auditory Needs
• headphones, instrumental recordings

Tactile-Motor Needs
• large crayons

Supplemental Resources

Color of Love (Creation) (video)
Freckles and Friends (series)
Brown-ROA
1665 Embassy West Drive
Dubuque, IA 52002-2259
(1-800-922-7696)

God Made the World: Creation Stories (video)
Program 1, *God Made the World*
Treehaus Communications, Inc.
P.O. Box 249
Loveland, OH 45140-0249
(1-800-638-4287)

Objetivos

Ayudar a los niños a:

• conocer que el mundo creado por Dios es bueno

• apreciar la creación como un regalo de Dios

• agradecer a Dios por la creación de un mundo maravilloso.

PLANIFICACION DE LA LECCION

Introducción _____ minutos

Oración de la lección

Haga la primera pregunta de la página 6. Invite a los niños a cerrar sus ojos e imaginarse en su lugar favorito en el parque. Para ayudarles a participar de la experiencia pregunte: "¿Qué ves?, ¿qué oyes?, ¿qué hueles?, ¿qué sientes?" Luego con voz suave diga: "Te alabo oh Dios. Eres maravilloso".

Nuestra vida

Descubriendo el mundo

Mientras los niños tienen los ojos cerrados, haga las tres preguntas sobre descubrimientos en la página 6, deteniéndose después de cada una para dar oportunidad a los niños a "mirar" de cerca su lugar favorito. Luego invítelos a compartir sus descubrimientos.

Nombrando las cosas favoritas

Discuta las fotografías. Luego pida a un voluntario nombrar algunas de sus cosas favoritas en el mundo.

Compartiendo la vida

Apreciando el mundo

Use las preguntas al final de la página 6 para ayudar a los niños a expresar sus sentimientos acerca del mundo que Dios ha hecho. Luego recen la oración juntos.

Presentación _____ minutos

Nuestra fe católica

Aprendiendo una palabra nueva

Escriba la palabra *creación*. Pida a un niño repetirla después de usted. Luego dígales que descubrirán el significado de la palabra si escuchan atentamente.

Escuchando la palabra de Dios

Diga a los niños que va a contarles una historia especial de la Biblia que les ayudará a descubrir cosas maravillosas acerca de nuestro mundo.

Si es posible, coloque su libro dentro de una Biblia grande. Lea, con reverencia y entusiasmo, la historia de la creación en la página 8. Después de cada párrafo pregunte: "¿Qué noticia importante has descubierto acerca de nuestro mundo?"

Explorando la ilustración

Lea la primera oración de la página 8. Luego dirija a los niños a mirar de cerca la fotografía en las páginas 8–9 y compartir las "buenas cosas" que descubren. Después de compartir repita la primera oración. Invite a los niños a aplaudir a Dios diciendo: "Arriba Dios".

Reforzando la palabra de Dios

Reúna a los niños en un círculo. Anímelos a que le acompañen con acciones mientras de nuevo lee la historia de la creación.

Objectives

To help the children:

• know that the world God made is good

• appreciate creation as a gift from God

• thank God for making our wonderful world.

LESSON PLAN

Beginning _____ min.

Focusing Prayer

Present the first question on page 7. Invite the children to close their eyes and imagine themselves in their favorite place outdoors. To help them enter the experience, ask these rhetorical questions: "What do you see? hear? smell? How do you feel?" Then in a quiet voice say, "We praise you, O God. You are wonderful!"

Our Life

Discovering Our World

While the children's eyes are still closed, ask the three discovery questions on page 7, pausing after each to allow the children to "look" closely at their favorite place. Then invite them to share their discoveries.

Naming Favorite Things

Discuss the pictures. Then call on volunteers to name more of their favorite things in our world.

Sharing Life

Appreciating Our World

Use the questions at the bottom of page 7 to help the children express their feelings about the world that God has made. Then pray the focusing prayer together.

Middle _____ min.

Our Catholic Faith

Learning a New Word

Display the word *creation*. Have the children repeat it after you. Tell them they will discover what this word means if they listen very carefully.

Listening to God's Word

Tell the children that you have a special story from the Bible to share with them and that it will help them to discover wonderful news about our world.

If possible, place your book inside a large Bible. Read the creation story on page 9 with reverence and mounting enthusiasm. After each paragraph, ask, "What wonderful news have you discovered about our world?"

Exploring the Illustration

Read the first sentence on page 9. Then direct the children to look closely at the picture on pages 8–9 and share the "good things" they discover there. After the sharing, repeat the first sentence. Invite the children to applaud God and say, "Hooray for God!"

Reinforcing God's Word

Gather the children around you in a circle. Encourage them to make up actions to accompany the creation story as you reread it.

Reflexionando en la creación

Señale la palabra *creación* escrita. Pida a los niños buscarla en la página 8 y encerrarla en un círculo. Lea los dos últimos despacio y con reverencia. Pida a un voluntario compartir lo que entendió acerca de la creación. Pregunte: "¿Qué crees que la creación de Dios nos dice acerca de él?"
(Respuestas posibles: Dios nos ama; Dios es bueno; Dios quiere que seamos felices).

Conclusión ＿＿＿＿＿ minutos

Acercándote a la fe

Resumen de la fe

Mire el *Resumen de la fe* en la página 12. Anímeles a aprender las afirmaciones de memoria. Tenga presente que hacer suyo el *Resumen de la fe* y llevarlo al corazón es más importante que la repetición.

Celebrando cantando

Enseñe la canción que se encuentra en la página 10. Cántela o tóquela una vez. Repita la canción, anime a los niños a unirse cantándola.

Haga la pregunta en la página 10.

Viviendo la fe

Dando gracias a Dios por la creación

Invite a los niños a hacer sus propias oraciones de acción de gracias. Antes de que empiecen, pídales pensar en silencio acerca de las cosas maravillosas que han descubierto acerca de Dios y el mundo que él hizo para nosotros. Cuando los niños terminen, haga la pregunta en la página 10.

Materiales necesarios: marcadores, lápices y papel

Evaluación de la lección

• ¿Saben los niños que todo lo que hizo Dios, nuestro Padre, es bueno?

• ¿Aprecian la bondad en el mundo de Dios?

• ¿Han decidido dar gracias a Dios por toda la creación?

SEÑOR, AYUDANOS A DIRIGIR A LOS NIÑOS Y A SUS FAMILIAS HACIA TI.

Reflecting on Creation

Point to the word *creation*, which you have displayed. Have the children find and circle it on page 9. Then read the last two paragraphs slowly and reverently. Call on volunteers to share their understanding of creation. Ask, "What do you think God's creation tells us about God?" (Possible responses: God loves us; God is good; God wants us to be happy.)

End _____ min.

Coming to Faith

Faith Summary

Turn to the *Faith Summary* on page 13. See if the children can express in their own words what they have learned today. Encourage those who can to learn the statements by heart. Bear in mind, however, that making the *Faith Summary* their own and taking it to heart are more important than rote repetition.

Celebrating in Song

Teach the song "A Wonderful World" on page 11.

Sing or play the song one time. Repeat the song, encouraging the children to join in. Then sing the song together.

Ask the follow-up question on page 11.

Practicing Faith

Thank God for Creation

Invite the children to create their own prayer of thanks. Before they begin, tell them to think quietly about the wonderful things they have discovered about God and the world he made for us. When the children have finished, use the closing prayer on page 11.

Materials needed: crayons and pencils; paper

Evaluating Your Lesson

• Do the children know that God our Father, made everything good?

• Do they appreciate the goodness in God's world?

• Have they decided to give thanks for all God's creation?

LORD, HELP US TO ENLIGHTEN THE MINDS OF OUR YOUNG PEOPLE AND THEIR FAMILIES.

Dios hizo a los humanos

Para el catequista: Desarrollo espiritual y catequético

REFERENCIA PARA EL CATEQUISTA

Nuestra vida

Una maestra cansada al final del día, espera el autobús para recoger al último grupo de niños. Un tímido niño se acerca, escondiendo algo detrás, y pregunta: "¿Un día de mucho trabajo señorita López?"

Sonriendo contesta: "Realmente no. Estoy un poco cansada".

Con amplia sonrisa revela el ramillete de margaritas que había cortado para ella. ¿No son lindas? Pregunta al tiempo que pone en sus manos las mojadas flores.

"Ciertamente sí Guillermo, y tú también". Contestó la maestra.

Pregúntese:

• ¿Cómo algunas personas, especialmente los niños, nos recuerdan que Dios nos hizo maravillosos?

• ¿Cómo trato de aceptar y apreciar a otras personas?

Compartiendo la vida

¿Por qué fallamos algunas veces en reconocer la bondad de los demás?

¿Recuerda una vez en que alguien apreció sus dones? ¿Cómo esa experiencia le ayudó a apreciar la bondad de Dios?

Nuestra fe católica

En el Génesis, como lo más importante de la creación de Dios, al primer hombre y a la primera mujer se les dio poder sobre las aves, los peces, animales y toda la creación. Dios los bendijo, les mandó poblar la tierra y administrarla.

Dios creó al hombre a su imagen. (Génesis 1:27)

Como todo padre amoroso, Dios llenó de regalos a sus hijos. Los primeros humanos tenían todo lo que necesitaban para vivir contentos y en paz.

Porque hemos sido creados a imagen y semejanza de Dios, somos capaces de conocer y amar a nuestro creador. Tenemos la capacidad de "hacer cosas nuevas" usando nuestra mente, imaginación y talentos a imagen de nuestro creador. Tenemos el deseo y la necesidad de amar a otros.

Dios ha creado a todo el mundo a su imagen y dio a todos igual dignidad humana. Todos comparten la misma llamada y destino divino; todos son redimidos por Jesucristo.

Al mismo tiempo, cada persona ha sido creada como individuo único y valioso cuya bondad y dones deben ser respetados.

Este respeto por la individualidad debe ser comunicado especialmente a los niños, quienes deben saber, como puntualizó Pablo Casals: "En todo el mundo no hay otro niño como tú. En los millones de años que han pasado no ha habido otro niño como tú".

Acercándote a la fe

Si alguien le pregunta lo que significa ser creado a imagen de Dios, ¿qué le contestaría?

¿Cómo la historia de la creación lo desafía a crecer o a cambiar su actitud hacia otros?

Viviendo la fe

¿Qué hará esta semana para reconocer que cada niño ha sido creado a imagen y semejanza de Dios?

¿Cómo expresará, esta semana, con gozo, la creatividad que Dios le ha dado?

18

God Made People

For the Catechist: Spiritual and Catechetical Development

ADULT BACKGROUND

Our Life

A teacher, exhausted at the end of a long day, waits for the bus to pick up the last group of children. A shy first grader approaches, hiding something behind his back. "Bad day, Mrs. Jones?" he asks.

She smiles at the concern in his face. "Not really, Billy. I'm just tired."

He grins in relief and reveals the bouquet of daisies he has picked for her. "Aren't they wonderful?" he asks, thrusting the damp flowers into her hand.

"They certainly are, Billy," she responds. "And so are you."

Ask yourself:

• How do certain people—especially children—remind me that God made us wonderful?

• In what ways do I try to accept and affirm others?

Sharing Life

Why do we sometimes fail to recognize the goodness of others?

Recall a time when someone affirmed you for your many gifts. How did this experience help you appreciate God's goodness to you?

Our Catholic Faith

In the Genesis account, as the crown and climax of God's creative work, the first man and woman were given dominion over the fish, birds, animals, and all of creation. God blessed them, instructing them to populate the earth and to exercise stewardship over it:

So God created human beings, making them to be like himself. (Genesis 1:27)

Like a loving Father, God lavished gifts on these offspring. The first human beings had everything they needed to live in contentment and peace.

Because we have been made in the image and likeness of God, we are capable of knowing and loving our creator. We have the capacity to "make something new" by employing our minds, imaginations, and talents in ways that mirror our creator. We have the desire and the need to love others.

God has created all people in his image and bestowed them all with equal human dignity. All share the same divine calling and destiny; all are redeemed by Jesus Christ.

At the same time, each person has been created as a unique and valuable individual whose goodness and gifts are to be respected.

This respect for individuality should be communicated especially to children, who need to know, as Pablo Casals has pointed out, that "in all of the world there is no other child like you. In the millions of years that have passed there has never been another child like you."

Coming to Faith

If someone asked you what it means to be made in God's image, how would you respond?

How does the creation story challenge you to grow or change in your attitudes toward others?

Practicing Faith

What will you do this week to recognize each of the children as made in the image and likeness of God?

How will you express your God-given creativity in some enjoyable way this week?

RECURSOS LITÚRGICOS

Cuando celebramos la liturgia, la realidad de que hemos sido creados a imagen de Dios puede ser poderosamente introducida al hogar. Podemos experimentar la verdad de que como comunidad de adoración necesitamos alabar al creador.

(La Iglesia) reconoce su dependencia total en Dios Padre y acepta el don de la vida divina que El desea compartir con nosotros en el Hijo, mediante el flujo del Espíritu. El culto crea, expresa y realiza la Iglesia.
(*Compartir la Luz de la fe, DCN, 112*)

Al tiempo que recibimos el Cuerpo y la Sangre de Cristo, podemos imaginarnos sellados con la imagen de Dios, en quien vivimos. Y después de comulgar, como aconsejan muchos escritores espirituales, debemos hacer una genuflexión ante cada uno porque somos tabernáculos vivos.

Invite a los niños de su grupo a mirar cuidadosamente las caras de sus familiares y amigos cuando reciban a Jesús en la Eucaristía. Anímeles a rezar por los que han recibido a Jesús—y también para que puedan estar bien preparados para su primera comunión.

RECURSOS DE JUSTICIA Y PAZ

Puede ser fácil ver la imagen de Jesús en un niño contento de primer curso, en un amigo, o en un miembro de la familia, pero algunas veces es difícil reconocer la imagen de Dios en otros. Pero con un poco de práctica, podemos mejorar nuestra "visión" cuando tratemos de ver a Dios en todo el mundo.

Trate este ejercicio: Vea con mente abierta a alguien con quien no se lleva bien. Tenga presente que esa persona fue creada a imagen de Dios. Siga mirando hasta que encuentre dos cualidades en esa persona. Piense en esas cualidades cada vez que piense en esa persona. (San Ignacio de Loyola dijo que siempre encontraba algo bueno que decir acerca de alguien criticado por otro).

Invite a los niños de su grupo a hacer este ejercicio buscando lo bueno en una persona que le ha enojado o que le ha hecho sentir mal, o en cualquier persona que crean es difícil de amar. Anime a los niños a ser amables con esas personas que han sido creadas a imagen de Dios.

The Theme of This Chapter Corresponds with Paragraph 362

LITURGICAL RESOURCES

When we celebrate the liturgy, the reality that we are created in God's image can be brought home to us powerfully. We can experience the truth that as a worshiping community we need to praise the Creator.

> [The Church] acknowledges its total dependence on God, the Father, and accepts the gift of divine life which He wishes to share with us in the Son, through the outpouring of the Spirit. Worship creates, expresses, and fulfills the Church.
> (*Sharing the Light of Faith*, NCD, 112)

As we receive the Body and Blood of Christ, we can imagine ourselves being stamped with the image of God, in whom we now live. And after Communion, as many spiritual writers advise, we should figuratively genuflect to one another because we are all walking tabernacles.

Invite the children in your group to look carefully at the faces of their families and friends who receive Jesus in the Eucharist. Encourage them to pray for those who have received Jesus—and to pray, too, that they will be well prepared for their First Communion when that happy day comes.

JUSTICE AND PEACE RESOURCES

Although it may be easy for us to see the image of God in a bubbly first grader, a true friend, or a loving family member, there are times when it is difficult to recognize the image of God in others. But with a little practice, we can improve our "eyesight" when it comes to seeing God in all people.

Try this challenging vision exercise: Look with an open mind at someone you find it hard to get along with. Keep in mind that this person has been created in the image of God. Continue to look until you can see at least two good qualities in her or him. Focus on these good qualities whenever you see or think of this person. (It was said of Saint Ignatius of Loyola that he always found something good to say about a person disliked or criticized by others.)

Invite the children in your group to do this vision exercise by looking for the good in anyone who has angered or upset them, anyone who seems to be unlovable. Encourage the children to be kind and caring towards these persons, who are made in the image of God.

Recursos de enseñanza

QUINTO MOVIMIENTO

PRIMER MOVIMIENTO

Conclusión

Introducción

SEGUNDO MOVIMIENTO

CUARTO MOVIMIENTO

VIVIENDO LA FE
Animar a los niños a buscar las bendiciones y la ayuda de Dios.

NUESTRA VIDA
Darse la bienvenida en el grupo

ACERCANDOTE A LA FE
Hablar acerca de lo que los niños van a aprender este año.

COMPARTIENDO LA VIDA
Celebrar que juntos vamos a aprender acerca de Dios.

NUESTRA FE CATOLICA
Compartir como nos ayudamos unos a otros a aprender muchas cosas maravillosas acerca del amor de Dios.

TERCER MOVIMIENTO

Presentación

Sugerencias

Esta lección pone énfasis en que el ser humano es el centro de la creación de Dios. En la sabiduría y el amor divino, cada uno de nosotros ha sido creado de manera única—diferente a todos los demás.

Prepare una atmósfera de aceptación con amor. Use las oportunidades sugeridas en esta lección para *aceptar* a los niños por lo que son y por sus muchos dones y talentos. Anime a los niños a valorarse y a respetarse y a "ver" el trabajo amoroso de Dios en cada uno.

Niños con necesidades especiales

A los niños con necesidades especiales se les debe animar a participar como miembros del grupo. Haga participar a los niños con impedimentos visuales en todas las actividades.

Necesidades visuales
• arcilla para formar la palabra *crear*

Necesidades auditivas
• audífonos, grabación de la historia de la creación

Necesidades motoras y de tacto
• marcadores grandes y compañeros que sirvan de tutores para dibujar

Recursos complementarios

Discovering Our Senses: God's Gifts (video)
Freckles and Friends (series)
Brown-ROA
1665 Embassy West Drive
Dubuque, IA 52002-2259
(1-800-922-7696)

God's Five Gifts (video)
St. Anthony Messenger/
Franciscan Communications
1615 Republic Street
Cincinnati, Ohio 45210
(1-800-488-0488)
(1-800-989-3600)

Vocabulario
Crear significa que Dios hizo algo nuevo.

Teaching Resources

Overview of the Lesson

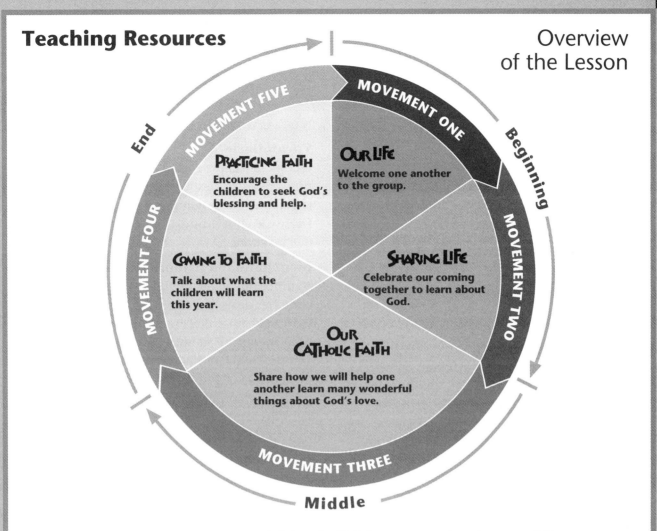

Teaching Hints

This lesson focuses on people as the centerpiece of God's creation. In God's great wisdom and love, each of us is created unique—unlike all others.

Provide an atmosphere of loving acceptance. Use the opportunities suggested in this lesson to affirm the children for who they are and for their many gifts and talents. Encourage the children to value and respect themselves and to "see" God's loving handiwork in one another.

Special-Needs Child

Mainstreaming children means involving them as participating members of the group. Involve visually-impaired children in all activities.

Visual Needs
• clay to form the faith word *create*

Auditory Needs
• headphones, recording of the creation story

Tactile-Motor Needs
• large crayons and peer tutors for drawing activities

Supplemental Resources

Discovering Our Senses: God's Gifts (video)
Freckles and Friends (series)
Brown-ROA
1665 Embassy West Drive
Dubuque, IA 52002-2259
(1-800-922-7696)

God's Five Gifts (video)
St. Anthony Messenger/
Franciscan Communications
1615 Republic Street
Cincinnati, Ohio 45210
(1-800-488-0488)
(1-800-989-3600)

Faith Word
Create means God making something new.

Objetivos

Ayude a los niños a:

• entender que Dios nos creó a todos para ser como él

• respetar y a usar sus dones y los dones de los demás

• celebrar y dar gracias a Dios por crear gente maravillosa.

PLANIFICACION DE LA LECCION

Introducción _____ minutos

Oración de la lección

Pida a los niños imaginar que se miran en un espejo y a pensar acerca de lo que ven: su pelo— color, largo, textura; sus ojos—color, tamaño, forma; piel—oscura, clara, con pecas. Diga en voz baja, "en todo el mundo no hay otro niño como tú. Dios te ama porque eres tú". Luego juntos recen la oración en la página 14.

Nuestra vida

Explorando nuestros sentidos

Lea el primer párrafo en la página 14. Léalo nuevamente, animando a los niños a señalar sus sentidos. Deténgase después de cada línea para permitir que los niños compartan algunas de las cosas maravillosas que pueden hacer porque pueden ver, oler, tocar. . .

Explorando las ilustraciones

Señale la fotografía en la página 14. Invite a los niños a describir como es una pizza, huele, sabe, pesa, se ve. Pregunte: "¿qué te ayuda a saber todas esas cosas acerca de la pizza?"

Compartiendo la vida

Deleite de nuestros sentidos

Reúna a los niños en un círculo para hacer la actividad al final de la página 14. Invítelos a decir a Dios, en voz baja, como se sienten acerca de los regalos que les ha dado.

Presentación _____ minutos

Nuestra fe católica

Vocabulario

Escriba la palabra *creación* en la pizarra. Pida a los niños repetirla después de usted. Pídales escuchar la palabra, que les dirá algo maravilloso acerca de Dios y de ellos mismos. No defina la palabra hasta que aparezca.

Escuchando la palabra de Dios

Anuncie que tiene una historia especial que contarles de la Biblia para compartir con ellos acerca del amor de Dios por todo el mundo. Si es posible coloque su libro dentro de una Biblia grande. Despacio y con reverencia lea el párrafo inicial en la página 16, haga énfasis en: "ellos serán como nosotros". Pregunte: "¿qué crees que significa ser como Dios?"

Dios creó al hombre

Lea el resto de la página 16, pausando para hacer preguntas tales como: "¿Quién te hizo? ¿Quién hizo a todo el mundo? ¿Qué tipo de gente hizo Dios? ¿Cómo sería el mundo si Dios hubiera hecho a todo el mundo igual? ¿Por qué todo el mundo es hermoso?"

Conciencia cultural

Este puede ser un buen momento para reconocer las diferentes razas y culturas representadas por los niños del grupo.

Celebrando cantando

Si el tiempo lo permite, enseñe a los niños una canción.

Los niños pueden marchar en el aula o hacer un círculo mientras cantan.

Objectives

To help the children:

- **know God made each of us to be like him**
- **respect and use their gifts for themselves and others**
- **celebrate and thank God for making people wonderful.**

LESSON PLAN

Beginning _____ min.

Focusing Prayer

Ask the children to imagine they are looking in a mirror and to think about what they see: their hair—color, length, texture; eyes—color, size, shape; nose—long, short; lips—small, full; skin—light, dark, freckled. Say softly, "In all the world there is no other child like you. God loves you because you are you." Then pray together the prayer at the top of page 15.

Our Life

Exploring Our Senses

Read the first paragraph on page 15. Reread it, encouraging the children to point to their senses. Pause after each line to allow the children to share some wonderful things they can do because they have the gift of sight, touch, and so on.

Exploring the Illustration

Call attention to the picture on page 15. Invite the children to describe what the children in the pictures are doing. Ask, "How are the children using their eyes, ears, mouth and hands?"

Sharing Life

Delighting in Our Senses

Gather the children in a circle for the activity at the bottom of page 15. Invite the children to tell God quietly how they feel about the gifts that God has given them.

Middle _____ min.

Our Catholic Faith

Faith Word

Display the word *create*. Have the children repeat it after you. Ask them to listen for this word, which will tell them something wonderful about God and about themselves, too. Do not define the word until it arises.

Listening to God's Word

Announce that you have a special story from the Bible to share with them about God's love for *all* people. If possible, place your book inside a large Bible. Slowly and reverently read the opening paragraph on page 17, emphasizing "They will be like Us." Ask, "What do you think it means to be like God?"

God Made People

Read the rest of page 17, pausing to ask comprehension questions such as: "Who made you? Who made all people? What kinds of people did God make? What would our world be like if God made everyone to look exactly alike? Why are all people beautiful?"

Multicultural Awareness

Acknowledge the different races and cultures represented by the children in your group.

Celebrating in Song

If time permits, teach the children the following song, to the tune of "Frère Jacques":

God made people,
God made people.
Yes God did!
Yes God did!
We are all God's children,
We are all God's children.
Thank You, God!
Thank You, God!

The children could parade around the room or in a circle as they sing together.

Eres semejante a Dios

Si es posible use un oso de peluche como apoyo. Reúna a los niños a su alrededor. Con respeto coloque el osito cerca de usted. Deje que los niños expresen su curiosidad de por qué el oso forma parte del grupo. Luego explíqueles que el osito nos ayuda a entender por qué la gente es especial para Dios.

Señale la palabra *creación*, que escribió en la pizarra y lea la definición en la página 18. Refuerce lo sabio y grande que es Dios al hacer diferentes a cada uno de nosotros.

Despacio lea la página 18. Cuando sea apropiado pregunte: "¿En qué te diferencias de un osito?" Después de la lectura invite a los niños a nombrar cosas que ellos conocen acerca de las formas en que demuestran amor, cosas que pueden hacer.

Use las ilustraciones en las páginas 18–19 para mostrar como cada persona en las fotos muestra su semejanza con Dios.

Conclusión _____ minutos

Acercándote a la fe

Usando nuestros maravillosos regalos

Use la actividad al inicio de la página 20. Anime a los niños a ser concretos y realistas.

Resumen de la fe

Pase al *Resumen de la fe* en la página 22. Verifique si los niños pueden expresar, en sus propias palabras, lo que han aprendido.

Viviendo la fe

Celebrando al pueblo

Pida voluntarios para compartir sus experiencias cuando alguien les hizo ver lo maravilloso que eran. Luego pregunte: "¿Cómo deja saber a la gente que es especial?"

Hagan la actividad en la página 20 para permitir a los niños celebrar la belleza o bondad de cada uno.

Evaluación de la lección

• ¿Reconocen los niños la belleza dentro de ellos y dentro de los demás?

• ¿Entienden que Dios nos creó para conocer, amar y hacer cosas?

• ¿Están agradecidos por los maravillosos dones de Dios?

SEÑOR, AYUDANOS A DIRIGIR A LOS NIÑOS Y A SUS FAMILIAS HACIA TI.

You Are Like God

If possible, use a teddy bear as a prop. Gather the children around you. Ceremoniously place the teddy bear near you. Let the children express their curiosity about why the teddy bear is part of the group. Then tell them that the teddy bear will help us understand why people are so special to God.

Point to the word *create*, which you have displayed, and read the definition on page 19. Stress how wise and great God is to have made each one of us new and different.

Read page 19 slowly. Where appropriate, ask, "How are you different from a teddy bear?" After the reading, invite the children to name things they can know about, ways they can show love, things they can make.

Use the illustrations on pages 18–19 to elicit how the people in each picture are showing that they are like God.

End _____ min.

Coming to Faith

Using Our Wonderful Gifts

Use the activity at the top of page 21. Encourage the children to be concrete and realistic.

Faith Summary

Turn to the *Faith Summary* on page 23. See if the children can express in their own words what they have learned.

Practicing Faith

Celebrating People

Call on volunteers to share a time when someone helped them to know how wonderful they are. Then ask, "How do you let people know they are special, too?"

Do the activity on page 21 to allow the children to celebrate the beauty and goodness of one another.

Evaluating Your Lesson

• Do the children recognize the beauty in themselves and others?

• Do they understand that God made us to know, love, and make things?

• Are they thankful for God's wonderful gifts?

LORD, HELP US TO ENLIGHTEN THE MINDS OF OUR YOUNG PEOPLE AND THEIR FAMILIES.

Dios nos da vida

Para el catequista:
Desarrollo espiritual y catequético

REFERENCIA PARA EL CATEQUISTA

Nuestra vida

El hermano David Steindl—Rast, en su libro *Gratefulness: The Heart of Prayer,* habla acerca de una escena sorprendente que presenció en un país africano desolado por la guerra.

Al anochecer en una esquina de la ciudad, vio a un grupo de jóvenes preparando un altar provisional. Mientras los padres estaban preocupados a su alrededor ellos rezaban el rosario con entusiasmo.

Diez años antes, cuando la guerra estaba en su momento más apremiante, los niños iniciaron esa costumbre. Al crecer los que iniciaron la costumbre, los niños mantuvieron el ritual—aun cuando en el país había paz. Al recordar sus caras radiantes, el hermano David observa: "Sólo un corazón familiarizado con la muerte apreciaría el don de la vida con tan profundo gozo".

Pregúntese:

• ¿Cuándo estoy más consciente del don de la vida?

• ¿Cuáles son algunas de las formas en que respondo al don de la vida?

Compartiendo la vida

¿Estás de acuerdo con el punto de vista del hermano David en el aprecio al regalo de la vida? ¿Por qué, o por qué no?

¿Cuáles circunstancias, en nuestra sociedad hoy, hacen difícil para padres y maestros comunicar el valor de la vida?

¿Cómo cree que la Iglesia comunica el valor de la vida?

Nuestra fe católica

La vida es el primer regalo de Dios a nosotros, un regalo que crece día tras día mientras caminas hacia el reino prometido. La vida es también un llamado de Dios a buscar nuestra santificación y salvación en Jesucristo, su único Hijo. Nuestra unión con Cristo y nuestra vocación de agradecer el regalo de la vida son descritas por Pablo en su carta a los Colosenses:

> Puesto que ustedes aceptaron a Cristo Jesús como el Señor, vivan de acuerdo con lo que es él, apoyados en la fe, tal como fueron instruidos, y siempre dando gracias. (Colosenses 2:6–7)

La gratitud debe ser nuestra respuesta a cada nuevo día. Como dijo Rabbi Abrahm Heschel una vez: "El ser, es una bendición. El vivir es santo".

Dios comparte su propia vida con nosotros por medio del regalo de la gracia. La gracia nos capacita para decir: "Soy el hijo o hija de Dios". El sacrificio redentor de Jesús en la cruz hace el amor y la vida eternamente disponibles para nosotros.

Empezando con el Bautismo en el que "vivimos por Dios en Cristo Jesús", los sacramentos son fuentes constantes de gracia. La vida y el amor de Dios nos une, fortalece nuestra relación con Dios y con los demás y nos ayuda a evitar el pecado.

Acercándote a la fe

¿Cuál es su conocimiento del don de la gracia?

¿Cuál es su conciencia de que la vida es un don que desafía su propia vida?

Viviendo la fe

Escoja una forma para expresar su gratitud por la vida cada día de esta semana.

¿Qué puede hacer para comunicar su gratitud a los niños de su grupo?

God Gives Us Life

For the Catechist:
Spiritual and Catechetical Development

ADULT BACKGROUND

Our Life

Brother David Steindl-Rast, in his book *Gratefulness: The Heart of Prayer,* tells about a surprising scene he encountered in an African country devastated by war.

After dark on a city street corner, he saw a group of young children setting up a makeshift altar. As their preoccupied elders hurried around them, the children prayed the rosary with obvious enthusiasm.

Ten years earlier, when the war had been in its worst stage, children had initiated this custom. And as those who initiated the custom grew older, other children kept the ritual going—even though their country was now at peace. Remembering their radiant faces, Brother David observed, "Only a heart familiar with death will appreciate the gift of life with so deep a feeling of joy."

Ask yourself:

• When am I most aware of life as a gift?

• What are some of the ways I respond to the gift of life?

Sharing Life

Do you agree with Brother David's insight on appreciating the gift of life? Why or why not?

What circumstances in our society today make it difficult for parents and teachers to communicate the value of life?

How do you think the Church communicates the value of life?

Our Catholic Faith

Life itself is God's first gift to us, a gift that grows day by day as we journey toward the promised kingdom. Life is also a call from God to seek our sanctification and salvation in Jesus Christ, his only Son. Our union with Christ and our vocation to gratitude for the gift of life are described by Paul in his Letter to the Colossians:

> Since you have accepted Christ Jesus as Lord, live in union with him. Keep your roots deep in him, build your lives on him, and become stronger in your faith, as you were taught. And be filled with thanksgiving. (Colossians 2:6–7)

Gratitude should be our response to each new day in our lives. For, as Rabbi Abraham Heschel once said, "Just to be is a blessing. Just to live is holy."

God shares his own life with us through the gift of grace. Grace enables us to say, "I am God's own daughter [or son]." The redemptive sacrifice of Jesus on the cross made love and life eternally available to us.

Beginning with Baptism, by which we become "alive for God in Christ Jesus," the sacraments are constant sources of grace. God's life and love unify us, strengthen our relationship with him and with one another, and help us to avoid sin.

Coming to Faith

What is your understanding of the gift of grace?

How does your awareness of life as gift challenge you to live?

Practicing Faith

Choose one way of expressing your gratitude for life each day this week.

What might you do to communicate your gratitude to the children in your group?

*El tema de este capítulo
corresponde
al párrafo 356*

RECURSOS LITURGICOS

El predicador dominico Meister Eckhart una vez observó: "Si la única oración que puede hacer en toda tu vida es dar gracias eso basta". Somos agradecidos por naturaleza.

Cuando reconocemos que recibimos, nos convertimos en personas eucarísticas. Cuando nos reconocemos imagen de un Dios generoso somos compasivos.

¿Cómo dice: "Gracias Señor, te estoy eternamente agradecido"?

Cuales son algunas de las formas que puede compartir con los niños en su grupo:

• participando en la liturgia con atención y devoción

• dando gracias a Dios todas las mañanas por el don de la vida

• mostrando nuestro agradecimiento a los que nos han ayudado a conocer y a amar a Dios

• dando gracias a Dios por nuestros padres y por los que cuidan de nosotros.

Permita a los niños ver que mientras más agradecidos son más felices serán.

RECURSOS DE JUSTICIA Y PAZ

Durante al Segunda Guerra Mundial, un americano quien recibía una escasa ración de aguado potaje compuso una oración. En ella daba gracias a Dios por el don de la vida—regalo que a menudo parecía pendiente de un delgado hilo.

Todas las mañanas el soldado pedía al Señor que le recordara que: "siempre hay alguien en peor condición que yo, alguien que necesita mi ayuda".

Después de liberado al final de la guerra, prometió que siempre daría gracias sirviendo a otros cuya necesidad era mayor que la de él.

Comparta estas formas de imitar su oración de agradecimiento en su curso:

• contando nuestras bendiciones para ver lo bien que realmente estamos (¿tienes comida, un lugar para dormir, ropa, amigos y familiares?)

• tomando tiempo para hacer algo por alguien que tiene menos que nosotros

• rezando cada día por los niños especiales, que no tienen todas las bendiciones que nosotros damos por sentado.

Permita a los niños darse cuenta de que Dios espera que compartamos lo que tenemos con aquellos que tienen menos que nosotros. Nosotros mismos somos lo más importante que podemos compartir.

LITURGICAL RESOURCES

The Dominican preacher Meister Eckhart once observed, "If the only prayer you say your whole life is thank you, that would suffice." By our very nature, we are thanks-givers.

When we recognize ourselves as receivers, we become a eucharistic people. When we recognize ourselves as images of a generous God, we become a compassionate people.

How do we say, "Thank you, Lord. I am eternally grateful"?

Here are some of the ways that can be shared with the children in your group:

• by participating in the liturgy with attention and loving devotion

• by thanking God each morning for the gift of life

• by showing our gratitude to those who have helped us to know and love God

• by thanking God for our parents and others who care for us.

Let the children know that the more thankful they are, the happier they will be.

JUSTICE AND PEACE RESOURCES

During World War II, an American POW who was receiving one meager meal of watery porridge a day composed a prayer. In it he thanked God for the gift of life—a gift that often seemed to hang by a slender thread.

Every morning the POW asked the Lord to remind him that "there is always somebody who is worse off than I am, someone who needs my help."

After his release at the end of the war, he vowed that he would always give thanks by serving others whose needs were greater than his own.

Share these ways of imitating his active prayer of thanksgiving with your class:

• counting our blessings to see how comparatively well-off we truly are (Do we have food? a place to sleep? clothing? friends and family?)

• taking time to do something for someone who has less than we do

• praying each day for those—especially children—who do not have enough of the blessings we often take for granted.

Let the children know that God expects us to share what we have with those who have less than we do. The most important sharing is of ourselves.

Recursos de enseñanza

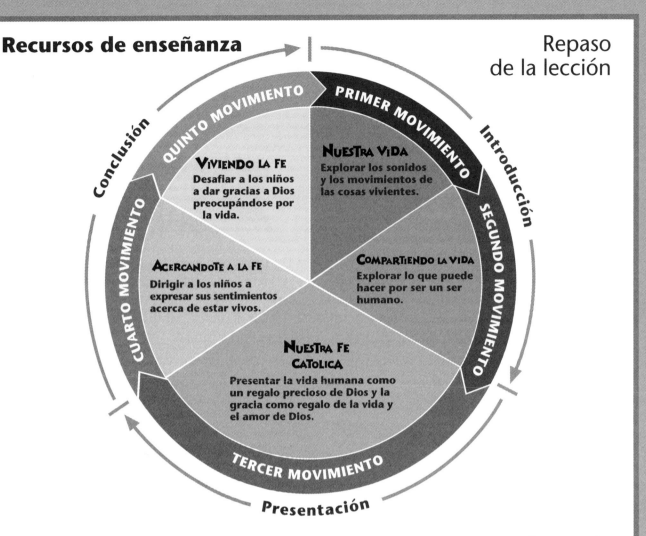

QUINTO MOVIMIENTO

PRIMER MOVIMIENTO

Conclusión

Introducción

SEGUNDO MOVIMIENTO

VIVIENDO LA FE
Desafiar a los niños a dar gracias a Dios preocupándose por la vida.

NUESTRA VIDA
Explorar los sonidos y los movimientos de las cosas vivientes.

CUARTO MOVIMIENTO

ACERCANDOTE A LA FE
Dirigir a los niños a expresar sus sentimientos acerca de estar vivos.

COMPARTIENDO LA VIDA
Explorar lo que puede hacer por ser un ser humano.

NUESTRA FE CATOLICA
Presentar la vida humana como un regalo precioso de Dios y la gracia como regalo de la vida y el amor de Dios.

TERCER MOVIMIENTO

Presentación

Sugerencias

Esta lección explica el gozo de estar vivo y las muchas cosas que podemos hacer por poseer vida humana y la vida y la gracia de Dios.

Este es un tiempo ideal para poner énfasis en nuestra responsabilidad de tratar a toda vida con cuidado y respeto y evaluar la vida humana por encima de todo. Sea sensible con los niños que no pueden expresar una actitud de gozo hacia la vida.

Niños con necesidades especiales

Cuando una persona empieza a hablar, dirija la atención del niño con impedimentos auditivos hacia esa persona.

Necesidades visuales
• la palabra del vocabulario *gracia* impresa en una tarjeta grande

Necesidades auditivas
• cinta y audífonos para escuchar la canción de la página 31.

Necesidades motoras y de tacto
• compañeros para ayudar con las actividades

Recursos complementarios

Love is Caring: Respect for Life (video)
Freckles and Friends (series)
Brown-ROA
1665 Embassy West Drive
Dubuque, IA 52002-2259
(1-800-922-7696)

Through Grandpa's Eyes (video)
St. Anthony Messenger/
Franciscan Communications
1615 Republic Street
Cincinnati, OH 45210
(1-800-488-0488)
(1-800-989-3600)

Vocabulario
Gracia es la vida y el amor de Dios en nosotros.

Teaching Resources

Overview of the Lesson

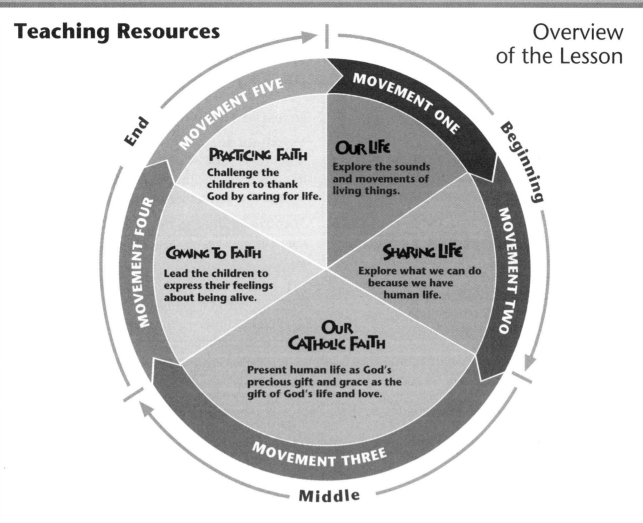

MOVEMENT ONE — OUR LIFE: Explore the sounds and movements of living things.

MOVEMENT TWO — SHARING LIFE: Explore what we can do because we have human life.

MOVEMENT THREE — OUR CATHOLIC FAITH: Present human life as God's precious gift and grace as the gift of God's life and love.

MOVEMENT FOUR — COMING TO FAITH: Lead the children to express their feelings about being alive.

MOVEMENT FIVE — PRACTICING FAITH: Challenge the children to thank God by caring for life.

Beginning · Middle · End

Teaching Hints

This lesson focuses on the joy of being alive and on the many things we can do because we are gifted with human life and with God's own life, grace.

This is an ideal time to emphasize our responsibility to treat all life with care and respect and to value human life above all. Be particularly sensitive to children who seem to have difficulty expressing a joyful attitude toward life.

Special-Needs Child

When a new person begins to speak, subtly direct the attention of the hearing-impaired child toward that person.

Visual Needs
• large-print flash card for the faith word *grace*

Auditory Needs
• audiotape and headphones for the song on page 30

Tactile-Motor Needs
• peer helpers to assist with motion activities

Supplemental Resources

Love is Caring: Respect for Life (video)
Freckles and Friends (series)
Brown-ROA
1665 Embassy West Drive
Dubuque, IA 52002-2259
(1-800-922-7696)

Through Grandpa's Eyes (video)
St. Anthony Messenger/
Franciscan Communications
1615 Republic Street
Cincinnati, Ohio 45210
(1-800-488-0488)
(1-800-989-3600)

Faith Word
Grace is God's own life and love in us.

33

Objetivos

Ayudar a los niños a:

- **valorar el precioso don de la vida humana de Dios**
- **apreciar el regalo especial de la gracia de Dios en nosotros**
- **dar gracias a Dios cuidando del regalo de la vida.**

PLANIFICACION DE LA LECCION

Introducción _____ minutos

Oración de la lección

Forme un círculo. Tome una vela de cumpleaños apagada. Pregunte a los niños que les recuerda. Invítelos a imaginar que hoy es su cumpleaños. Las velas en su bizcocho están encendidas, una para celebrar cada año de brillo con el don de la vida. Pida a los niños cantar "Feliz cumpleaños a nosotros". Luego hagan la oración en la página 24.

Materiales necesarios: vela de cumpleaños

Nuestra vida

Explorando el regalo de la vida

Anuncie que hoy vamos a celebrar el regalo de la vida. Empiece imitando sus sonidos favoritos de cosas vivas. Invite a los niños a participar. Use las preguntas en la página 24 para ayudar a los niños a apreciar cómo las cosas vivientes expresan que están vivas.

Compartiendo la vida

Apreciando la vida

Enseñe una piedra y diga: "Algunas veces me gustaría que mi piedra cantara, bailara o creciera, pero nunca lo hace. ¿Saben por qué?" Después hagan la actividad en *Compartiendo la vida*. Use la roca para hacer notar la diferencia entre las cosas vivientes y las no vivientes.

Materiales necesarios: una piedra

Presentación _____ minutos

Nuestra fe católica

Vocabulario

Antes de la clase escriba en una tarjeta en forma de corazón la palabra *gracia*. Decórela y colóquela en una caja envuelta en papel de regalo.

Materiales necesarios: una tarjeta en forma de corazón; una caja decorada

Dios nos da vida

Pida a los niños mirar la escena en las páginas 26–27 mientras lee el primer párrafo en la página 26. Pídales turnarse para nombrar las cosas vivientes en la foto, diciendo: "un _____ tiene el don de la vida". Luego invite a los niños a, en silencio, decir a Dios como se sienten por tener el don de vida de Dios.

Diga a los niños que usted tiene un maravilloso secreto que contarles. Llame varios niños y secretéeles a cada uno: "Entre todas las cosas creadas por Dios, la que más amó fue a los humanos". Pídale pasar el secreto. Luego pida a los niños decirlo todos juntos en voz alta.

Lea los párrafos dos y tres. Pida a los niños levantarse, extender sus brazos y repetir después de usted el mensaje especial de Dios: "Los humanos son muy buenos".

Celebrando la vida humana

Lea el resto de la página 26. Dé a cada niño una vela de cumpleaños para que recuerden que nacieron con el regalo de la vida. Mientras sostienen las velas recen: "Dios, ayúdanos a proteger la vida".

Dé a cada niño un sobre para la vela. Dígales que pidan a un miembro de la familia encender la vela y dar gracias a Dios por el regalo de la vida humana.

Materiales necesarios: velas de cumpleaños y sobres pequeños, uno para cada niño

Objectives

To help the children:

- value God's precious gift of human life
- appreciate the special gift of God's grace in us
- thank God by caring for the gift of life.

LESSON PLAN

Beginning _____ min.

Focusing Prayer

Form a circle. Hold up an unlit birthday candle. Ask the children what it reminds them of. Invite them to imagine that today is their birthday. The candles on their cake are burning brightly, one to celebrate each year of shining with the gift of life. Have the children sing "Happy birthday to us." Then say the prayer on page 25 together.

Materials needed: birthday candle

Our Life

Exploring the Gift of Life

Announce that today we are going to celebrate the gift of life. Begin by imitating your favorite sounds of living things. Invite the children to participate. Use the questions on page 25 to help the children appreciate how living things express that they are alive.

Sharing Life

Appreciating Life

Display a "pet rock" and say, "Sometimes I wish my rock could sing or dance or grow, but it never does. Do you know why?" Then do the *Sharing Life* activity. Use your rock to sum up the differences between living and nonliving things.

Materials needed: "pet rock"

Middle _____ min.

Our Catholic Faith

Faith Word

Before class, write the word *grace* on a heart-shaped card. Decorate it and put it in a gift-wrapped box. You may wish to decorate a large box to look like a birthday cake. Wrap the lid separately for easy removal. Cut slits in the top of the box to accommodate 1-inch-wide "candles" the children will make.

Materials needed: heart-shaped card; decorated box; "birthday cake" box (optional)

God Gives Us Life

Have the children look at the scene on pages 26–27 as you read the first paragraph on page 27. Have them take turns naming the living things in the picture, saying, "A _____ has the gift of life." Then invite the children to quietly tell God how they feel about God's gift of life.

Tell the children you have a wonderful secret to share with them. Call on several children and whisper to each, "Of all the things God made, people are the most precious." Have them pass the secret. Then ask all of the children to say it out loud together.

Read paragraphs 2 and 3. Have the children stand, stretch out their arms, and repeat after you God's special message, "People are very good."

Celebrating Human Life

Read the rest of page 27. Give each child a birthday candle to remind them that they were born with the precious gift of human life. While holding the candles, pray together, "God, help us to care for all human life."

Give each child an envelope for the candle. Tell them to ask a family member to light the candle and give thanks for God's gift of human life.

Materials needed: birthday candles and small envelopes, one per child

La vida misma de Dios

Exhiba la caja de regalo. Ábrala lentamente y muestre el corazón con la palabra *gracia* escrita en él. Refuerce que la gracia es el regalo más especial de todos los que Dios nos ha dado.

Explique que el regalo de Dios de la gracia no es un regalo que podemos tocar y ver. La gracia es el regalo de la vida y el amor de Dios en nosotros.

Lea la página 28 con mucho entusiasmo. Pida a los niños ponerse de pie, tomarse de las manos y decir: "Tenemos la propia vida y el amor de Dios en nosotros. Somos hijos de Dios. ¡Viva Dios¡ ¡hurra por nosotros!"

Conclusión _____ minutos

Acercándote a la fe

Resumen de la fe

Pase al *Resumen de la fe* en la página 32. Mire a ver si los niños pueden expresar en sus propias palabras lo que aprendieron hoy.

Compartiendo el gozo por la vida

Recuerde la experiencia inicial del "cumpleaños". Sugiera que cada día es como un cumpleaños; cada día es tiempo para celebrar haber nacido con el don de la vida humana dada por Dios. Invite a los niños a mostrar como se sienten por estar vivos.

Celebrando con oración

Pase a la pregunta al principio de la página 30. Enseñe la canción "Gracias, Señor" en la página 30.

Viviendo la fe

Mostrando que nos preocupamos por la vida

Lea la primera oración en *Viviendo la fe*. Comparta ideas sobre el significado de *preciado*. Luego haga la pregunta.

Invite a los niños a dirigirse a una persona cerca y darse las manos diciendo: "Estoy contento de que tengas el don de la vida y el amor de Dios en ti. Feliz cumpleaños". Después recen la oración final.

Evaluación de la lección

• ¿Ven los niños la vida humana como un precioso regalo?

• ¿Están agradecidos por el regalo de la gracia de Dios?

• ¿Han decidido preocuparse por la vida?

God's Own Life

Display the gift box. Open it slowly and show the heart with the word *grace* written on it. Stress that grace is the most special gift of all the gifts that God has given us.

Explain that God's gift of grace is not like gifts that we can see and touch. Grace is the gift of God's life and love in us.

Read page 29 with mounting enthusiasm. Have the children stand, join hands, and say, "We have God's own life and love in us. We are God's own children. Hooray for God! Hooray for us!"

End _____ min.

Coming to Faith

Faith Summary
Turn to the *Faith Summary* on page 33. See if the children can express in their own words what they have learned today.

Sharing Joy for Life
Recall the opening "birthday" experience. Suggest that every day is like a birthday; every day is a time to celebrate being born with God's gift of human life. Invite the children to show how they feel about being alive.

Celebrating Prayerfully
Pose the question at the top of page 31. Then teach the song "We Have God's Life" on page 31.

Practicing Faith

Showing We Care for Life
Read the first sentence in *Practicing Faith*. Share ideas about what precious means. Then ask the follow-up question.

Invite the children each to turn to a person near them, shake hands, and say, "I'm glad you have the gift of God's life and love in you. Happy birthday!" Then say the closing prayer.

Evaluating Your Lesson

• Do the children see human life as a precious gift?
• Are they grateful for God's special gift of grace?
• Have they decided to care for life?

LORD, HELP US TO ENLIGHTEN THE MINDS OF OUR YOUNG PEOPLE AND THEIR FAMILIES.

Dios nos conoce y nos ama

Para el catequista:
Desarrollo espiritual y catequético

REFERENCIA PARA EL CATEQUISTA

Nuestra vida

¿Ha tenido alguna vez alguna experiencia similar a estas?

• Es un bonito día de verano. Está disfrutando de una excursión en el parque o en la playa con personas que quiere. Todo le llena de contento. Sabe que Dios Padre le ama y le cuida.

• Sufre una enfermedad o depresión. Inexplicablemente un amigo llega con un regalo lleno de humor y dispuesto a escuchar. La presencia de su amigo le hace salir de sí mismo. Se da cuenta cuanto Dios Hijo le ama y le cuida.

• Mientras se prepara para una lección de catecismo, siente que no podrá enseñarla adecuadamente. Cuando empieza la clase, se sorprende de decir lo correcto. Sabe que Dios Espíritu Santo le ama y le cuida.

Pregúntese:

• ¿Confío en las tres personas de la Santísima Trinidad de diferentes formas en diferentes momentos?

Compartiendo la vida

¿Algunas veces se siente más cerca del Padre, del Hijo o del Espíritu Santo? ¿Por qué?

¿Cómo refleja su vida de oración su creencia en la Santísima Trinidad?

Nuestra fe católica

Hay un solo y verdadero Dios, quien sustenta todas las cosas. Sin embargo, a partir de los Concilios de Nicea y Constantinopla, durante el siglo IV, los católicos han proclamado su creencia en un Dios en tres personas. El Padre, el Hijo y el Espíritu Santo son iguales y eternamente Dios.

Por su gran amor por nosotros Jesús nos reveló al Padre, al Hijo y al Espíritu Santo para que pudiéramos compartir más profundamente en la propia vida de Dios. Como leemos en el Evangelio de Juan:

Y el Verbo se hizo carne
y habitó entre nosotros:
hemos visto su Gloria,
la que corresponde al Hijo Unico.
(Juan 1:14)

Durante las últimas horas con sus amigos en la tierra Jesús prometió:

Y yo rogaré al Padre y les dará otro
Intercesor que permanecerá siempre
con ustedes. Este es el Espíritu de Verdad.
(Juan 14:16–17)

Nuestra experiencia de Dios Padre, Dios Hijo y Dios Espíritu Santo nos instruye en las formas de conocimiento, amor y cuidado uno por otro como Dios conoce, ama y cuida.

Acercándote a la fe

¿Cuál imagen de la Santísima Trinidad tiene mayor significado para usted?

¿En qué formas el Espíritu Santo está desafiando su crecimiento en este momento?

Viviendo la fe

¿En qué forma escogerá reflexionar en una de las tres Personas en Dios?

¿Cómo expresará el conocimiento, amor y cuidado de Dios a los niños de su grupo esta semana?

God Knows and Loves Us

For the Catechist: Spiritual and Catechetical Development

ADULT BACKGROUND

Our Life

Have you ever had an experience like the following?

• It is a gorgeous summer day. You are enjoying a picnic in the park or on the beach with people who are dear to you. Everything fills you with contentment. You know that God the Father loves and cares for you.

• You are suffering a bout of illness or depression. Unexpectedly, a friend arrives with a humorous gift and a willing ear. Your friend's presence lifts you out of yourself. You know that God the Son loves and cares for you.

• As you prepare for a particular catechetical session, you are feeling inadequate to teach it effectively. When the class begins, you surprise yourself by saying just the right thing. You know that God the Holy Spirit loves and cares for you.

Ask yourself:

• Do I relate to the three Persons of the Blessed Trinity in different ways at different times?

Sharing Life

Do you sometimes relate more closely to the Father, the Son, or the Holy Spirit? Why?

How does your prayer life reflect your belief in the Blessed Trinity?

Our Catholic Faith

There is only one true God, who sustains all living things. Since the fourth-century Councils of Nicea and Constantinople, however, Catholics have proclaimed their belief that the one God encompasses three Persons. The Father, the Son, and the Holy Spirit are each equally and eternally God.

Out of his great love for us, Jesus revealed Father, Son, and Spirit to us so that we could more deeply share in God's own life. As John's Gospel tells us:

The Word became flesh and, full of grace and truth, lived among us. We saw his glory, the glory which he received as the Father's only Son.
(from John 1:14)

During his final hours with his friends on earth, Jesus promised:

I will ask the Father, and he will give you another Helper, who will stay with you forever. He is the Spirit, who reveals the truth about God.
(John 14:16–17)

Our experience of God the Father, God the Son, and God the Holy Spirit instructs us in the ways of knowing, loving, and caring for one another as God knows, loves, and cares for us.

Coming to Faith

What image of the Blessed Trinity is most meaningful to you?

In what way(s) is the Holy Spirit challenging you to grow right now?

Practicing Faith

In what way will you choose to reflect one of the three Persons in one God?

How will you express God's knowing, loving, and caring for the children in your group this week?

El tema de este capítulo corresponde al párrafo 249

RECURSOS LITURGICOS

Cada vez que hacemos la señal de la cruz debemos detenernos y recordar que esta es la primera y última señal cristiana que se nos hace. En el Bautismo y en los ritos funerarios somos signados con la señal de la cruz, que es una señal de nuestro nacimiento a una nueva vida en la vida, muerte y resurrección de Jesucristo.

Siguiendo el consejo de Santa Teresa de Avila, podemos gradualmente revitalizar esta antigua oración en nuestras vidas. Teresa nos aconseja considerar tres cosas antes de rezar:

• ¿A quién estamos rezando?

• ¿Quién está rezando?

• ¿Cuál es el objeto o propósito de nuestra oración?

Al contestar estas preguntas podemos impedir que la señal de la cruz se convierta en un hábito sin sentido.

Pida a los niños acercarse en silencio a la mesa de oración. Dígales que van a hacer la señal de la cruz en una forma que complace a Dios. Luego haga las siguientes preguntas llamando a cada niño por su nombre.

• _____, cuando hacemos la señal de la cruz, ¿a quién estamos hablando?

• _____, ¿quién reza cuando hacemos la señal de la cruz?

• _____, ¿por qué hacemos esta oración?

Invite a los niños a hacer la señal de la cruz con amor y atención a Dios Padre, Hijo y Espíritu Santo.

RECURSOS DE JUSTICIA Y PAZ

Cuando niño, Jesús aprendió no sólo a rezar los salmos sino a vivirlos. En unión con su Padre y guiado por el Espíritu Santo, aprendió a expresar el amor de Dios a todo el mundo.

He aquí algunas lecciones de los salmos que puede compartir con los niños.

• Sé bueno conmigo y escucha mi oración. (Salmo 4:1)

  Acción: Ser amable con alguien que está solo, enfermo o ha sido dejado de lado por otros.

• Felices los que se preocupan de los pobres. (Salmo 41:1)

  Acción: Compartir los juguetes, libros y ropa con otros niños.

• Como un niño en los brazos de su madre. Así está mi alma en mí. (Salmo 131:2)

  Acción: Cuando estés enojado o triste con alguien, retírate a un lugar tranquilo y pide a Dios Hijo te ayude a calmar.

Deje saber a los niños que están rezando con palabras y acciones.

40

LITURGICAL RESOURCES

Each time we make the sign of the cross we should pause and remember that it is the first and last Christian sign made on us. Both in Baptism and in the funeral rite we are signed with the sign of the cross, which is a sign of our being born to new life in the life, death, and resurrection of Jesus Christ.

By following Saint Teresa of Avila's advice, we can gradually revitalize this ancient vocal prayer in our daily lives. Teresa counsels us to consider three things before praying:

• To whom are we praying?
• Who is praying?
• What is the object or purpose of the prayer?

By answering these questions, we can protect the sign of the cross from becoming a mindless habit.

Have the children gather quietly around the prayer table. Let them know that they will be preparing to pray the Sign of the Cross in a way that is most pleasing to God. Then ask the following questions, calling on individual children by name.

• _____ , when we make the sign of the cross, to whom are we speaking?
• Who is praying when you make the sign of the cross, _____?
• Why do we make this prayer, _____?

Invite the children to make the sign of the cross with loving attention to God the Father, God the Son, and God the Holy Spirit.

JUSTICE AND PEACE RESOURCES

As a child, Jesus learned not only to pray the psalms but to live them. In union with the Father and guided by the Spirit, he learned to express God's love for all people.

Here are a few psalm lessons you might share with the children.

• Be kind to me now and hear my prayer. (Psalm 4:1)

   Action: Be kind to someone who is lonely, sick, left out by others.

• Happy are those who are concerned for the poor. (Psalm 41:1)

   Action: Share your toys, books, clothes with another child.

• As a child lies quietly in its mother's arms, so my heart is quiet within me. (Psalm 131:2)

   Action: When you are angry or upset with someone, retreat to a quiet place and ask God the Son to help you to be calm.

Let the children know that they are praying both with words and with actions.

Recursos de enseñanza

Repaso
de la lección

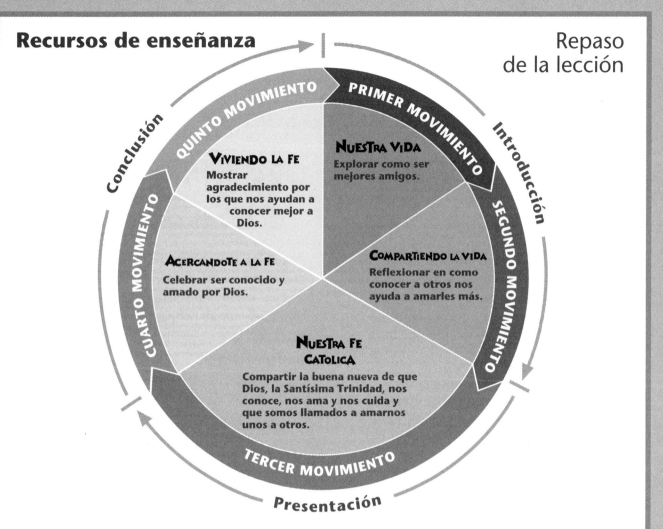

QUINTO MOVIMIENTO

PRIMER MOVIMIENTO

Conclusión

Introducción

SEGUNDO MOVIMIENTO

CUARTO MOVIMIENTO

VIVIENDO LA FE
Mostrar agradecimiento por los que nos ayudan a conocer mejor a Dios.

NUESTRA VIDA
Explorar como ser mejores amigos.

ACERCANDOTE A LA FE
Celebrar ser conocido y amado por Dios.

COMPARTIENDO LA VIDA
Reflexionar en como conocer a otros nos ayuda a amarles más.

NUESTRA FE CATOLICA
Compartir la buena nueva de que Dios, la Santísima Trinidad, nos conoce, nos ama y nos cuida y que somos llamados a amarnos unos a otros.

TERCER MOVIMIENTO

Presentación

Sugerencias

Esta lección está diseñada para ayudar a los niños a apreciar las muchas formas en que experimentamos que Dios nos conoce, nos ama y cuida de nosotros. También intenta ayudarlos a reconocer nuestra posibilidad de ayudarnos unos a otros a crecer en amistad con Dios. Refuerza que no es suficiente saber que somos amados por Dios; también debemos compartir ese amor cuidando de los demás miembros de nuestra familia, parroquia y comunidad.

Niños con necesidades especiales

Anime actividades físicas y deje que los niños impedidos participen de lleno. Esto les da práctica en movilidad y hace que se sientan parte de la clase.

Necesidades visuales
• foto grande de como hacer la señal de la cruz

Necesidades auditivas
• cintas y audífonos para escuchar la historia

Necesidades motoras y de tacto
• papel de lija pegado al escritorio

Recursos complementarios

My Friends: Friendship (vídeo)
Freckles and Friends (series)
Brown-ROA
1665 Embassy West Drive
Dubuque, IA 52002-2259
(1-800-992-7696)

William (vídeo, disponible en español)
St. Anthony Messenger/
Franciscan Communications
1516 Republic St.
Cincinnati, OH 45210
(1-800-488-0488)
(1-800-989-3600)

Teaching Resources

Overview of the Lesson

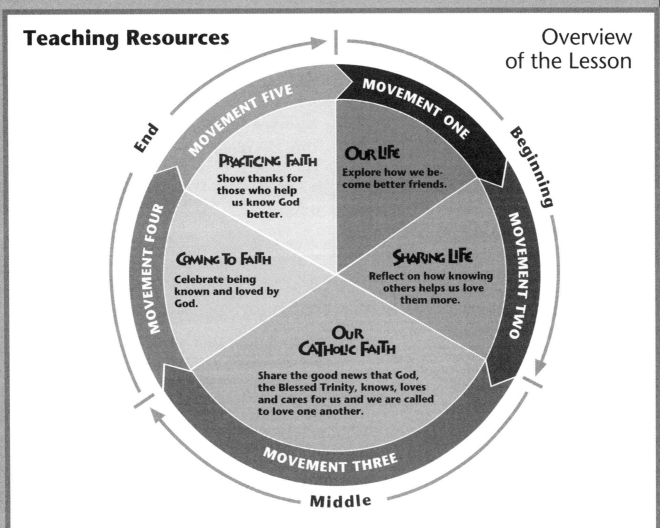

MOVEMENT FIVE — End

MOVEMENT ONE — Beginning

MOVEMENT TWO

MOVEMENT THREE — Middle

MOVEMENT FOUR

Practicing Faith
Show thanks for those who help us know God better.

Our Life
Explore how we become better friends.

Sharing Life
Reflect on how knowing others helps us love them more.

Coming To Faith
Celebrate being known and loved by God.

Our Catholic Faith
Share the good news that God, the Blessed Trinity, knows, loves and cares for us and we are called to love one another.

Teaching Hints

This lesson is designed to help the children appreciate the many ways we experience that God knows, loves, and cares for each of us. It is also intended to help them recognize our responsibility to help one another grow in friendship with God. Stress that it is not enough to know we are loved by God; we must share that love by being caring members of our family, parish, and community.

Special-Needs Child

Encourage physical activity. Let the special-needs child participate fully in skits and role-playing. This provides practice in mobility and makes them feel like part of the class.

Visual Needs
• large pictures of how to make the sign of the cross

Auditory Needs
• audiotape and headphones for the friendship story

Tactile-Motor Needs
• sandpaper cross taped to desk

Supplemental Resources

My Friends: Friendships (video)
Freckles and Friends (series)
Brown-ROA
1665 Embassy West Drive
Dubuque, IA 52002-2259
(1-800-922-7696)

William (video, Spanish also available)
St. Anthony Messenger/
Franciscan Communications
1615 Republic Street
Cincinnati, Ohio 45210
(1-800-488-0488)
(1-800-989-3600)

Objetivos

Para ayudar a los niños a:

- apreciar que las tres Personas en Dios nos conocen y nos aman
- rezar la Señal de la Cruz
- demostrar que son hijos de Dios amándose unos a otros.

PLANIFICACION DE LA LECCION

Introducción _____ minutos

Oración de la lección

Recuerde con los niños algunas formas en que sabemos que Dios nos ama: nuestro regalo de la vista, los sentidos, habilidad de conocer, amar y de hacer cosas. Tómense de las manos y recen la oración en la página 34.

Nuestra vida

Siendo mejores amigos

Diga a los niños que hoy vamos a conocer mejor a nuestro amigo Dios. Pídales levantar la mano si tienen un amigo. Felicítelos. Comparta lo que es un amigo y por qué nos gusta estar con ellos.

Pida a los niños mirar las fotos en la página 34. Díga que esas cosas pertenecen a niños que ellos nunca han visto. Pregunte "¿qué dice cada cosa acerca del niño?" (le gusta el fútbol, volar cometas, hacer cosas, etc.) Pregunte a los niños si les gustaría conocer a un niño y ser su amigo.

Invite a los niños a conocerse mejor unos a otros. Permítales escoger a un compañero, o asigne un compañero, para hacer la actividad *Nuestra vida*. Recuérdeles que el escucharse unos a otros les hace mejores amigos.

Compartiendo la vida

Reflexione en ser amigos

Haga las preguntas en la página 34. Ayude a los niños a ver que el amarse unos a otro los ayuda a saber que Dios los ama también.

Presentación _____ minutos

Nuestra fe católica

Dios nos conoce y nos ama

Lea los dos primeros párrafos en la página 36. Pida a los niños subrayar las frases que nos dicen cosas que conocemos de Dios: *nos creó por amor; hijos de Dios; Dios nos ama y cuida nos hizo participes de su propia vida; quiere que nos amemos unos a otros.* Después pídales pensar en una cosa que harán hoy para mostrar que son amigos de Dios. Escriba las sugerencias de los niños en un pedazo largo de papel o en la pizarra.

Creyendo en Dios nuestro amigo

Escriba las palabras *Santísima Trinidad* arriba de la lista de sugerencias de como ser mejores amigos de Dios. Pregunte a los niños si han escuchado estas palabras antes y lo que piensan que significan. Explique que *Santísimo* significa santo y *Trinidad,* tres—Padre, Hijo y Espíritu Santo.

Lea el último párrafo en la página 36 y el primero de la página 38. Recuerde a los niños que cada uno de nosotros es conocido, amado y protegido por Dios el Padre, Dios Hijo y Dios Espíritu Santo.

La Señal de la Cruz

Explique que los católicos tienen una hermosa forma de mostrar que creemos en Dios—Padre, Hijo y Espíritu Santo. Enséñeles como hacer la señal de la cruz.

Anime a los niños a recordar que ellos están rezando a su amigo Dios cada vez que hacen la señal de la cruz. Sugiérales hacer la señal de la cruz todas las mañanas y pedir a Dios les ayuda a ser una señal de amor y cuidado de Dios por todo el mundo.

Lea despacio y con reverencia la página 38. Juntos hagan la señal de la cruz.

Objectives

To help the children:

- appreciate that the three Persons in God know and love each of us
- pray the Sign of the Cross
- show they are God's children by loving one another.

LESSON PLAN

Beginning _____ min.

Focusing Prayer
Recall with the children some ways that we know God loves us: our gift of life, senses, ability to know, love, make things. Join hands and pray the prayer at the top of page 35.

Our Life

Becoming Better Friends
Tell the children that today we are going to get to know our friend God better. Ask them to raise their hand if they have a friend. Congratulate them. Share what friends are like and why we like to be with them.

Have the children look at the picture on page 35. Ask, "Would you like to meet these children? Why? What makes you think they would be good friends? (They like to play together, they are smiling, they like to be outside) Ask the children if they would like to get to know these children and be friends.

Invite the children to get to know one another better. Let each choose a partner, or assign partners, and do the *Our Life* activity. Remind them that listening to each other helps us become better friends.

Sharing Life

Reflecting on Being Friends
Ask the questions at the bottom of page 35. Help the children see that by loving others we help them know that God loves them, too.

Middle _____ min.

Our Catholic Faith

God Knows and Loves Us
Read the first two paragraphs on page 37. Have the children underline the phrases that tell us what we know about God: *made us out of love; gives us a share in His own life; God's children; always loves and cares for us; wants us to love one another.* Then ask them to think quietly about one thing they will do today to show they are God's friends. On a large sheet of paper or on a chalkboard make a list of the children's suggestions.

Believing in God Our Friend
Write the words *Blessed Trinity* above the list of ways we become better friends of God. Ask the children if they have heard these words before and what they think the words mean. Explain that Blessed means holy and *Trinity,* three— Father, Son, and Holy Spirit.

Read the last paragraph on page 37 and the first paragraph on page 39. Remind the children that each of us is known, loved, and cared for by God the Father, God the Son, and God the Holy Spirit.

The Sign of the Cross
Explain that Catholics have a beautiful way to show we believe in God—the Father, the Son, and the Holy Spirit. Teach them how to make the sign of the cross.

Encourage the children to remember that they are praying to their friend God each time they make the sign of the cross. Suggest that they pray the Sign of the Cross each morning and ask God to help them be a sign of God's love and care for all people.

Read page 39 slowly and reverently. Together, make the sign of the cross.

Conclusión _____ minutos

Acercándote a la fe

Resumen de la fe

Pase al *Resumen de la fe* en la página 42. Verifique si los niños pueden expresar en sus propias palabras lo aprendido.

Celebrando el amor de Dios

Reúna a los niños en un círculo. Recen: "Dios, cuanto nos amas a cada uno de nosotros. Somos tus hijos. Nos conoces a cada uno por nuestro nombre". Luego dirija la oración en la página 40.

Viviendo la fe

Mostrando agradecimiento por el amor de Dios

Pida a los niños pensar quietamente sobre una persona que les ayuda a saber que Dios los ama. Invítelos a compartir como esa persona ayuda. Luego concluya haciendo la oración final en la página 40.

Evaluando la lección

• ¿Saben los niños que Dios los conoce y los ama?

• ¿Saben la Señal de la Cruz?

• ¿Han decidido cómo compartir el amor de Dios con otros?

SEÑOR, AYUDANOS A DIRIGIR A LOS NIÑOS Y A SUS FAMILIAS HACIA TI.

End _____ min.

Coming to Faith

Faith Summary
Turn to the *Faith Summary* on page 43. See if the children can express in their own words what they have learned today.

Celebrating God's Love
Gather the children in a circle. Pray, "God, how much you love each of us. We are your children. You know each of us by name." Then conduct the prayer celebration at the top of page 41.

Practicing Faith

Showing Thanks for God's Love
Ask the children to think quietly about a person who helps them to know God loves them. Invite them to share how that person helps. Then conclude with the closing prayer at the bottom of page 41.

Evaluating Your Lesson

• Do the children understand that they are known and loved by God?

• Do they know the Sign of the Cross?

• Have they decided how they will share God's love with others?

LORD, HELP US TO ENLIGHTEN THE MINDS OF OUR YOUNG PEOPLE AND THEIR FAMILIES.

La promesa de Dios

Para el catequista
Desarrollo espiritual y catequético

REFERENCIA PARA EL CATEQUISTA

Nuestra vida

Algunas veces nuestras promesas nos persiguen. Eso fue lo que le pasó a Roberto, quien cuando adolescente prometió a su madre que siempre cuidaría de su hermano esquizofrénico.

Un programa reciente de televisión describió los heroicos esfuerzos de Roberto para mantener su promesa, a pesar de las terribles frustraciones de vivir con su hermano enfermo mental. Los límites de Roberto fueron probados con el comportamiento destructivo y excéntrico de su hermano.

Al final Roberto continuó al lado de su hermano, aun cuando tuvo que internarlo en un lugar para enfermos mentales. La conmovedora historia nos recuerda el alto precio que a menudo tenemos que pagar por nuestras promesas de fidelidad.

Pregúntese:

• ¿Qué promesas de amor estoy viviendo ahora?

• ¿Qué precio estoy pagando por esas promesas?

Compartiendo la vida

¿De qué forma mantiene su promesa de amor, protección, o seguir con alguien?

¿Cómo su fe le ha ayudado a ser una persona que mantiene sus promesas?

Nuestra fe católica

De acuerdo al Génesis en la historia de los primeros humanos, Adán y Eva fueron bendecidos por Dios con todo lo necesario para su felicidad. En cambio, Dios les pidió una sola cosa:

> Puedes comer de cualquier árbol que haya en el jardín, menos del árbol de la ciencia del bien y del mal. (Génesis 2:16–17)

La historia del Génesis puede que cuente un evento histórico literalmente, pero ciertamente proclama que Adán y Eva vivían en un mundo ideal. Pero eso no era suficiente para ellos. Ellos querían ser iguales a Dios y se rebelaron contra su voluntad.

Al elegir el mal en vez del bien, ellos perdieron su inocencia y su derecho a vivir en el jardín. La bendición de la amistad con Dios se perdió.

A pesar de que Adán y Eva y sus descendientes han sufrido mucho por su rebelión, Dios no los abandonó. El autor del Génesis nos dice que, después de la inundación, que fue un castigo por el pecado, Dios hizo un pacto con Noé.

Siglos más tarde, por medio del profeta Isaías, Dios hizo una promesa más grande para restaurar la confianza a toda la raza humana:

> El Señor pues les dará esta señal: La Virgen está embarazada, y da a luz un varón a quien pone el nombre de "Emanuel". (Isaías 7:14)

El reino de Emanuel, el Mesías que dará su vida para redimir a la humanidad caída, durará para siempre. Dios siempre estará con nosotros en Jesús, su Hijo.

Acercándote a la fe

¿En qué forma la fidelidad de Dios hacia la humanidad caída influye en su relación con otros?

¿Qué discernimiento le sugiere la historia acerca de Dios y de la humanidad caída?

Viviendo la fe

¿Qué hará esta semana para honrar una promesa de fidelidad?

¿Cómo va a comunicar a los niños la promesa de que Dios está siempre con nosotros?

God's Promise

For the Catechist: Spiritual and Catechetical Development

ADULT BACKGROUND

Our Life

Sometimes our promises come back to haunt us. That's what happened to Bob, who as a young teen had promised his mother that he would always take care of DJ, his schizophrenic brother.

A recent TV drama depicted Bob's heroic efforts to keep his word, despite the terrible frustrations of living with his mentally ill brother. DJ's eccentric and sometimes destructive behavior tested the limits of Bob's love.

But in the end, Bob remained by DJ's side, even though the younger brother had to go to a group home. The story movingly reminds us of how high a price we often have to pay for our promises of fidelity to others.

Ask yourself:

• What promise(s) of faithful love am I living right now?

• What price am I paying for my promises?

Sharing Life

In what ways have you kept your promises to love, protect, and remain with others?

How has your faith enabled you to be a promise-keeping person?

Our Catholic Faith

According to the Genesis story of the first man and woman in the Garden, Adam and Eve were blessed by God with everything required for their happiness. In return, God asked only one thing:

> You may eat the fruit of any tree in the garden, except the tree that gives knowledge of what is good and what is bad. (Genesis 2:16–17)

The Genesis story may not recount a literal historical event, but it certainly proclaims that Adam and Eve lived in an ideal world. But that was not enough for them. They wanted to be God's equals, and so they rebelled against his will.

By choosing evil over good, they lost their innocence and their right to inhabit the garden. The blessing of friendship with God was lost.

Although Adam and Eve and their descendants had much to suffer as a result of their rebellion, God did not abandon them. The Genesis author tells us that, after the flood, which was a punishment for sin, God made a covenant with Noah.

Centuries later, through the prophet Isaiah, God made an even greater and more reassuring promise to the entire human race:

> The Lord himself will give you a sign: a young woman who is pregnant will have a son and will name him "Immanuel." (Isaiah 7:14)

The reign of Immanuel, the Messiah who would lay down his life to redeem fallen humankind, would last forever. In Jesus, his Son, God would forever remain with us.

Coming to Faith

Does God's faithfulness to fallen humanity influence your relationships with others?

What insights about God and ourselves does the story of the fall suggest to you?

Practicing Faith

What will you do this week to honor a promise of faithful love?

How will you communicate to the children God's promise to always be with us?

RECURSOS LITURGICOS

Jesús, es el cumplimiento de todas las promesas de Dios a nosotros. Por su testimonio, enseñanzas e intercesión, él nos ayuda a ser personas que mantienen su promesa.

El Hijo de Dios, Cristo Jesús . . . no se presentó con sí y no, sino que su persona fue un puro sí: en él todas las promesas de Dios han pasado a ser un sí; (2 Corintios 1:19–20).

Reúna a los niños en un círculo alrededor del gran SI formado con letras recortadas. Léala en las siguientes respuestas:

- Jesús dijo sí a Dios.
  R. Decimos sí a Dios.
- Jesús dijo sí a la oración.
  R. Decimos sí a la oración.
- Jesús dijo sí al gozo.
  R. Decimos sí al gozo.
- Jesús dijo sí a amar a la gente.
  R. Decimos sí a amar a la gente.

Jesús, ayúdanos a hacer lo correcto. Ayúdanos a mantener nuestras promesas. Que todo lo que digamos sea sí a ti. Amén.

RECURSOS DE JUSTICIA Y PAZ

Si fuéramos a fomentar la paz y a ser voceros de la justicia, deberíamos hacer más que simplemente ser fieles a nuestras promesas. Podemos llamar a funcionarios electos para reclamarles no haber cumplido su palabra. Cuando los tratados son ignorados y las leyes no cumplidas, cuando los derechos humanos son pisoteados, o los pobres olvidados; cuando las oportunidades no son iguales o se niega la educación—los cristianos tienen una responsabilidad de corregir a los funcionarios.

El Papa Pablo VI fuertemente recalcó que la justicia social no se puede alcanzar mientras los cristianos no reconozcan su vocación como participantes en el proceso político. Votar por leyes justas es cumplir una obligación religiosa. (Ver *Compartir la luz de la fe*, 165)

Represente una serie de "niños entrevistando en la calle". Pida a los niños dar su opinión acerca de estas preguntas:

- ¿Votarías por alguien que parece no preocuparse de los niños que pasan hambre?
- ¿Votarías por alguien que no cumple sus promesas?
- ¿Votarías por alguien que parece no quiere fomentar la paz?

Anime a los niños a hablar con sus familiares acerca de lo que pueden hacer para apoyar líderes que trabajan por la justicia y la paz.

The Theme of This Chapter Corresponds with Paragraph 410

LITURGICAL RESOURCES

Jesus is the fulfillment of all God's promises to us. By his witness, teaching, and intercession, he enables us to be a promise-keeping people.

> For Jesus Christ, the Son of God . . . is not one who is "Yes" and "No." On the contrary, he is God's "Yes"; for it is he who is the "Yes" to all of God's promises.
> (2 Corinthians 1:19–20)

Gather the children in a circle around a large, bright YES formed with blocks or cut-out letters. Lead them in the following responses:

- Jesus says yes to God.
  R. We say yes to God.
- Jesus says yes to prayer.
  R. We say yes to prayer.
- Jesus says yes to joy.
  R. We say yes to joy.
- Jesus says yes to loving all people.
  R. We say yes to loving all people.

Jesus, help us to do what is right. Help us to keep our promises. May we always say yes to you! Amen.

JUSTICE AND PEACE RESOURCES

If we would be makers of peace and advocates of justice, we must do more than simply remain faithful to our own promises. We can call elected officials to account for failing to be people of their word. When treaties are ignored or laws are broken; when human rights are trod upon or the poor are forgotten; when equal opportunity in employment or education is denied—Christians have a responsibility to correct the offending officials.

Pope Paul VI strongly emphasized that social justice cannot be achieved until Christians recognize their vocation as participants in the political process. To vote for just laws is to fulfill a religious duty. (See *Sharing the Light of Faith*, 165).

Act out a series of "children-on-the-street interviews" with a "TV reporter." Have the children give their ideas about these questions:

- Would you vote for someone who does not seem to care about hungry children?
- Would you vote for someone who does not seem to keep his or her promises?
- Would you vote for someone who does not appear to work for peace?

Encourage the children to talk with their families about what they can do to support leaders who work for justice and peace.

Recursos de enseñanza

Sugerencias

Esta lección presenta la promesa del amor y el cuidado de Dios por nosotros aun cuando nos alejemos de él.

Ayude a los niños a darse cuenta de la importancia de prometer algo sólo cuando estamos seguros que podemos cumplir. También explíqueles que algunas veces la gente no puede mantener sus promesas por buenas razones, tal como enfermedad, o un padre que tiene que trabajar tarde. Refuerce que debemos tratar de entender cuando esto nos pase.

Niños con necesidades especiales

Siempre mire a los niños que no oyen bien cuando hable con ellos.

Necesidades visuales
• una imagen grande y a color de Jesús

Necesidades auditivas
• cintas grabadas y audífonos para el poema y la historia del génesis

Necesidades motoras y de tacto
• un arco iris pegado al pupitre
• compañeros que ayuden con las actividades artísticas

Recursos complementarios

The Promise (video)
St. Anthony Messenger/
Franciscan Communications
1615 Republic Street
Cincinnati, OH 45210
(1-800-488-0488)
(1-800-989-3600)

The Gold Rush Treasure Map (video)
The Goosehill Gang (series)
Concordia Publishing House
3558 South Jefferson Ave.
St. Louis, MO 63118-3968
(1-800-325-3040)

Teaching Resources

Overview
of the Lesson

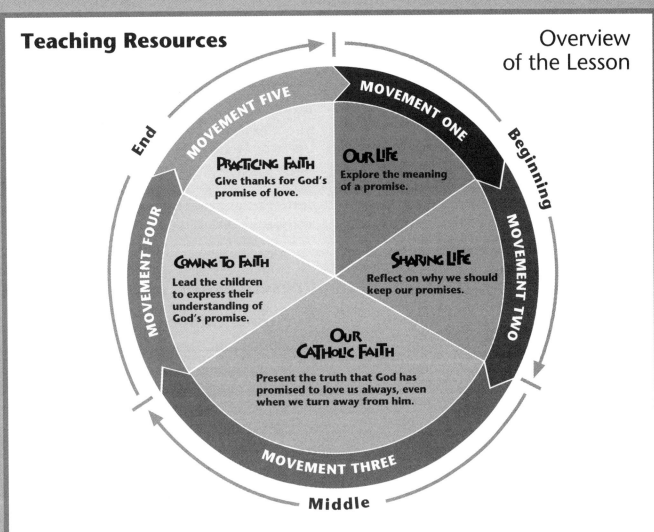

MOVEMENT FIVE

End

PRACTICING FAITH
Give thanks for God's promise of love.

MOVEMENT ONE

Beginning

OUR LIFE
Explore the meaning of a promise.

MOVEMENT FOUR

COMING TO FAITH
Lead the children to express their understanding of God's promise.

SHARING LIFE
Reflect on why we should keep our promises.

MOVEMENT TWO

OUR CATHOLIC FAITH
Present the truth that God has promised to love us always, even when we turn away from him.

MOVEMENT THREE

Middle

Teaching Hints

This lesson presents God's promise to love and care for us always, even when we turn away from him.

Help the children realize the importance of making promises only when we believe that we can or will keep them. Also explain that sometimes people cannot keep promises for very good reasons, such as illness or a parent having to work late. Stress that we must try to understand when this happens to us.

Special-Needs Child

Always face the hearing-impaired children whenever you are addressing them.

Visual Needs
• large, color picture of Jesus

Auditory Needs
• audiotape and headphones for the poem and the Genesis story

Tactile-Motor Needs
• rainbow art taped to desk
• peer helpers to assist with art activities

Supplemental Resources

The Promise (video)
St. Anthony Messenger/
Franciscan Communications
1615 Republic Street
Cincinnati, OH 45210
(1-800-488-0488)
(1-800-989-3600)

The Gold Rush Treasure Map (video)
The Goosehill Gang (series)
Concordia Publishing House
3558 South Jefferson Avenue
St. Louis, MO 63118-3968
(1-800-325-3040)

Objetivos

Ayudar a los niños a:

• **confiar en la promesa del amor de Dios siempre con nosotros**

• **saber que Dios mantiene su promesa por medio de Jesús**

• **dar gracias a Dios por su eterno amor para con nosotros.**

PLANIFICACION DE LA LECCION

Introducción _____ minutos

Oración de la lección

Diga a los niños que van a hablar acerca de hacer y mantener una promesa a nuestros amigos. Invite a los niños a escuchar lo que nuestro amigo Dios nos promete. Abra la Biblia y lea la siguiente adaptación de Isaías 54:10: "Mi amor por ti nunca termina; por siempre mantendré mi promesa de amor. Eso dice Dios quien te ama". Luego tomados de las manos juntos recen la oración al principio de la página 44.

Nuestra vida

Explorando las promesas

Pida a los niños levantar sus manos si han hecho alguna promesa a un amigo. ¿Mantuvieron esa promesa? Invíteles a escuchar la poesía en la página 44 y ver si pueden descubrir lo que hace una promesa especial. Pida voluntarios para explicar la poesía. Pida a los niños subrayar la última línea de la primera estrofa y las últimas dos de la segunda.

Use las preguntas en *Nuestra vida* para explorar experiencias de hacer y mantener promesas. Refuerce que nunca debemos hacer promesas que no vamos a cumplir.

Compartiendo la vida

Manteniendo las promesas hechas a nuestros amigos

Use las fotografías en la página 44 para hablar acerca de signos especiales que los amigos se dan cuando se hacen promesas. Pida a los niños demostrar sus signos especiales. Luego hagan la actividad al final de la página 44.

Presentación _____ minutos

Nuestra fe católica

La promesa de Dios

Lea de nuevo Isaías 54:10. Pida a los niños decir en sus propias palabras la promesa que Dios nos hizo. ¿Creen en la promesa de Dios? ¿Confían en que Dios siempre les amará? ¿Por qué o por qué no?

Reúna a los niños a su alrededor para leer la historia bíblica. Anuncie que tiene una historia especial acerca de la promesa de Dios de amarnos siempre. Dígales que la historia tiene lugar en un hermoso jardín. Pídales imaginar y compartir como es el jardín. Señale que el jardín fue un regalo del amor de Dios.

Lea la historia del Génesis en la página 46, deteniéndose para hacer preguntas tales como: "¿Por qué creen que Adán y Eva querían más?", (posibles respuestas: egoísmo, avaricia, ingratitud). "¿Pueden mostrar cómo son los sentimientos de vergüenza? ¿Qué prometió Dios?"

Refuerce que Dios sigue amando aun cuando la gente diga no a Dios y no haga lo que Dios pide. Si el tiempo lo permite, deje a los niños dramatizar la historia mientras usted la lee. Sugerencias:

• Primer párrafo: *Cogidos de las manos saltando en círculo.*

• "Querer más": *Todos se detienen.*

Objectives

To help the children:

• **trust in God's promise to love us always**

• **know that God keeps this promise through Jesus**

• **give thanks for God's endless love for us.**

LESSON PLAN

Beginning _____ min.

Focusing Prayer

Tell the children that we are going to talk about making and keeping promises to our friends. Invite the children to listen to what our friend God promises us. Open the class Bible, and read the following adaptation from Isaiah 54:10: "My love for you will never end; I will keep my promise of love forever. So says God who loves you." Then join hands, and pray together the prayer at the top of page 45.

Our Life

Exploring Promises

Ask the children to raise their hands if they have ever made a promise to a friend. Did they keep their promise? Invite them to listen to the poem on page 45 and see if they can discover what makes a promise so special. Call on volunteers to explain the poem. Have the children underline the last line in stanza 1 and the last two in stanza 2.

Use the questions in *Our Life* to explore experiences of making and keeping promises. Stress that we should never make promises we know we cannot or will not keep.

Sharing Life

Keeping Promises to Friends

Use the picture on page 45 to talk about special signs that friends give when they make promises. Ask the children to demonstrate their special signs. Then do the activity at the bottom of page 45.

Middle _____ min.

Our Catholic Faith

God's Promise

Reread Isaiah 54:10. Ask the children to tell in their own words the promise God made to us. Do they believe God's promise? Do they trust that God will always love them? Why or why not?

Gather the children around you for Bible story time. Announce that you have a special story about God's promise to love us always. Tell them the story takes place in a beautiful garden. Have them imagine and share what the garden is like. Point out that the garden was a gift of love from God.

Read the Genesis story on page 47, pausing to ask questions such as these: "Why do you think Adam and Eve still wanted more?" (Possible answers: greedy, selfish, ungrateful.) "Can you show what feeling ashamed looks like? What did God promise?"

Stress that God keeps on loving even when people say no to God and do not do what God asks. If time permits, let the children act out the story as you reread it. Suggestions:

• Paragraph 1: *Skip in a circle holding hands.*

• "Wanted more": *All stop.*

- "Dar la espalda": *Bajar las manos y dar la espalda.*
- "Avergonzado": *Taparse la cara.*
- "Esconderse": *Agacharse.*
- "Prometer": *Levantarse lentamente y voltearse hacia el grupo.*
- "Ayudarles": *Todos se toman de las manos.*

Juntos recen la oración en la página 44.

Dios mantiene la promesa

Escriba en la pizarra la palabra "Jesús". Invite a los niños a compartir lo que saben de él. Explique que Dios mantiene su promesa de amarnos siempre enviando a Jesús, el Hijo único de Dios. (Dibuje un círculo alrededor de "Jesús" para representar que el amor de Dios nunca termina).

Recalque que Jesús nos ayuda a decir sí al amor de Dios por nosotros. (Escriba SI sobre la palabra "Jesús"). Señale la palabra y pregunte: "¿Qué diremos a Dios?"(Anime a los niños a decir sí con entusiasmo).

Diciendo sí a Dios

Lea el primer párrafo en la página 48. Luego pida a los niños mirar las fotos. Pregunte: "¿Es fácil decir sí siempre a Dios?" Comparta decisiones difíciles tales como estar al lado de un amigo de quien se están burlando; perdonar a alguien que ha sido malo con nosotros; decir la verdad cuando es más fácil mentir. Luego lea el último párrafo de la página 48. Pida a los niños subrayar las dos últimas oraciones.

Conclusión _____ minutos

Acercándote a la fe

Resumen de la fe

Pase al *Resumen de la fe* en la página 52. Verifique si los niños pueden expresar en sus propias palabras lo que han aprendido.

Si el tiempo lo permite, puede dar la *Revisión y la Prueba para la primera unidad* en las páginas 256 y 258, si prefiere puede pedir a los niños revisarlo en la casa con un familiar.

Dando gracias por el amor de Dios

Use la sección *Acercándote a la fe* en la página 50 para confirmar que los niños entienden la promesa de Dios y a animarles a dar gracias en silencio.

Viviendo la fe

Celebrando la promesa de Dios

Copie y distribuya la página 277 de esta guía. Pida a los niños decorarla y escribir su nombre en ella. Pegue las copias y forme una bandera gigante "arco iris de promesa". Reúnanse alrededor de él y recen la oración que se encuentra al final de la página 50.

Materiales necesarios: creyones; cinta adhesiva

Evaluación de la lección

- ¿Creen los niños en la promesa de Dios?
- ¿Saben los niños que Dios envió a Jesús para que nos mostrara cómo decir sí a la promesa de Dios?
- ¿Han decidido los niños dar gracias a Dios por amarnos siempre?

- "Turned away": *Drop hands and turn backs.*
- "Ashamed": *Cover faces.*
- "Hid": *Crouch down.*
- "Promised": *Rise slowly and turn toward the group.*
- "Help them": *All join hands.*

Pray together the focusing prayer on page 45.

God Keeps the Promise
Print "Jesus" on the chalkboard or newsprint. Invite the children to share what they know about him. Explain that God kept the promise to love us always by sending Jesus, God's own Son. (Draw a big circle around "Jesus" to represent God's never-ending love.)

Point out that Jesus helps us to say yes to God's love for us. (Add YES above "Jesus.") Point to the word and ask, "What will we say to God?" (Encourage a rousing yes!)

Saying Yes to God
Read the first paragraph on page 49. Then ask the children to look at the pictures. Ask the children to explain how those in the pictures are showing love. Also ask, "Is it always easy to say yes to God?" Share difficult choices, such as standing up for a friend who is being teased; forgiving someone who is mean to us; telling the truth when it is easier to lie. Then read the last paragraph on page 49. Have the children underline the last two sentences.

End _____ min.

Coming to Faith
Faith Summary
Turn to the *Faith Summary* on page 53. See if the children can express in their own words what they have learned today.

If time permits, you may wish to use the *Unit I Review/Test* on pages 257 and 259, or you may prefer to have the children go over the pages with someone at home.

Giving Thanks for God's Love
Use the *Coming to Faith* section on page 51 to affirm the children's understanding of God's promise and to encourage them to give quiet thanks.

Practicing Faith
Celebrating God's Promise
Copy and distribute page 278 of this guide. Have the children decorate their copy and print their name on it. Tape the copies together to form a giant "rainbow promise banner." Gather around it and say the prayer at the bottom of page 51.

Materials needed: crayons; tape

Evaluating Your Lesson
- Do the children believe God's promise?
- Do they know God sent Jesus to show us how to say yes to God's promise?
- Have they decided to thank God for loving us always?

6 La Biblia

El tema de este capítulo
corresponde
al párrafo 105

Para el catequista:
Desarrollo espiritual y catequético

REFERENCIA PARA EL CATEQUISTA

Nuestra vida

Hay un viejo proverbio que dice: "Un buen libro es un buen amigo, el mismo hoy y siempre". ¿Verifica su propia experiencia la verdad de esta observación?

Pregúntese:

• ¿Puedo nombrar tres libros que han sido mis mejores amigos?

Compartiendo la fe

¿Por qué cree que esos libros le han influenciado?

¿Por qué algunos buenos libros no se quedan con nosotros?

Nuestra fe católica

El Concilio Vaticano Segundo, guiado por el Espíritu Santo, ambicionaba ver el día en que todo católico pudiera leer, entender y amar la Biblia.

Exhortó a rezar y a meditar en la Sagrada Escritura como fuente principal de crecimiento espiritual. "La Biblia debe ser una compañera inseparable y una fuente de inspiración y de alimento espiritual". (*Compartiendo la luz de la fe*, DCN, 60).

Para entender las "señales bíblicas", es necesario familiarizarse con el Antiguo Testamento, señalando las formas maravillosas en que Dios se reveló por primera vez a la humanidad.

Familiarizarse con el Nuevo Testamento—especialmente los evangelios—es necesario para entender a quien cumplió perfectamente el plan de salvación de Dios.

Acercándote a la fe

¿Cómo le ha inspirado la Biblia a vivir so fe?

¿Cómo se beneficiaría de una mayor familiaridad con los evangelios?

Viviendo la fe

¿Cómo va a nutrir su amor por la Biblia?

¿Cómo va a comunicar ese amor a los niños?

Recursos de enseñanza

Sugerencias

Durante la lección los niños harán paquetes "Oyente feliz".

Al final de la lección, los niños participan en una ceremonia para entronizar la Biblia. Si no ha preparado una mesa de oración este es el momento. Si quiere puede invitar a los niños a ayudarle a prepararla con un mantel, flores y un soporte para la Biblia.

Niños con necesidades especiales

Hable con los padres o tutores de los niños con necesidades especiales para reforzar sus fortalezas y sus debilidades.

Necesidades visuales
• un cuadro grande con escenas de historias bíblicas

Necesidades auditivas
• cintas y audífonos para la reflexión y la canción.

Necesidades motoras y de tacto
• compañeros que ayuden con las actividades motoras y de escrituras

Recursos complementarios

Children's Video Bible (series) (video)
Parte I: *The Beginning*
Part II: *The Promised Land*
Part III: *Kings and Prophets*
Part IV: *The First Christmas*
Part V: *Jesus and His Kingdom*

The Bible

The Theme of This Chapter Corresponds with Paragraph 105

For the Catechist:
Spiritual and Catechetical Development

ADULT BACKGROUND

Our Life

There's an old proverb that says, "A good book is the best of friends, the same today and forever." Does your own experience verify the truth of this observation?

Ask yourself:

• Can I name at least three books that have been the best of friends to me?

Sharing Life

Why do you think these books have influenced you?

Why do good books sometimes fail to remain with us?

Our Catholic Faith

The Second Vatican Council, guided by the Spirit of God, envisioned a day when every Catholic would read, know, understand, and love the Bible. It encouraged praying over and meditating

on the Sacred Scriptures as a primary source of spiritual growth. "As a source of inspiration and spiritual nourishment, the Bible ought to be a constant companion" (*Sharing the Light of Faith*, NCD, 60).

Familiarity with the Old Testament is necessary for an understanding of the "biblical signs" pointing to the marvelous ways in which God first revealed himself to humankind.

Familiarity with the New Testament—especially the Gospels—is necessary for an understanding of the One who perfectly fulfilled God's plan of salvation.

Coming to Faith

How has the Bible inspired you to live the faith you profess?

How might you benefit by a greater familiarity with the Gospels?

Practicing Faith

How will you nourish your love for the Bible?

How might you communicate that love to the children?

Teaching Resources

Teaching Hints

At the end of the lesson, the children participate in a Bible enthronement ceremony. If you have not yet set up a prayer table, do so now. You may want to invite the children to help prepare the table with a cloth, fresh flowers (if possible), and a stand for the Bible.

Special-Needs Child

Speak with the parents or guardians of mainstreamed children to assess their strengths and weaknesses.

Visual Needs
• large pictures of scenes from Bible stories

Auditory Needs
• audiotape and headphones for the reflection and the song

Tactile-Motor Needs
• peer helpers for motion, writing, and art activities

Supplemental Resources

Children's Video Bible (series) (video)
Part I: *The Beginning*
Part II: *The Promised Land*
Part III: *Kings and Prophets*
Part IV: *The First Christmas*
Part V: *Jesus and His Kingdom*

Objetivos

Ayudar a los niños a:

• **entender que la Biblia es la historia del amor de Dios por nosotros**

• **sentir la importancia de escuchar la historia de Dios**

• **escoger escuchar con atención.**

PLANIFICACION DE LA LECCION

Introducción _____ minutos

Oración de la lección

Reúna a los niños a su alrededor. Ponga una Biblia grande en sus piernas. Pregunte a los niños si tienen un libro de cuentos favorito. Hablen de las razones por qué prefieren esos libros, cómo se sienten cuando lo leen y qué aprenden de los cuentos.

Anuncie que hoy van a hablar acerca de un libro muy especial. Levante la Biblia. Pregunte a los niños si ellos conocen el nombre de ese libro. Señale que la Biblia es el libro favorito de mucha gente. ¿Saben ellos por qué? (Posibles respuestas: tiene historia acerca de Dios, nos habla de Jesús, nos ayuda a amar a Dios y a otros).

Invite a los niños a pedir a Dios que les ayude a escuchar atentamente hoy mientras aprendemos más sobre la Biblia. Hagan la oración en la página 54.

Nuestra vida

Escuchando la palabra de Dios

Formen un círculo para orar. Elija dos lectores. Diga a los niños que se preparen para escuchar algunas de las palabras más importantes de la Biblia. Anímelos a estar tranquilos en su interior y en su exterior, para que puedan escuchar la palabra de Dios no sólo con sus oídos sino también con sus corazones. Dirija el servicio de oración en la página 54.

Compartiendo la vida

Reflexione en la palabra de Dios

En voz alta lea el final de la página 54. Refuerce que este mensaje es sólo uno de los muchos hermosos mensajes que encontramos en la Biblia acerca del amor de Dios por nosotros.

Presentación _____ minutos

Nuestra fe católica

Historia acerca de Dios

Diga a los niños que la Biblia es un libro muy especial porque en ella leemos la historia de Dios. Invítelos a escuchar cómo la historia de Dios llegó a contarse en la Biblia.

Lea el primer párrafo en la página 56. Haga algunas preguntas como las siguientes:

• ¿Qué pensaba la gente que quería contar la historia de Dios?

• ¿Quién les ayudó a encontrar respuestas a sus preguntas?

• ¿Qué hizo la gente cuando encontró las respuestas a sus preguntas?

• ¿Cómo llamamos nosotros a la historia de Dios?

Pida a los niños subrayar la última oración del segundo párrafo.

La historia del amor de Dios

Explique que la Biblia está llena de muchas historias que juntas nos cuentan la historia completa del amor de Dios por nosotros. Pida a los niños nombrar algunas historias bíblicas. Ayúdeles a ver que todas las historias tienen algo importante que decirnos: Dios nos ama siempre.

Lea el tercer párrafo de la página 56. Haga preguntas tales como:

• ¿Qué nos dicen las historias de la Biblia?

• ¿Qué aprendemos cuando escuchamos la historia de Dios?

• ¿Pueden nombrar algunos regalos de Dios que hemos aprendido? (Posibles respuestas: nuestro mundo; la gente que nos ama; Jesús).

Objectives

To help the children:

- **know that the Bible is God's story of love for us**
- **sense the importance of listening to God's story**
- **choose to be good listeners.**

LESSON PLAN

Beginning _____ min.

Focusing Prayer

Gather the children around you. Place a large Bible on your lap. Ask the children if they have a favorite storybook. Talk about why they like it, how it makes them feel, and what they have learned from the story.

Announce that today we are going to talk about a very special book. Hold up the Bible. Ask the children if they know the name of the book. Point out that the Bible is the favorite book of many people. Do they know why? (Possible responses: It has stories about God; tells us about Jesus; tells us about God's love; helps us to love God and others.)

Invite the children to ask God to help them listen today as we learn more about the Bible. Say the prayer at the top of page 55.

Our Life

Listening to God's Word

Form a prayer circle. Choose two readers. Tell the children to get ready to listen to some very important words from the Bible. Encourage them to make themselves still on the outside and on the inside, so that they will hear God's word not only with their ears but also in their hearts. Conduct the prayer service at the top of page 55.

Sharing Life

Reflecting on God's Word

Read aloud the bottom of page 55. Stress that this message is just one of many beautiful messages in the Bible about God's love for us.

Middle _____ min.

Our Catholic Faith

God's Story

Tell the children that the Bible is a very special book because it tells God's story. Invite them to listen to how God's story came to be told in the Bible.

Read the first two paragraphs on page 57. Ask questions such as:

- What did the people who wanted to tell God's story think about?
- Who helped them find answers to their questions?
- What did the people do when they found the answers?
- What do we call God's story?

Have the children underline the last sentence in the second paragraph.

The Story of God's Love

Explain that the Bible is filled with many stories that fit together to tell one big story of God's love for us. Ask the children to name some Bible stories. Help them to see that all of the stories have one important thing to tell us: God loves us always.

Read the third paragraph on page 57. Ask questions such as:

- What do the stories in the Bible tell us?
- What do we learn about when we listen to God's story?
- Can you name some gifts from God that we learned about? (Possible responses: our world; people who love us; Jesus.)

Muestre a los niños donde empiezan los evangelios en la Biblia. Señale que esa parte de la Biblia nos cuenta la historia del mejor regalo de Dios a nosotros. Lea el último párrafo. Pregunte a los niños por qué creen que Jesús es el mejor regalo de Dios.

Como nos ayuda la Biblia

Recuerde las palabras de Jesús: "Felices los que hacen la voluntad de Dios". Señale que escuchar las historias bíblicas nos ayuda a saber lo que Dios quiere. Explique las ilustraciones en las páginas 56–57 de la manera siguiente:

• La historia de Abrahan y Sara, su mujer, se encuentra en la Biblia. En esta historia aprendemos cómo Dios les ayudó a descubrir su amor por ellos. Abraham y Sara amaban mucho a Dios. Ellos trataban de hacer siempre lo que Dios quería.

• La historia de Rut es contada en la Biblia. En esta historia aprendemos cómo Dios ayudó a Rut a conocer su amor por ella. Rut se hizo amiga de Dios. Después de la muerte de su esposo, ella trabajó en el campo. Vivió con la mamá de su esposo y fue amable con ella.

• La historia de como el pueblo da la bienvenida a Jesús es también contada en la Biblia. El pueblo agitaba palmas y gritaba "Hosanna" (Alabado sea el Señor). De esta historia aprendemos que Dios quiere que demos la bienvenida a Jesús y que le escuchemos.

Explique a los niños que este año escucharán las historias de la Biblia. Si escuchamos con nuestros oídos y nuestros corazones, aprenderemos cuanto Dios nos ama y como podemos amarle.

Conclusión _____ minutos

Acercándote a la fe

Resumen de la fe

Pase al *Resumen de la fe* en la página 60. Verifique que los niños pueden expresar en sus propias palabras lo que han aprendido.

Canción acerca de la palabra de Dios

Enseñe una canción a los niños acerca de como escuchar la palabra de Dios. Juntos recen la oración que se encuentra en la página 60.

Viviendo la fe

Distintivo "Oyente Feliz"

Copie y distribuya la página 279 de esta guía. Lea las instrucciones en voz alta. Provea ayuda a quien la necesite. Luego llame a cada niño al frente para que muestre su distintivo. Mientras le pone el distintivo diga: "_____, Dios te ama. Eres un oyente feliz de Dios".

Materiales necesarios: copias de la página 279, una para cada niño; creyones, tijeras, alfileres.

Celebrando la Biblia

(Dé ideas a los niños de cómo decorar una mesa de oración). Invite a los niños a alabar y a honrar la historia de Dios participando en la celebración de la Biblia. Explique que van a poner la historia de Dios, la Biblia, en un lugar especial para mostrar que amamos la palabra de Dios y que queremos oír y aprender acerca de él y su amor por nosotros.

Pase al servicio de oración en la página 58. Practique los gestos para la oración de los niños. Elija a un niño para llevar la Biblia. Luego forme una procesión para ir a la mesa de oración a hacer la celebración.

Haga saber a los niños que Dios está contento con su celebración de la Biblia. Anímeles a escuchar la palabra de Dios en la misa esta semana.

Evaluación de la lección

• ¿Saben los niños que la Biblia es la historia de Dios y su amor?

• ¿Aprecian la importancia de escuchar la palabra de Dios?

• ¿Han decidido ser buenos oyentes?

Show the children where the gospels begin in the Bible. Point out that this part of the Bible tells the story of God's best gift to us. Read the last paragraph. Ask the children why they think Jesus is God's best gift.

How the Bible Helps Us

Recall Jesus' words, "Happy are those who do what God wants." Point out that listening to the stories in the Bible helps us to know what God wants. Explain the pictures on pages 56–57 as follows:

• The story of Abraham and his wife, Sarah, is told in the Bible. In this story we learn how God helped them discover that God loved them. Abraham and Sarah loved God very much. They always tried to do what God wanted.

• The story of Ruth is told in the Bible. In this story we learn how God helped Ruth to know God loved her. Ruth became God's friend. After her husband died, Ruth worked in the fields. She lived with her husband's mother and was very kind to her.

• The story of Jesus being welcomed by people is told in the Bible. People waved palm branches and shouted "Hosanna" (praise God). From this story we learn that God wants us to welcome Jesus and to listen to him.

Tell the children that this year we will listen to stories from the Bible. If we listen with our ears and with our hearts, we will learn how much God loves us and how we can love God back.

End _____ min.

Coming to Faith

Faith Summary
Turn to the *Faith Summary* on page 61. See if the children can express in their own words what they have learned today.

Song About God's Word
Teach the song "Listening to God's Word" on page 59.

Practicing Faith

"Happy Listener" Badges
Distribute copies of page 280 of this guide. Read the instructions aloud. Provide help as needed. Then call each child forward to show his/her badge. As you pin on the badge, say, "_____, God loves you. You are God's happy listener."

Materials needed: copies of page 280, one per child; crayons; scissors; pins

Bible Celebration
(See *Teaching Hints* about decorating the prayer table.) Invite the children to honor God's story by taking part in celebration of the Bible. Explain that we are going to put God's story, the Bible, in a special place to show that we love his word and want to listen and learn about God and his love for us.

Go over the prayer service on page 59. Practice the gestures for the children's prayer. Choose a child to carry the Bible. Then form a procession some distance from the prayer table and proceed with the celebration.

Let the children know that God is pleased with their celebration of the Bible. Urge them to listen for God's word at Mass this weekend.

Evaluating Your Lesson

• Do the children know that the Bible is the story of God and God's love?

• Do they appreciate the importance of listening to God's word?

• Have they decided to try to be good listeners?

Todos los santos

El tema de este capítulo corresponde al párrafo 826

Para el catequista:
Desarrollo espiritual y catequético

REFERENCIA PARA EL CATEQUISTA

Nuestra vida

Con frecuencia escuchamos a alguien justificar su comportamiento inadecuado diciendo: "Bueno, no soy un santo".

Sin embargo, si santo es el que trata de hacer la voluntad de Dios, la mayoría deberíamos, por lo menos, afirmar que vamos en esa dirección.

Pregúntese:

• ¿En qué formas soy santo?
• ¿Quiénes son mis modelos de santos?

Compartiendo la vida

¿Hay algunas formas en las que puede extraviarse de la voluntad de Dios?

¿Le ayuda la Iglesia a alcanzar su llamado a la santidad? Explique.

Nuestra fe católica

Los cristianos católicos pueden usar la palabra "santo" para referirse a aquellos cuya vida ha sido reconocida por la Iglesia como "santa o bendita". O puede usar el término a la ligera para incluir a todos los que han hecho o están haciendo la voluntad de Dios. Cualquiera de las categorías requiere vivir una respuesta a las enseñanzas del evangelio de Jesús.

El primero de noviembre, la Iglesia celebra la fiesta de Todos los Santos, cuando nos regocijamos en las santas vidas de aquellos que han entrado a la comunión de los santos. Les pedimos que nos ayuden y apoyen para vivir nuestras vidas, aun cuando sea difícil, de la misma forma que ellos vivieron.

Acercándote a la fe

¿Cómo sería la Iglesia si todos tratáramos de ser santos?

¿Qué hará para que esa visión sea una realidad?

Viviendo la fe

¿Cómo responderá a sus reflexiones sobre los santos?

¿Cómo inculcará en los niños amor por los santos?

Recursos para enseñanza

Sugerencias

En esta lección los niños hablan acerca de como vivieron los santos de la forma que Jesús enseñó. También honran a los santos en una canción. Si lo desea, provea "vestuarios" para una celebración más festiva.

Al final de la lección, cada niño debe hacer una tarjeta de un santo. Para ayudarles puede recoger información acerca de santos de América Latina y también proveer fotos de varios de ellos como modelo para los dibujos de los niños.

Niños con necesidades especiales

No sobreproteja a los niños con necesidades especiales. En la mayoría de los casos son más capaces de lo que imaginamos.

Necesidades visuales
• sentarlos en un lugar preferencial
• compañeros para que ayuden con las actividades.

Necesidades auditivas
• cintas y audífonos para las historias y las canciones.

Necesidades motoras y de tacto
• Pegar la página 68 al pupitre

Recursos complementarios

God's Special Friends: Saints (video)
Freckles and Friends (series)
Brown-ROA
1665 Embassy West Drive
Dubuque, IA 52002-2259
(1-800-992-7696)

All Saints

The Theme of This Chapter Corresponds with Paragraph 826

For the Catechist: Spiritual and Catechetical Development

ADULT BACKGROUND

Our Life

How often have we overheard someone justify his or her less-than-perfect behavior by saying, "Well, I'm no saint"?

However, if a saint is someone who tries to live the will of God, most of us should at least be able to claim we are heading in the right direction.

Ask yourself:

• In what ways am I already "saintly"?

• Who are my role models for saintliness?

Sharing Life

Are there ways in which you might be straying from the will of God?

Does the Church enable you to fulfill its call to sanctity? Explain.

Our Catholic Faith

Catholic Christians may use the word "saint" to refer to those whose lives have been recognized by the Church as "holy or blessed." Or they may use the term more loosely to include all those who have done and are doing the will of God in their daily lives. Either category requires a lived response to the Gospel teachings of Jesus.

On November 1, the Church celebrates the feast of All Saints, when we rejoice in the holy lives of those who have entered into the communion of saints. We call on them to guide and assist us as we make our way, however haltingly, in the same direction.

Coming to Faith

How might the Church be different if all of us were doing our best to become saints?

How will you help that vision to become a reality?

Practicing Faith

What will you do in response to your reflection on the saints?

How will you instill in the children a love for the saints?

Teaching Resources

Teaching Hints

In this lesson the children talk about how the saints lived as Jesus asked us to. The children also honor the saints in song. If you wish, provide "costumes" and props to make the celebration more festive.

At the end of the lesson, the children each create a saint's card. To assist them, you may want to gather information about their name saints and also provide pictures of these and other saints as models for the children's drawings.

Special-Needs Child

Do not be overly protective toward mainstreamed children. They are often more capable than we presume.

Visual Needs

• preferential seating
• peer helpers for art activities

Auditory Needs

• audiotape and headphones for the story and the song

Tactile-Motor Needs

• page 69 taped to the child's desk

Supplemental Resources

God's Special Friends: Saints (video)
Freckles and Friends (series)
Brown-ROA
1665 Embassy West Drive
Dubuque, IA 52002-2259
(1-800-922-7696)

Objetivos

Ayudar a los niños a:

- **saber que los santos amaron a Dios e hicieron su voluntad**
- **honrar a los santos por vivir como Dios quiere**
- **decidir ser como los santos.**

PLANIFICACION DE LA LECCION

Introducción _____ minutos

Oración de la lección

Muestre el mes de noviembre en un calendario. Encierre en un círculo el primer día. Explique que nuestra Iglesia separa el día primero de noviembre para honrar Personas especiales llamadas santos. Escriba la palabra *honor* en la pizarra. Ayude a los niños a entender que honrar significa mostrar amor y respeto especial por una persona que ha hecho algo bueno.

Anuncie que hoy van a saber más acerca de los santos y por qué tenemos un día especial para honrarlos. Invite a los niños a tomarse de las manos y decir la oración en la página 62.

Materiales necesarios: el mes de noviembre de un calendario grande; marcadores

Nuestra vida

Honrando a una persona especial

Llame la atención a la ilustración en la página 62. Lea el mensaje en la bandera. Escríbalo encima de la palabra *honor*. Pida a los niños buscar y señalar al Sr. Rosas. Invítelos a escuchar la historia acerca de por qué él fue honrado de manera especial.

Lea la historia y pregunte algo como:

- ¿Por qué los niños quieren al señor Rosas?
- ¿Qué decidieron hacer los niños para honrar al señor Rosas?

Use la actividad debajo de la historia. Escriba las respuestas debajo de la palabra *honor*. Reconozca todas las sugerencias y relaciónelas con la definición de la palabra *honor*.

Compartiendo la vida

Personas especiales que honramos

Use las preguntas al final de la página 62 para ayudar a los niños a ver que ellos pueden y deben honrar a las personas especiales en sus vidas.

Presentación _____ minutos

Nuestra fe católica

Por qué honramos a los santos

Refiérase al calendario. Señale que al igual que los niños en la ilustración, nosotros tenemos un día especial para honrar a las personas especiales de nuestra familia en la Iglesia. Invite a los niños a escuchar y ver si pueden saber por qué honramos a los santos el primero de noviembre. Lea los párrafos uno y dos de la página 64. Haga preguntas como las siguientes:

- ¿Quiénes son los santos?
- ¿Qué hicieron los santos?

Refuerce que honramos a los santos porque ellos siempre trataron de vivir como Jesús quiere que vivamos: Amando a Dios y unos a otros.

Lea el último párrafo. Pregunte "¿En qué día especial honramos y recordamos a los santos?"

Como honramos a los santos

Use la ilustración en las páginas 64–65 para señalar que vestirnos como nuestro santo favorito es un forma de honrarlo. Identifique cada santo usando la letanía en la página 66.

Hablen de otras formas en que honramos a los santos en su día especial. (Ejemplos: asistiendo a misa, tratando de imitarles, manteniendo una foto del santo favorito en un lugar especial).

Objectives

To help the children:

- **know that the saints loved God and did his will**
- **honor the saints for living as God wants**
- **decide to be like the saints.**

LESSON PLAN

Beginning _____ min.

Focusing Prayer

Display a calendar page for November. Circle the first. Explain that our Church sets aside November 1 to honor special people called saints. Print the word *honor* on the chalkboard or newsprint. Help the children understand that honor means to show special love and respect for a person who has done good things.

Announce that today we will discover more about the saints and why we have a special day to honor them. Invite the children to join hands and say the prayer at the top of page 63.

Materials needed: large calendar page for November; marker

Our Life

Honoring a Special Person

Call attention to the picture on page 62. Read the message on the banner. Print it above the word *honor*. Have the children find and point to Mr. Rosas. Invite them to listen to the story about why Mr. Rosas was honored with a special day.

Read the story. Ask questions such as:

- Why do the children like Mr. Rosas?
- What have the children decided to do to honor Mr. Rosas?

Use the activity under the story. List responses under the word *honor*. Affirm all suggestions and relate them to the definition of the word *honor*.

Sharing Life

Special People We Honor

Use the questions at the bottom of page 63 to help the children realize that they can, and should, honor the special people in their lives.

Middle _____ min.

Our Catholic Faith

Why We Honor the Saints

Refer to the calendar. Point out that like the children in the picture, we have a special day to honor special people in our Church family. Invite the children to listen and see if they can discover why we honor the saints on November 1. Read paragraphs 1 and 2 on page 65. Ask questions such as:

- Who are the saints?
- What did the saints do?

Stress that we honor the saints because they always tried to do what Jesus wants us all to do: love God and love one another.

Read the last paragraph. Ask, "On what special day do we remember and honor the saints?"

How We Honor the Saints

Use the picture on pages 64–65 to point out that dressing up as our favorite saints is one way to honor them. Identify each saint, using the litany on page 67.

Brainstorm other ways to honor the saints on their special day. (Examples: Go to Mass; pray to the saints; try to be like them; keep a picture of a favorite saint in a special place.)

Conclusión _____ minutos

Acercándote a la fe

Resumen de la fe

Pase al *Resumen de la fe* en la página 70. Verifique si los niños pueden expresar en sus propias palabras lo aprendido.

Celebrando los santos

Invite a los niños a honrar a los santos cantando una canción. Si lo desea puede proporcionar simples disfraces.

Sugerencias

• Santa Isabel—corona y frutas o pan

• San José—cintillo y un pedazo de madero o un martillo

• Santa Teresa—un velo y una flor

• San Martín—vinetillo y bendaje

• San Nicolás—mitra y una funda de papel

Pase a la página 66. Forme dos grupos para rezar la letanía.

Viviendo la fe

Imitando a los santos

Use la ilustración en la página 66 para ayudar a los niños a identificar formas en la que pueden imitar a los santos. Refuerce que honramos a los santos cuando tratamos de ser como ellos.

Invite a los niños a sugerir otras formas en que pueden imitar a los santos. (Posibles respuestas: rezando, fomentando la paz, ayudando en la casa). Anime a los niños a imitar a los santos.

Haciendo una tarjeta de santo

Muestre a los niños como hacer una tarjeta de un santo. Dígales que esas tarjetas son para recordarle a una persona especial que trató siempre de hacer lo que Dios quiere. También nos recuerdan pedir a los santos que nos ayuden a amar a Dios y a los demás.

Evaluación de la lección

• ¿Saben los niños que los santos amaron a Dios e hicieron su voluntad?

• ¿Aprecian a los santos por vivir una vida de amor?

• ¿Han elegido formas para parecerse a los santos?

SEÑOR, AYUDANOS A DIRIGIR A LOS NIÑOS Y A SUS FAMILIAS HACIA TI.

End _____ min.

Coming to Faith

Faith Summary
Turn to the *Faith Summary* on page 71. See if the children can express in their own words what they have learned today.

Celebrating the Saints
Invite the children to honor the saints by singing a song. If you wish, provide simple costumes and props.

Suggestions:
• Saint Elizabeth—crown and fruit or bread
• Saint Joseph—headband and a piece of wood or a hammer
• Saint Thérèse—veil and a flower
• Saint Martin—headband and a bandage
• Saint Nicholas—miter and a small, stuffed paper bag

Turn to page 67. Form two groups to pray the litany.

Practicing Faith

Imitating the Saints
Use the pictures on page 67 to help the children identify ways they can imitate the saints. Stress that we honor the saints when we try to be like them.

Invite the children to suggest other ways they can imitate the saints. (Possible responses: praying; being peacemakers; helping at home.) Encourage them to imitate a saint.

Making Saints' Cards
Show the children how to draw a saints' card. (See *Teaching Hints*.) Tell them that the cards are reminders of some special people who always tried to do as God wanted. They also remind us to ask these saints to help us love God and others more.

Evaluating Your Lesson

• Do the children know that the saints loved God and did his will?
• Do they appreciate the saints for living lives of love?
• Have they chosen ways to be more like the saints?

LORD, HELP US TO ENLIGHTEN THE MINDS OF OUR YOUNG PEOPLE AND THEIR FAMILIES.

8 La historia de Jesús

Para el catequista:
Desarrollo espiritual y catequético

Nuestra vida

A juzgar por los libros más vendidos y las situaciones cómicas de la televisión la vida familiar nos fascina. El ciclo de casarse, criar hijos, o seguir una carrera, madurar y enfrentar la muerte es una fuente inagotable de historias que ilumina nuestra condición humana. Tanto en la vida real como en las familias imaginarias, vemos algo de nosotros mismos—como somos, lo que hemos sido o quizás lo que esperamos ser.

Considere como sus propios lazos familiares influyen en su identidad.

Pregúntese:

• ¿Qué cualidades de mis padres veo en mí?

• ¿Cuáles son las lecciones más importantes que mi vida familiar me ha enseñado?

• ¿De qué forma mi fe ha sido formada por mi familia?

Compartiendo la vida

¿Hay formas en las que ha crecido (o espera crecer) más allá del nivel de fe que ha experimentado en su vida? Explique.

¿Cómo su comprensión de Jesús refleja la influencia de su familia?

Nuestra fe católica

Cuando éramos niños luchando con el alfabeto o las tablas de multiplicar, quizás nos dijimos: "Que buena suerte la de Jesús. Nunca tuvo que pensar en esto".

Cuando adolescentes, agonizando con los exámenes finales de química un sábado por la noche quizás pensamos: "Que buena suerte la de Jesús. Nunca tuvo problemas como este". Aún de adultos quizás imaginamos a Jesús fuera de las dudas, la vulnerabilidad y los fallos que como humanos conocemos tan bien.

Estábamos equivocados. ¿Por qué? Porque leemos en la Escritura y las enseñanzas de la Iglesia que Jesucristo, el Hijo de Dios, es una Persona divina, que comparte nuestra naturaleza humana. El fue como nosotros en todo menos en el pecado.

La carta de Pablo a los Filipenses nos recuerda:

El, siendo de condición divina, no reivindicó, en los hechos, la igualdad con Dios, sino que se despojó, tomando la condición de servidor, y llegó a ser semejante a los hombres. Más aun: al verlo, se comprobó que era hombre. (Filipenses 2:6–7)

Jesús nació en una familia humana. Nos referimos a esta familia como la Sagrada Familia, no debemos separarlos de nuestra experiencia familiar de lo que significa pertenecer a una familia.

José fue paciente por instinto con su hijo pequeño cuando lo distraía de sus labores. María tuvo que luchar para entender que su hijo adolescente no siempre obedecía y era voluntarioso.

Jesús no aprendió de la vida o como llevarse bien con sus padres tirando una moneda. El tuvo que crecer en "sabiduría, edad y gracia". Su identidad como adulto reflejó no sólo su naturaleza divina sino también los lazos familiares.

The Story of Jesus

For the Catechist:
Spiritual and Catechetical Development

ADULT BACKGROUND

Our Life

Judging by the best-sellers and prime-time sitcoms, family life fascinates us all. The cycle of getting married, raising a family and/or pursuing a career, growing older and facing death is a fertile source of stories illuminating our human condition. In prominent real-life or imaginary families, we see something of ourselves—as we are, have been, or perhaps hope to be.

Consider how your own family ties influence your identity.

Ask yourself:

• What qualities of my mother and father do I see in myself?

• What are two of the most important lessons family life has taught me?

• In what ways has my faith been formed by my family life?

Sharing Life

Are there ways in which you have grown (or hope to grow) beyond the level of faith you experienced in your family? Explain.

How does your present understanding of Jesus reflect the influence of your family?

Our Catholic Faith

When we were children grappling with the alphabet or the multiplication tables, perhaps we told ourselves, "Lucky Jesus. He never had to go through this."

When we were teenagers, agonizing over chemistry finals or Saturday nights alone, perhaps we thought, "Lucky Jesus. He never had problems like this." Even as adults we may have exempted Jesus from the doubts, vulnerabilities, and failures that we as humans know so well.

If so, we were wrong. Why? Because we have it from the Scriptures and the teaching of the Church that Jesus Christ, the Son of God, is a Divine Person who shares our human nature. He was human, like us in all things but sin.

Paul's Letter to the Philippians reminds us:

> He always had the nature of God,
>   but he did not think that by force he should try
>   to become equal with God.
> Instead of this, of his own free will he gave
>   up all he had,
>   and took the nature of a servant.
> (Philippians 2:6–7)

Jesus was born into a human family. Though we refer to this family as the Holy Family, we should not separate them from our familiar experience of what it means to belong to a family.

Joseph was not automatically patient with his toddler son when the Child distracted him at his workbench. Mary had to struggle to come to an understanding of her adolescent Son, who was by turns obedient and strong-minded.

Jesus did not learn about life or how to get along with his parents by flipping some mental switch. He had to grow in "wisdom and age and grace." His identity as an adult reflected not only his divine nature but his family ties as well.

El tema de este capítulo corresponde al párrafo 525

Acercándote a la fe

¿Cómo le acepta o le desafía la humanidad de Jesús?

Mientras reflexiona en la vida familiar de Jesús, ¿qué aspectos de ella quiere compartir con los niños en su grupo? ¿Por qué?

Viviendo la fe

¿Cómo sus reflexiones influyen en la forma en que enseñará esta lección?

RECURSOS LITURGICOS

Buen arte cristiano puede ser una fuente fructífera de reflexión en la historia de Jesús para los niños. Si quiere puede revisar en la escuela, la parroquia o la biblioteca local la sección de arte para compartir con los niños. Busque pinturas que se relacionen con Jesús, María y José.

• "Cristo en el taller del carpintero", por John Everett Millais
• "El niño encontrado en el Templo", por W. Homan Hunt
• "La huida a Egipto", por Gerard David.

Invite a los niños a ver las pinturas, hablar acerca de lo que ven y responder con dibujos hechos por ellos.

RECURSOS DE JUSTICIA Y PAZ

Aunque a menudo llamamos a los padres los principales educadores, algunas veces olvidamos que los niños "contribuyen en su propia forma a la santificación de sus padres". (*Constitución pastoral sobre la Iglesia en el mundo de hoy*, 48)

Ayude a los niños a reconocer algunas de las formas en que pueden ayudar a sus padres o tutores a ser santos.

• Rezando por ellos diariamente.
• Compartiendo con ellos lo aprendido mientras estudiamos *Acercándote a Dios*.
• Cooperando con ellos y compartiendo las tareas de la casa.
• Dándole las gracias por habernos bautizado y por llevarnos a la iglesia.
• Perdonándolos cuando nos mal interpretan o nos acusan sin razón.
• Mostrándoles señales de afecto y amor todos los días.

Coming to Faith

How does the humanity of Jesus both affirm and challenge you?

As you reflect on the family life of Jesus, what aspect of it would you most want to share with the children in your group? Why?

Practicing Faith

How will your reflections influence the way in which you teach this lesson?

LITURGICAL RESOURCES

Good Christian art can be a fruitful source of reflection for young children on the story of Jesus. You may wish to check with school, parish, or local librarians for a selection of art books to be shared by small groups of children. Look for paintings like the following that portray Jesus' relationship with Mary and Joseph:

• "Christ in the Carpenter's Shop," by John Everett Millais
• "The Finding of Christ in the Temple," by W. Holman Hunt
• "The Rest on the Flight into Egypt," by Gerard David.

Invite the children to look at the paintings, talk about what they see, and respond with a drawing of their own.

JUSTICE AND PEACE RESOURCES

Although we may often call parents the primary educators of their children, we sometimes forget that children "contribute in their own way to making their parents holy" (*Constitution on the Church in the Modern World*, 48).

Help the children to recognize some of the ways they can help their parents or guardians to be holy.

• Pray for them each day.
• Share with them what we are learning as we explore *Coming to God*.
• Cooperate with them and help them with daily tasks at home.
• Thank them for having us baptized and coming to church with us.
• Forgive them when they misunderstand us or blame us unfairly.
• Show them signs of love and affection each day.

Recursos de enseñanza

QUINTO MOVIMIENTO

PRIMER MOVIMIENTO

Conclusión

Introducción

SEGUNDO MOVIMIENTO

CUARTO MOVIMIENTO

VIVIENDO LA FE
Animar a los niños a pedir a la Sagrada Familia que ayude a su familia.

NUESTRA VIDA
Explorar formas en que la gente celebra el bautismo de un bebé.

ACERCANDOTE A LA FE
Dirigir a los niños a expresar cómo era la familia de Jesús.

COMPARTIENDO LA VIDA
Discutir por qué la gente está contenta cuando nace un bebé.

NUESTRA FE CATOLICA
Desarrollar en el niño el aprecio por la buena nueva de que el Hijo de Dios, Jesús, nació de una familia humana.

TERCER MOVIMIENTO

Presentación

Sugerencias

Esta lección tiene por objetivo ayudar a los niños a entender y a apreciar la humanidad de Jesús. A través de la lección encontrará oportunidades de explorar cómo Jesús fue uno de nosotros. Como nosotros nació en una familia humana. Creció, cambió y aprendió como todos los niños. El jugó con sus amigos y gozó del amor incondicional de María y José. Ayude a los niños a ver que la familia de Jesús es un modelo de amor para todas las familias.

Niños con necesidades especiales

Trate a los niños con necesidades especiales igual que a los demás. Espere el mismo comportamiento.

Necesidades visuales
• la palabra *Navidad* escrita en papel de lija
• una fotografía grande de un nacimiento

Necesidades auditivas
• cinta y audífonos para escuchar la historia de Navidad

Necesidades motoras y de tacto
• el arte de la bandera de la página 78 pegada al pupitre
• compañeros que ayuden a escribir

Recursos complementarios

The Good News: Life of Jesus (video)
Freckles and Friends series
Brown-ROA
1665 Embassy West Drive
Dubuque, IA 52002-2259
(1-800-922-7696)

The Life of Jesus (video)
Brown-ROA
1665 Embassy West Drive
Dubuque, IA 52002-2259
(1-800-922-7696)

Vocabulario
En **Navidad** celebramos el nacimiento de Jesús.

Teaching Resources

Overview of the Lesson

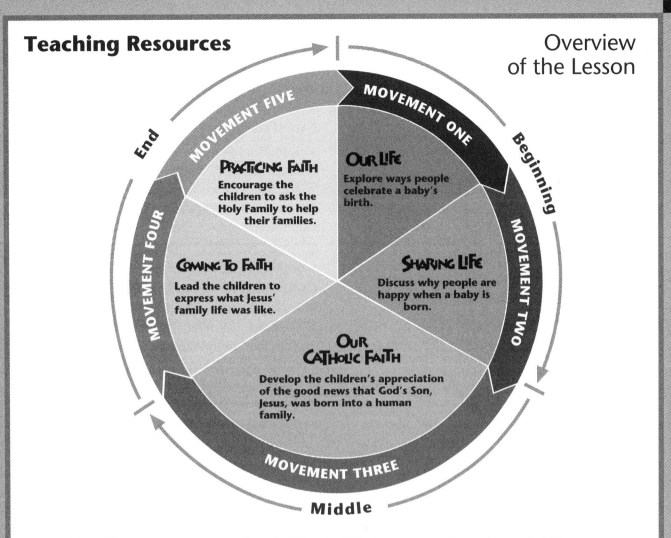

MOVEMENT FIVE

End

MOVEMENT ONE

Beginning

PRACTICING FAITH
Encourage the children to ask the Holy Family to help their families.

OUR LIFE
Explore ways people celebrate a baby's birth.

MOVEMENT FOUR

MOVEMENT TWO

COMING TO FAITH
Lead the children to express what Jesus' family life was like.

SHARING LIFE
Discuss why people are happy when a baby is born.

OUR CATHOLIC FAITH
Develop the children's appreciation of the good news that God's Son, Jesus, was born into a human family.

MOVEMENT THREE

Middle

Teaching Hints

This lesson is intended to help the children understand and appreciate the humanity of Jesus. Throughout, you will find opportunities to explore how Jesus was one of us. Like us, he was born into a human family. He grew, changed, and learned as children do. He played with friends and enjoyed the reassuring love of Mary and Joseph. Help the children see that Jesus' family life is a model of love for all human families.

Special-Needs Child

Treat mainstreamed children the same as other children. Expect the same standards of behavior.

Visual Needs
• faith word *Christmas* in sandpaper letters
• large picture of the Nativity

Auditory Needs
• audiotape and headphones for the Nativity story

Tactile-Motor Needs
• banner art on page 79 taped to the child's desk
• peer helpers for writing

Supplemental Resources

The Good News: Life of Jesus (video)
Freckles and Friends (series)
Brown-ROA
1665 Embassy West Drive
Dubuque, IA 52002-2259
(1-800-922-7696)

The Life of Jesus (video)
Brown-ROA
1665 Embassy West Drive
Dubuque, IA 52002-2259
(1-800-922-7696)

Faith Word

At **Christmas** we celebrate the birth of Jesus.

Objetivos

Ayudar al niño a:

• entender que Jesús es verdaderamente humano

• valorar la presencia de Jesús en su familia

• amar y cuidar a su familia como lo hizo Jesús.

PLANIFICACION DE LA LECCION

Introducción _____ minutos

Oración de lección

Prepare una exhibición mostrando como las familias celebran el nacimiento de un bebé. (Ideas: Anuncios del nacimiento, tarjetas de felicitación, álbumes de fotos, globos: "Es un _____" firma). Invite a los niños a ver la exhibición.

Pida a los niños adivinar que evento se está celebrando. Dígales que hoy van a hablar acerca del evento especial que celebramos el 25 de diciembre. Pídales nombrar el evento. Escriba "niño" en la línea para la firma. Luego hagan la oración en la página 72.

Materiales necesarios: Exhibición de cosas de recién nacidos

Nuestra vida

Explorando nuestro nacimiento

Use la exhibición para explorar lo que la gente hace para dar la bienvenida a un recién nacido. Después hablen de lo que la gente dice, como: "estoy muy contento", "que bebé más lindo", "puedo cargar al bebé". Hagan la actividad en la página 72.

Compartiendo la vida

Compartiendo sentimientos felices

Con la foto de la página 72 explore los sentimientos de un nuevo padre. Luego haga la pregunta al final de la página.

Presentación _____ minutos

Nuestra fe católica

Vocabulario

Escriba la palabra *Navidad*. Pida a los niños decir lo que hacemos en Navidad. Luego lea la definición en la página 76. Asegúrese de que entienden que Jesús no nace cada Navidad, al igual que nosotros no nacemos todos los años sólo celebramos nuestro cumpleaños.

La historia de Jesús

Reúna a los niños a su alrededor para la historia bíblica. Coloque el libro dentro de una Biblia grande. Si es posible, toque música de Navidad mientras lee la página 74. Si quiere puede recordar la promesa de Dios de enviar a su propio Hijo a mostrarnos como amar a Dios y unos a otros.

Ayude a los niños a darse cuenta de que Jesús fue como cualquier otro recién nacido. Comparta como son los recién nacidos—como lucen, huelen, sienten—y lo que hacen (lloran, cuando tienen hambre, duermen mucho y quieren ser cargados). Use estas ideas para extraer como piensan que fue Jesús cuando bebé.

Si el tiempo lo permite, pida a los niños decir como piensan se sentían José y María cuando nació Jesús y lo que pudieron decir cuando lo cargaron.

Materiales necesarios: Una Biblia; música de Navidad (opcional)

Jesús es uno de nosotros

Continúe haciendo paralelos entre Jesús y nuestras experiencias humanas. Pida a los niños demostrar como los bebés crecen y cambian. (posibles respuestas: aprenden a caminar, a hablar, a comer solos, a jugar a vestirse). Haga preguntas como las siguientes:

• ¿Quién ayuda a los bebés a aprender todas estas cosas?

• ¿Quién ayudó a Jesús cuando crecía?

• ¿Cómo crees que era Jesús cuando tenía tu edad?

Objectives

To help the children:

- understand that Jesus was truly human
- value Jesus' presence in their families
- love and care for their families as Jesus does.

LESSON PLAN

Beginning _____ min.

Focusing Prayer

Set up a display that shows ways in which families celebrate a baby's birth. (Ideas: birth announcement, greeting card(s), baby album/photos, balloons, "It's a _____!" sign.) Invite the children to come forward and look at the display.

Ask the children to guess the event being celebrated. Tell them that today we are going to talk about a special event we celebrate on December 25. Ask them to name the event. Print "boy" on the sign. Then say the prayer on page 73 together.

Materials needed: display of new-birth objects

Our Life

Exploring Our Birth Day

Use the display to explore what people do to welcome a new baby. Then talk about what people say, such as "I'm so happy," "What a cute baby," "May I hold the baby?" Do the activity at the top of page 73.

Sharing Life

Sharing Happy Feelings

Use the photo on page 72 to explore the feelings of the new parents. Then ask the questions at the bottom of page 73.

Middle _____ min.

Our Catholic Faith

Faith Word

Display the word *Christmas*. Ask the children to tell what we do at Christmas. Then read the definition on page 77. Make sure they understand that Jesus is not born each Christmas, just as we are not born each year when we celebrate our birthdays.

The Story of Jesus

Gather the children around you for Bible story time. Place your book inside a large Bible. If possible, play Christmas music softly as you read page 75. You may want to recall God's promise to send God's own Son to show us how to love God and one another.

Help the children realize that Jesus was like other newborn babies. Share what newborn babies are like—how they look, smell, feel—and what they do (cry when hungry, sleep a lot, want to be held). Use these ideas to elicit what they think Jesus might have been like when he was born.

If time permits, ask the children to tell how they think Mary and Joseph felt when Jesus was born and what they might have said when they held him.

Materials needed: Bible; Christmas music (optional)

Jesus Is One of Us

Continue to draw parallels between Jesus and our human experiences. Ask the children to demonstrate how babies grow and change. (Possible responses: learn to walk and talk, feed themselves, play, dress themselves.) Ask follow-up questions such as:

- Who helps babies learn to do all these things?
- Who helped Jesus as he was growing up?
- What do you think Jesus was like when he was your age?

Deje a los niños hablar de las ilustraciones en las páginas 76–77. Si quiere puede explicar que no había libros en los tiempos de Jesús y que Jesús aprendió a leer las oraciones y las historias de la Biblia escritas en rollos.

Lea los primeros dos párrafos en la página 76.

Refuerce que Jesús aprendió de la forma que nosotros aprendemos: escuchando y aprendiendo de nuestra familia; practicando y estudiando.

La Sagrada Familia

Escriba "Sagrada Familia", en la pizarra. Pregunte a los niños quien pertenece a la Sagrada Familia. Añada los nombres según vayan mencionándolos. Pregunte: "¿Saben que Jesús quiere que sus familias sean familias santas?" Comparta las formas en que las familias pueden ser como la familia de Jesús. Use ideas del libro de texto.

Lea el último párrafo de la página 76. Distribuya corazones que ha cortado previamente, o pida a los niños dibujarlos. Pídales escribir el nombre de la familia al lado. Ayúdeles a ponerla en el corazón como recuerdo de que Jesús ayuda a nuestras familias a ser santas. Luego agarrados de las manos digan la oración que se encuentra al principio de la página 72.

Materiales necesarios: corazones, uno para cada niño; marcadores; alfileres

Conclusión _____ minutos

Acercándote a la fe

Resumen de la fe

Pase al *Resumen de la fe* en la página 80. Verifique que los niños pueden expresar en sus propias palabras lo aprendido. Anime a los que pueden memorizar las afirmaciones. Tenga presente, sin embargo, que hacer del *Resumen de la fe* algo propio y llevarlo al corazón es más importante que memorizarlo.

"Visitando" a la Sagrada Familia

Haga la actividad al principio de la página 78. Si el tiempo lo permite deje que algunos niños dramaticen lo que sería una visita a la Sagrada Familia.

Viviendo la fe

Rezando a la Sagrada Familia

Permita unos minutos para que los niños ofrezcan una oración en silencio a la Sagrada Familia. Luego permita a los niños completar la oración en la bandera en la página 78. Para finalizar recen juntos la oración en la bandera.

Materiales necesarios: Creyones

Evaluación de la lección

• ¿Saben los niños que Jesús es uno de nosotros?

• ¿Aprecian que Jesús ayuda a nuestras familias a ser santas?

• ¿Han decidido rezar por sus familias?

Have the children talk about the pictures on pages 76 and 77. You may want to explain that there were no books when Jesus was a young boy and that Jesus learned to read the prayers and stories from the Bible written on scrolls.

Read the first two paragraphs on page 77.

Stress that Jesus learned the way we do: by listening to and learning from his family; by practicing; and by studying.

The Holy Family

Print "Holy Family" on the chalkboard or newsprint. Ask the children to tell who belongs to the Holy Family. Add the names as they are mentioned. Ask, "Do you know that Jesus wants your family to be a holy family, too?" Share ways families can be like Jesus' family. Use ideas from the text.

Read the last paragraph on page 77. Distribute precut hearts, or have the children draw their own. Tell them to print their family name on one side. Help them pin on the hearts as reminders that Jesus helps our families become holy. Then join hands and say the prayer at the top of page 73.

Materials needed: hearts, one per child; crayons; pins

End _____ min.

Coming to Faith

Faith Summary

Turn to the *Faith Summary* on page 81. See if the children can express in their own words what they have learned today. Encourage those who can to learn the statements by heart. Bear in mind, however, that making the *Faith Summary* their own and taking it to heart are more important than rote repetition.

"Visiting" the Holy Family

Do the activity at the top of page 79. If time permits, let several children act out what a visit with the Holy Family might be like.

Practicing Faith

Praying to the Holy Family

Allow a few moments for the children to offer a quiet prayer to the Holy Family. Then have the children complete the prayer banner on page 79. In closing, pray the banner prayer together.

Materials needed: crayons

Evaluating Your Lesson

• Do the children know that Jesus is one of us?

• Do they appreciate that Jesus helps our families become holy?

• Have they decided to pray for their families?

Jesús es el Hijo único de Dios

Para el catequista:
Desarrollo espiritual y catequético

Nuestra vida

En su libro titulado *New Coat for Anna*, Harriet Ziefert cuenta la historia de Anna quien está clamando por un nuevo abrigo. Su madre le promete que lo tendrá cuando termine la guerra.

Los tiempos difíciles después de la guerra no permitieron que fuera posible. Así que Anna tuvo la genial idea de cambiar todas sus posesiones para comprar el material necesario para hacer el abrigo que ella tenía en mente. Terminó en Navidad cuando todos los participantes en el proyecto, de hacer posible el abrigo, se reunieron para celebrar el "regalo" de Anna.

Pregúntese:

• ¿He hecho, alguna vez, un regalo como el abrigo de Anna? Explique.

• ¿He recibido alguna vez un regalo como el abrigo de Anna? Explique.

Compartiendo la vida

¿Ofrece a los que ama el regalo de su tiempo, interés, talentos, y amor?

¿Cómo su fe en Jesús influye en que de regalos significativos?

Nuestra fe católica

Ya sea en Navidad o en cualquier otra época del año cuando queramos expresar nuestro amor por medio de regalos, nunca debemos perder de vista cual ha sido el mayor regalo que hemos recibido.

Jesucristo es el mejor regalo de Dios a nosotros. Es el regalo de Dios mismo, regalo de amor que dura toda la vida.

Tanto amó Dios al mundo que entregó su Hijo Unico, para que todo el que crea en él no se pierda, sino que tenga vida eterna.
(Juan 3:16)

Así como Jesús es completamente humano, él es también divino. El es el primer nacido de toda la creación y el Salvador (Mesías) del mundo. Siempre que rezamos el Credo de Nicea, proclamamos que él es:

. . . Hijo único de Dios, nacido del Padre antes de todos los siglos: Dios de Dios, Luz de luz, Dios verdadero de Dios verdadero, Engendrado, no creado, de la misma naturaleza del Padre . . .

Jesús, la segunda Persona de la Santísima Trinidad, vino al mundo a cumplir el plan de salvación de Dios. Su amor fue tan grande que lo llevó a dar su vida voluntariamente.

Por su muerte y resurrección, Jesucristo fue revelado a nosotros como el Hijo muy amado de Dios, cuyo nombre es grande entre los grandes.

Acercándote a la fe

¿Cómo el creer que Jesús es el mayor regalo de Dios a nosotros influye en su relación con los demás?

¿Cómo compartirá su gratitud por el regalo de Jesús con los niños en su grupo?

Viviendo la fe

¿Qué regalo de usted hará a Jesús esta semana?

¿Cómo compartirá su regalo de gratitud por el regalo de Jesús con los niños?

Jesus Is God's Own Son

For the Catechist:
Spiritual and Catechetical Development

ADULT BACKGROUND

Our Life

In a children's book called *A New Coat for Anna*, Harriet Ziefert tells the story of a young girl named Anna who is pining for a new coat. Her mother has promised that Anna's wish will be realized as soon as the war is over.

But hard times after the war make it impossible for her mother to purchase a coat. So Anna uses her ingenuity to trade her own favorite possessions for the raw materials to make just the coat she has in mind. The year-long process culminates on Christmas Eve when everyone who has had a hand in making the coat possible gathers to celebrate Anna's "gift."

Ask yourself:

• Have I ever given a gift like Anna's coat? Explain.
• Have I ever received a gift like Anna's coat? Explain.

Sharing Life

Do you sometimes fail to give those you love the gifts of your time, interest, talents, and affection?

How does your faith in Jesus influence you as a giver of meaningful gifts?

Our Catholic Faith

Whether at Christmas or at some other time of the year when we want to express our love through gift-giving, we should never lose sight of the greatest gift we have ever received.

Jesus Christ is God's best gift to us. He is the gift of God's own self, a gift of love and of lasting life.

> For God loved the world so much that he gave his only Son, so that everyone who believes in him may not die but have eternal life. (John 3:16)

Just as Jesus is fully human, he is also fully divine. He is the firstborn of all creation and the Savior (Messiah) of the world. Whenever we pray the Nicene Creed, we once again proclaim that he is

> . . . the only Son of God, eternally begotten of the Father, God from God, Light from Light, true God from true God, begotten, not made, one in Being with the Father.

Jesus, the second Person of the Blessed Trinity, came into the world to fulfill God's plan of salvation. His surpassing love enabled him to lay down his life of his own accord.

Through his death and resurrection, Jesus Christ was revealed to us as the beloved Son of God, whose name is greater than any other.

Coming to Faith

How does your belief in Jesus as God's greatest gift to us influence your relationships with others?

How does God's self-revelation through Jesus challenge you?

Practicing Faith

What gift of self will you make to Jesus this week?

How might you share your gratitude for the gift of Jesus with the children in your group?

El tema de este capítulo corresponde al párrafo 548

RECURSOS LITURGICOS

"Todo don valioso, todo regalo precioso viene de lo alto y ha bajado del Padre" (Santiago 1:17). Y todo regalo de Dios, físico y espiritual debe ser compartido. Un don que se acapara para uno mismo es un don que muere en la rama.

Ayude a los niños a entender que ellos han sido creados a imagen de un Dios que regala. Reúnalos alrededor de una mesa en la que ha puesto una figura de Jesús. Recuerde los regalos compartidos por Jesús: su amor, su comida, su paciencia, sus historias, su poder sanador, su tiempo, su relación con Dios Padre. Invite a los niños a que uno a uno nombren un don que ellos ofrecerán para mostrar que son seguidores de Jesús, el Hijo de Dios.

Agarrados de las manos recen:

Gracias, oh Dios, por el regalo de Jesús. Ayúdanos a compartir todos los buenos regalos que vienen de ti. Amén.

RECURSOS DE JUSTICIA Y PAZ

Jesús nos dijo: "Todo el que me ha visto a mí ha visto al padre". Y el mundo está lleno de personas en necesidad de ver su rostro, tocar sus manos escuchar su voz.

Sin embargo, Santa Teresa observaba:

Cristo no tiene cuerpo ahora en la tierra pero a través de tus ojos Cristo mira con compasión al mundo, con tus pies él sale a hacer el bien y con tus manos nos bendice.

Pasamos el mayor regalo de Dios a nosotros siendo Cristos para otros.

Comparta con el grupo una o más de estas formas de bendecirse unos a otros con el trabajo de sus manos:

• Hacer un dibujo colorido y alegre. Enmarcarlo en un bonito marco y llevarlo a algún enfermo o a alguien que esté triste.

• Ofrecerse a hacer un pequeño trabajo voluntario en el jardín, o en la casa de una persona mayor o impedida.

• Con la ayuda de un adulto, hornear galletas o hacer una sopa para llevar a una cocina popular.

The Theme of This Chapter Corresponds with Paragraph 548

LITURGICAL RESOURCES

"Every good gift and every perfect present comes from heaven" (James 1:17a). And all God's gifts, physical and spiritual, are intended to be shared. A gift kept for the self alone is a gift that has died on the vine.

Help the children understand that they are made in the image of a gift-giving God. Gather around a table on which a picture of Jesus has been placed. Recall the gifts Jesus shared: his love, his food, his patience, his stories, his healing power, his time, his relationship with God the Father. Invite the children one by one to name one gift they will give to show they are followers of God's Son Jesus.

Join hands and pray:

Thank you, God, for the gift of Jesus! Help us to share all good gifts that come from you. Amen.

JUSTICE AND PEACE RESOURCES

"Anyone who has seen me has seen the Father," Jesus tells us. And the world is full of needy people who are longing to see his face, touch his hands, hear his voice.

However, as the eminently practical Saint Teresa of Avila observed:

> Christ has no body now on earth but yours; yours are the eyes through which Christ's compassion looks out on the world, yours are the feet with which he is to go about doing good, and yours are the hands with which he is to bless us now.

We pass on God's greatest gift to us by being Christ for others.

Share with your group one or more of these ways of blessing others with the works of their hands:

• Make a bright and happy finger painting. Mount it on colorful posterboard. Present it to someone who is sick or feeling low.

• Offer to do any simple yard, garden, or housework for an elderly or disabled person—without charge.

• With the help of an older person, bake cookies or make soup for a shut-in.

Recursos de enseñanza

Repaso
de la lección

QUINTO MOVIMIENTO

Conclusión

PRIMER MOVIMIENTO

Introducción

SEGUNDO MOVIMIENTO

CUARTO MOVIMIENTO

TERCER MOVIMIENTO

Presentación

Viviendo la Fe
Animar a los niños a celebrar a Jesús el regalo de Dios.

Nuestra Vida
Compartir una historia acerca de un regalo especial de amor.

Acercandote a la Fe
Dirigir a los niños a expresar como Jesús nos mostró quien es Dios.

Compartiendo la vida
Explorar el amor como el mejor de los regalos.

Nuestra Fe Catolica
Presentar a Jesús como el Hijo de Dios, el mayor de los regalos de Dios a nosotros.

Sugerencias

Esta lección proporciona una oportunidad de ayudar a los niños a darse cuenta de que los regalos no se deben medir por el tamaño o valor monetario, sino por el amor con que se ofrecen. Haga pequeños regalos para mostrar su amor por los niños.

Ideas de regalos: Haga una etiqueta personalizada. Use un marcador indeleble y dibuje una carita feliz en un sello de dos pulgadas. Decórelo con hilo, lazos y espejuelos (si el niño los usa).

Niños con necesidades especiales

Cuando enseñe a niños con impedimento visual, anime una relación oral y a dar respuestas verbales.

Necesidades visuales
• lápices gruesos color plomo
• un retrato de Jesús grande

Necesidades auditivas
• cinta y audífonos para escuchar la historia bíblica y la canción

Necesidades motoras y de tacto
• la palabra *regalo* en papel de lija
• compañeros para ayudar en los proyectos

Recursos complementarios

Children of Faith:
Doctrinal/Theological (video)
God Believes in Us
We Believe in God
Jesus Believes in Us
We Believe in Jesus

Treehaus Communications
P O Box 249
Loveland, OH 45140-0249
(1-800-638-4287)

The Miracles of Jesus (video)
Hanna-Barbera's *The Greatest Adventure* (series)
Vision Video
2030 Wentz Church Road
P.O. Box 540
Worcester, PA 19490-0540
(1-800-523-0226)

Teaching Resources

Overview of the Lesson

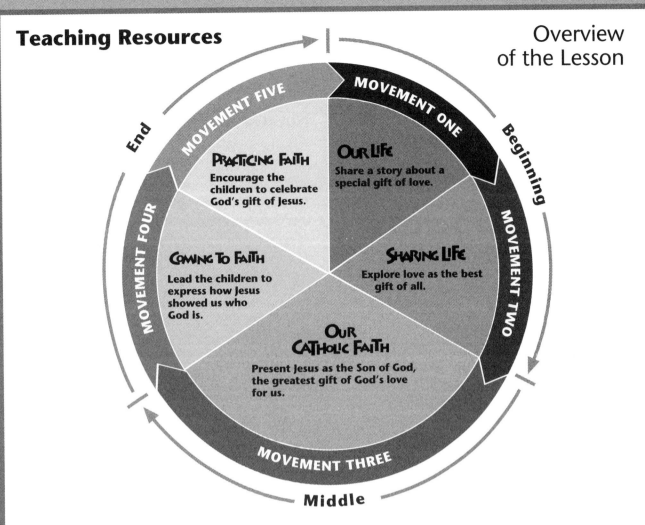

MOVEMENT FIVE · **MOVEMENT ONE** · **MOVEMENT TWO** · **MOVEMENT THREE** · **MOVEMENT FOUR**

End · **Beginning** · **Middle**

PRACTICING FAITH
Encourage the children to celebrate God's gift of Jesus.

OUR LIFE
Share a story about a special gift of love.

SHARING LIFE
Explore love as the best gift of all.

COMING TO FAITH
Lead the children to express how Jesus showed us who God is.

OUR CATHOLIC FAITH
Present Jesus as the Son of God, the greatest gift of God's love for us.

Teaching Hints

This lesson provides an opportunity to help the children realize that gifts should not be measured by their size or monetary value, but rather by the love with which they are given. Make small gifts to show your love for the children.

Gift idea: Make personalized "face" stickers. Use a permanent marker to draw "smiley" faces on 2-inch self-adhesive blank seals (gold notarial seals). Decorate each with yarn hair, a hair bow or bow tie, and eyeglasses (if the child wears them).

Special-Needs Child

When teaching visually-impaired children, encourage oral interaction and response.

Visual Needs
• thick, dark lead pencils
• large picture of Jesus

Auditory Needs
• audiotape and headphones for the Bible story and song

Tactile-Motor Needs
• word *gift* in sandpaper letters
• peer helpers for projects

Supplemental Resources

Children of Faith: Doctrinal/Theological (video)
God Believes in Us
We Believe in God
Jesus Believes in Us
We Believe in Jesus

Treehaus Communications
P.O. Box 249
Loveland, OH 45140-0249
(1-800-638-4287)

The Miracles of Jesus (video)
Hanna-Barbera's *The Greatest Adventure* (series)
Vision Video
2030 Wentz Church Road
P.O. Box 540
Worcester, PA 19490-0540
(1-800-523-0226)

Objetivos

Ayudar a los niños a:

- entender que Jesús es el Hijo de Dios

- apreciar que Jesús es el mayor regalo que Dios nos ha dado

- celebrar a Jesús como la señal del amor de Dios por nosotros.

PLANIFICACION DE LA LECCION

Introducción _____ minutos

Oración de lección

Forme un círculo para orar. Dé a cada niño un regalo, pero no explique por qué. (Ver las sugerencias). Anuncie que van a pasar un tiempo juntos hablando acerca del mejor regalo que alguien nos ha dado. Pregunte lo que ellos dicen a alguien que les ha regalado algo. Después hagan la oración en la página 82.

Nuestra vida

Compartiendo una historia sobre regalos.

Reúnanse para escuchar una historia. Pida a los niños levantar la mano si les gusta recibir regalos, aplaudir si les gusta regalar. ¿Qué les gusta más? Después lea la página 82. Pregunte por qué la roca fue el regalo favorito del papá.

Refuerce que algunas veces los regalos más importantes son pequeños tesoros dados con amor. Haga las preguntas que siguen en el libro de texto.

Compartiendo la vida

Reconociendo al amor como regalo

Pida a los niños adivinar por qué usted les dio regalos. Explique que usted hizo un regalo para cada uno para mostrarle su amor y su placer de pasar tiempo con ellos. Luego haga la pregunta de la sección *Compartiendo la vida* y discuta las respuestas.

Presentación _____ minutos

Nuestra fe católica

"Cofre de tesoros" de Dios

Dibuje un simple cofre de tesoros en la pizarra. Arriba escriba "Cofre de tesoros de Dios". Pida a los niños imaginar que Dios tiene una caja llena de cosas que él ama y quiere compartir con nosotros. ¿Qué encontrarían si buscaran adentro? Si es necesario, dé ideas recordando los regalos que los niños citaron en *Compartiendo la vida*.

Escriba con letras grandes la palabra "Jesús" en el cofre. Pida a los niños adivinar por qué usted usó letras grandes. Ayude a los niños a ver que Jesús es el regalo més preciado que Dios nos ha dado. ¿Sabes por qué? (Porque Jesús es el hijo de Dios, a quien Dios quiere mucho).

Jesús es el Hijo de Dios

Pida a los niños pasar a la página 84 y subrayar el encabezamiento mientras usted lo lee en voz alta. Refuerce que un regalo es algo dado con amor. Luego lea el primer párrafo de la página 84.

Diga a los niños que si escuchan con atención, descubrirán como Jesús, el Hijo de Dios, nos mostró como es Dios realmente. Mientras lee el reto de la página 84, deténgase para hacer preguntas tales como:

- ¿Qué dijo Jesús al pueblo acerca de Dios?

- ¿Qué hizo Jesús por la gente que lo necesitaba?

- ¿Qué nos dicen las cosas que Jesús hizo y dijo acerca de él?

Compartiendo tiempo bíblico

Reúna a lo niños a su alrededor. Anuncie que va a contarles una emocionante historia acerca de Jesús y sus amigos. Llame la atención a la ilustración en las páginas 86–87. Pida a los niños decirle lo que piensan que está pasando. Comparta con ellos como es una tormenta y cómo nos sentimos cuando los truenos retumban y los relámpagos alumbran en el cielo.

Objectives

To help the children:

- know that Jesus is the Son of God
- appreciate Jesus as our greatest gift from God
- celebrate Jesus as the sign of God's love for us.

LESSON PLAN

Beginning _____ min.

Focusing Prayer

Form a prayer circle. Give each child a gift, but do not explain why. (See *Teaching Hints*.) Announce that we will spend our time together talking about the very best gift anyone has ever given us. Ask what we say to someone who gives us a gift. Then say the prayer on page 83.

Our Life

Sharing a Story About Gifts

Gather for story time. Ask the children to raise hands if they like to get gifts, clap if they like to give gifts. Which do they like better? Then read the story on page 83. Ask why the rock was Dad's favorite gift.

Stress that sometimes gifts that mean the most are small treasures we give out of love. Use the follow-up questions in the text.

Sharing Life

Exploring Love as a Gift

Ask the children to guess why you gave them gifts. Explain that you made each gift to show that you love them and treasure the time you spend with them. Then ask the *Sharing Life* questions, and discuss the responses.

Middle _____ min.

Our Catholic Faith

God's "Treasure Box"

Draw a simple treasure chest on the chalkboard or on news-print. Above it print "God's Treasure Box." Ask the children to imagine that God has a treasure box filled with things God loves and shares with us. What might they find if they peeked inside? If necessary, give clues by recalling the gifts the children cited in *Sharing Life*.

Print "Jesus" in large letters inside the treasure box. Ask the children to guess why you used such big letters. Help the children see that Jesus is God's most treasured gift to us. Do they know why? (Because Jesus is God's own Son, whom God loves very much.)

Jesus Is God's Own Son

Have the children turn to page 85 and underline the heading as you read it aloud. Reinforce that a gift is something given with love. Then read the first paragraph on page 85.

Tell the children that if they listen carefully, they will discover how God's Son, Jesus, shows us what God is really like. As you read the rest of page 85, pause to ask questions such as:

- What did Jesus tell people about God?
- What did Jesus do for people who need him?
- What do you think all the things Jesus said and did tell us about Jesus?

Bible Sharing Time

Gather the children around you. Announce that you have an exciting adventure story about Jesus and his friends. Call attention to the picture on pages 86–87. Ask the children to tell what they think is happening. Share what a storm is like and how we feel when the thunder rumbles and lightning flashes in the sky.

Despacio y con dramatismo lea las primeras cuatro oraciones en la página 86. Pida a los niños mostrarle lo que es tener miedo. Complete la historia.

Invite voluntarios a mostrar como Jesús salvó a sus amigos y cómo sus amigos se sintieron después de la tormenta. Parafrasee la pregunta de los amigos de Jesús: "¿Cómo puede Jesús hacer que el viento y el mar le obedezcan?" Refuerce que porque Jesús es el Hijo de Dios, puede hacer cosas que sólo Dios puede hacer.

Si el tiempo lo permite, haga que los niños dramaticen la historia.

Jesús nos muestra al Padre

Lea el resto de la página 86. Revise lo que los niños han aprendido acerca de las formas en que Jesús nos mostró como es Dios: él dijo a la gente que Dios nos ama. Mostró el amor de Dios ayudando a la gente; enseñó como amar y cuidar de los demás, especialmente de los pobres. Mostró el poder y el amor de Dios salvando a sus amigos de la tormenta. Concluya agarrándose de las manos y rezando la oración que se encuentra al principio de la página 82.

Conclusión _____ minutos

Acercándote a la fe

Resumen de la fe

Pase al *Resumen de la fe* en la página 90. Verifique que los niños pueden expresar en sus propias palabras lo que han aprendido. Anime a los que puedan a aprender las afirmaciones de memoria. Tenga presente que entender el *Resumen de la fe* y llevarlo al corazón es más importante que memorizarlo.

Compartiendo la buena nueva de Dios

Haga la actividad al principio de la página 88. Deje que los niños gocen esta experiencia de fe, pero recuérdeles ser respetuosos.

Viviendo la fe

Celebrando el Hijo de Dios

Juntos recen la oración en la página 88. Después dirija el desfile en honor a Jesús.

Anime a los niños a compartir la buena nueva acerca de Jesús, el Hijo de Dios, enseñando la canción a alguien en la casa.

Evaluación de la lección

• ¿Cree que los niños saben que Jesús es el Hijo de Dios?

• ¿Valoran a Jesús como el mayor regalo de Dios a nosotros?

• ¿Han decidido honrar al Hijo de Dios?

Slowly and dramatically read the first four sentences on page 87. Ask the children to show what being afraid looks like. Then complete the story.

Invite volunteers to show how Jesus saved his friends and how his friends felt afterward. Then paraphrase the question posed by Jesus' friends, asking, "Why can Jesus make the wind and the sea obey him?" Stress that because Jesus is God's Son, he can do things only God can do.

If time permits, have the children reenact the story.

Jesus Shows Us the Father

Read the rest of page 87. Review what the children have learned about the ways Jesus shows us what God is like: he told people that God loves them; showed God's love by helping people; taught us how to love and care for one another, especially poor people; showed God's power and love by saving his friends in a storm. Conclude by joining hands and praying the prayer at the top of page 83.

End _____ min.

Coming to Faith

Faith Summary
Turn to the *Faith Summary* on page 91. See if the children can express in their own words what they have learned today. Encourage those who can to learn the statements by heart. Bear in mind, however, that making the *Faith Summary* their own and taking it to heart are more important than rote repetition.

Sharing God's Good News
Do the activity at the top of page 89. Let the children enjoy this faith experience, but remind them to be respectful.

Practicing Faith

Celebrating the Son of God
Pray the prayer on page 89. Then conduct the parade in honor of Jesus.

Urge the children to share the good news about God's Son, Jesus, by teaching the song to someone at home.

Evaluating Your Lesson

• Do you feel the children know that Jesus is the Son of God?

• Do they value Jesus as God's most treasured gift to us?

• Have they decided to honor the Son of God?

10 Jesús es nuestro amigo

Para el catequista:
Desarrollo espiritual y catequético

REFERENCIA PARA EL CATEQUISTA

Nuestra vida

Longfellow escribió: "Y la canción del principio al final, la encontré en el corazón de un amigo".

El poeta trasmite lo que sabemos por experiencia—el gozo y consuelo de encontrar a un verdadero amigo.

¿Qué busca en un buen amigo? Señale en la lista el papel que espera un amigo juegue (en diferentes momentos). Luego enumere en orden de importancia (siendo 1 lo más importante y 5 lo menos).

___ confidente

___ compasivo

___ que comparta los sueños y las visiones

___ crítico

___ con sentido del humor

Pregúntese:

• ¿Quiénes son mis amigos más cercanos?

• ¿Son ellos gente de fe?

Compartiendo la vida de fe

¿Cómo enriquecen su vida de fe sus amigos cercanos?

¿Cómo describiría su amistad con Jesús?

Nuestra fe católica

Para los cristianos, el ministerio de la amistad es perfectamente proyectado en las historias del evangelio de la vida pública de Jesús. Al reflexionar en estas relaciones con sus discípulos (hombres y mujeres), entendemos la amistad que él nos ofrece y la amistad que debemos ofrecernos unos a otros.

Reconocemos que desde el principio Jesús ofreció su amistad a todo tipo de persona. Ellos no tenían que ser "religiosas" o personas "respetables". Jesús reconoció y reforzó la bondad en las personas de todas las vocaciones.

Jesús compartió su amistad con Pedro, ferviente judío y con la mujer samaritana en el pozo. El se hizo amigo del prominente líder Nicodemo, así como también de Mateo el recaudador de impuestos. El amó a Marta y a María, quienes fueron fieles a él y a Judas que no lo fue.

Una de las señales seguras de amistad que Jesús ofreció fue su toque sanador. El dio vista a los ciegos y oído a los sordos, tanto física como espiritualmente.

Alivió la pena y el sufrimiento de los afligidos de diferentes enfermedades, tales como leprosos y poseídos por demonios.

Lo más importante, Jesús ofreció el toque sanador del perdón de los pecados. Una y otra vez dijo, como dijo al paralítico: "Tus pecados te son perdonado" (Lucas 5:20). El perdonó aun a sus enemigos, recordándoles en sus últimas palabras en la cruz: "Perdónalos, Padre. Ellos no saben lo que hacen" (Lucas 23:34).

Hoy experimentamos la ayuda y el consuelo de Jesús en la Eucaristía ("Hagan esto en memoria mía"); en la comunidad cristiana ("Donde dos o más se reúnan en mi nombre . . ."); y en la oración.

Jesus Is Our Friend

For the Catechist:
Spiritual and Catechetical Development

Our Life

"And the song from beginning to end," wrote Longfellow, "I found again in the heart of a friend."

The poet conveys what we know from experience—the joy and consolation of finding a true friend.

What do you look for in a close friend? Check below the roles that you expect a friend to play (at one time or another). Then number them in order of importance to you (with 1 as most important; 5, least).

____ confidant(e)

____ companion

____ affirmer and critic

____ sharer of dreams and visions

____ humorist or merrymaker

Ask yourself:

• Who is (are) my closest friend(s)?
• Are they people of faith?

Sharing Life

In what ways do your closest friends enrich your faith life?

How would you describe your friendship with Jesus?

Our Catholic Faith

For Christians, the ministry of friendship is perfectly portrayed in the Gospel stories of the public life of Jesus. In reflecting on his relationships with his diverse disciples (male and female), we come to understand the friendship he offers us, and the friendship we should offer to one another.

We recognize from the start that Jesus befriended all kinds of people. They didn't have to be especially "religious" or "respectable." Jesus recognized and affirmed the goodness in persons from every walk of life.

Jesus shared his friendship with Peter, the zealous Jew, and with the Samaritan woman at the well. He befriended the prominent leader Nicodemus, as well as the disreputable tax collector Matthew. He loved Martha and Mary, who were faithful to him, and Judas, who was not.

One of the surest signs of friendship Jesus offered was his healing touch. He gave sight to the blind and hearing to the deaf, both in the literal and in the spiritual sense. He alleviated the pain and suffering of those afflicted with every kind of illness, from leprosy to demonic possession.

Most importantly, Jesus offered the healing touch of forgiveness of sins. Again and again, he says, as he did to the paralyzed man, "Your sins are forgiven, my friend" (Luke 5:20). He forgives even his enemies, remembering them in his last words from the cross: "Forgive them, Father! They don't know what they are doing" (Luke 23:34).

We experience the help and comfort of Jesus today in the Eucharist ("Do this in memory of Me"); in the Christian community ("Where two or three are gathered in my name. . . ."); and in prayer.

El tema de este capítulo corresponde al párrafo 545

Acercándote a la fe

¿De qué forma las historias del evangelio acerca de Jesús le desafían a cambiar?

¿Cómo alimentará su amistad con Jesús?

Viviendo la fe

¿Qué hará para que la amistad de Jesús sea real para los niños?

¿Cómo va a nutrir su propia amistad con Jesús?

RECURSOS LITURGICOS

Los santos tienen mucho que decirnos acerca del desarrollo de la amistad con Jesús. Por ejemplo, San Francisco de Asís nos aconseja practicar con regularidad "tiempo de descanso". Para Francisco el descanso significa tomar tiempo para, totalmente, abrirse a la presencia de Dios y estar receptivo a los movimientos del Espíritu.

San Ignacio de Loyola nos invita a leer nuestra historia favorita del evangelio preparando nuestros sentidos en un encuentro con Jesús "estás ahí".

He aquí algunas formas en que estos ejercicios espirituales se pueden compartir con los niños:

• En un día hermoso lleve a los niños a caminar por el pasto. Invítelos a sentarse y acostarse y "ser todo oído". Después de cinco minutos de silencio pídales compartir lo que escucharon. Déjeles saber que Dios habla con una "voz baja y pequeñita".

• Elija una de las historias bíblicas favoritas tal como "Jesús bendice a los niños" (Lucas 18:15–7). Despacio lea o cuente la historia, deteniéndose para sugerir lo que los niños pueden oír, ver, oler o tocar si estuvieran ahí con Jesús y sus amigos.

RECURSOS DE JUSTICIA Y PAZ

Extender la amistad de Jesús a amigos y enemigos se mantiene en el centro de todos nuestros esfuerzos en nombre de la justicia y la paz. Puede que estemos sobrecargados con la enormidad de la tarea. Pero no podemos salir de la lucha, al igual que los primeros amigos de Cristo.

Para todos nosotros—cualquiera que sea nuestra edad—hacer amistad con aquellos que son diferentes a nosotros requiere un alto grado de caridad y paciencia. Pero somos seguidores del que fue amigo de la samaritana y del sirviente del centurión.

Mantenga la amistad todo el año enviando postales, cartas, ilustraciones y visitando.

Coming to Faith

In what ways do the Gospel stories of Jesus' friendships challenge you to change?

How do you reflect Jesus the Healer, Helper, and Comforter to your friends?

Practicing Faith

What will you do to make the friendship of Jesus real for the children in your group?

How will you nourish your own friendship with Jesus?

LITURGICAL RESOURCES

The saints have a great deal to tell us about growing in friendship with Christ. For instance, Saint Francis of Assisi advises us to practice "holy leisure" regularly. For Francis, leisure means a time set apart to be totally open to God's presence, totally receptive to the Spirit's prompting.

Saint Ignatius of Loyola invites us to enter into favorite Gospel stories by enlisting our senses in a "you-are-there" encounter with Jesus.

Here are some ways these spiritual exercises may be shared with the children:

• On a nice day, take the group for a walk in a grassy place. Invite them to sit or lie down and "become all ears." After five minutes' silence, have them share what they have heard. Let them know that God speaks in "a still, small voice."

• Choose a favorite Gospel story, such as "Jesus Blesses Little Children" (Luke 18:15–17). Read or tell the story slowly, pausing to suggest what the children might hear or see or smell or touch if they were there with Jesus and his friends.

JUSTICE AND PEACE RESOURCES

Extending the friendship of Jesus to friend and foe alike lies at the heart of all our efforts on behalf of justice and peace. We may be overwhelmed by the enormity of the task. But we cannot exempt ourselves from the struggle, any more than the first-century friends of Christ did.

For all of us—whatever our age—making friends with those who are different from us requires a greater degree of charity and patience. But we are followers of the one who befriended the Samaritan woman and healed the Roman centurion's servant.

Keep the friendship going throughout the year by exchanging drawings, cards, letters, and visits.

Recursos de enseñanza

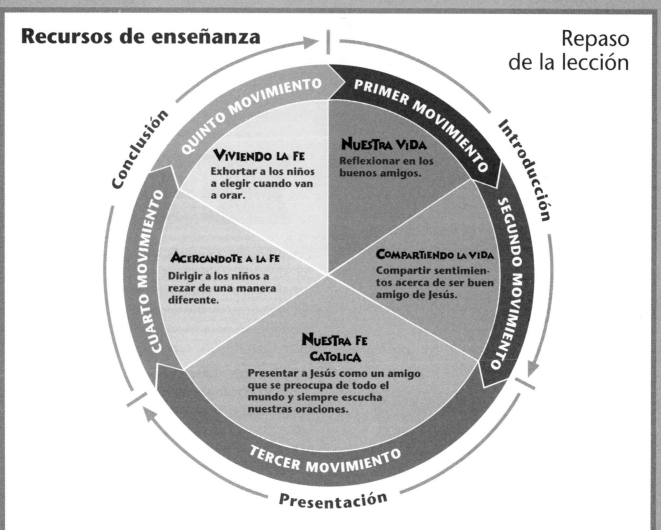

QUINTO MOVIMIENTO

PRIMER MOVIMIENTO

Conclusión

Introducción

SEGUNDO MOVIMIENTO

CUARTO MOVIMIENTO

VIVIENDO LA FE
Exhortar a los niños a elegir cuando van a orar.

NUESTRA VIDA
Reflexionar en los buenos amigos.

ACERCANDOTE A LA FE
Dirigir a los niños a rezar de una manera diferente.

COMPARTIENDO LA VIDA
Compartir sentimientos acerca de ser buen amigo de Jesús.

NUESTRA FE CATOLICA
Presentar a Jesús como un amigo que se preocupa de todo el mundo y siempre escucha nuestras oraciones.

TERCER MOVIMIENTO

Presentación

Sugerencias

En esta lección los niños conocen a Jesús como un modelo de buena amistad. Jesús invita a todo el mundo a ser su amigo y hace que se sientan bienvenidos y contentos de estar con él.

Ponga especial atención a los niños que no pueden nombrar un amigo, que son tímidos o evitan la oportunidad de hacer amigos. Trate de que participen en actividades y proyectos en grupo que los conduzcan a desarrollar la capacidad para hacer amistad.

Niños con necesidades especiales

Proporcione una atmósfera de aceptación en la que todos los niños puedan darse cuenta de cuan especiales son.

Necesidades visuales
• el cuadro de *Nuestra fe católica* en letras grandes

Necesidades auditivas
• cinta y audífonos para escuchar el poema y la canción

Necesidades motoras y de tacto
• el cuadro de *Nuestra fe católica* pegado al pupitre del niño

Recursos complementarios

The Winning Combination (video) (formerly *Learn to Follow Jesus*)
Nanny and Isaiah Adventure (series)
Concordia Publishing House
3558 South Jefferson Avenue
St. Louis, MO 63118-3968
(1-800-325-3040)

And Jesus said (book)
The Liturgical Press
St. John's Abbey
Collegeville, MN 56321-7500
(1-612-363-2213)

Vocabulario
Orar es hablar y escuchar a Dios.

Teaching Resources

Overview
of the Lesson

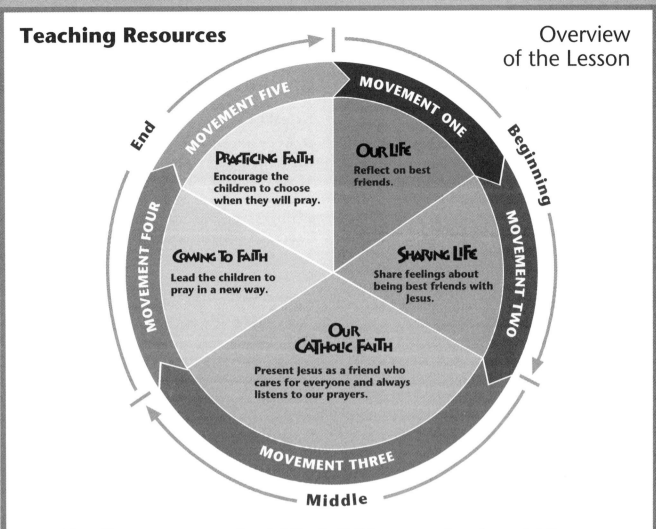

Beginning

MOVEMENT FIVE

MOVEMENT ONE

MOVEMENT TWO

End

OUR LIFE
Reflect on best friends.

PRACTICING FAITH
Encourage the children to choose when they will pray.

SHARING LIFE
Share feelings about being best friends with Jesus.

COMING TO FAITH
Lead the children to pray in a new way.

MOVEMENT FOUR

OUR CATHOLIC FAITH
Present Jesus as a friend who cares for everyone and always listens to our prayers.

MOVEMENT THREE

Middle

Teaching Hints

In this lesson the children meet Jesus as a model of a good friend. Jesus invited everyone to be his friend and made them feel welcome and happy to be with him.

Be particularly attentive to children who are unable to name a friend or who seem to shy away from friendly overtures. Try to involve them in planned group projects and activities that are conducive to building friendship skills.

Special-Needs Child

Provide an atmosphere of acceptance in which all the children can realize how special they are.

Visual Needs
• *Our Catholic Faith* chart in large letters

Auditory Needs
• audiotape and headphones for poem and song

Tactile-Motor Needs
• *Our Catholic Faith* chart taped to the child's desk

Supplemental Resources

The Winning Combination (video) (formerly *Learn to Follow Jesus*)
Nanny and Isaiah Adventure (series)
Concordia Publishing House
3558 South Jefferson Avenue
St. Louis, MO 63118-3968
(1-800-325-3040)

And Jesus Said (book)
The Liturgical Press
St. John's Abbey
Collegeville, MN 56321-7500
(1-612-363-2213)

Faith Word
Prayer is talking and listening to God.

Objetivos

Ayudar a los niños a:

• creer que Jesús es su mejor amigo

• comprender que Jesús se preocupa por ellos y por todo el mundo

• confiar en que Jesús siempre escucha nuestras oraciones.

PLANIFICACION DE LA LECCION

Introducción _____ minutos

Pida a los niños agarrarse de las manos y bajar la cabeza para hacer la oración a Jesús que se encuentra al principio de la página 92. Haga una pausa antes de continuar la lección.

Nuestra vida

Orando por nuestros mejores amigos

Pida a los niños reunirse en un círculo. Haga las dos preguntas debajo de la poesía en la página 92. Sea sensible con los niños que dicen que no tienen un buen amigo. Sugiera padres, hermanos, o mascotas como posibilidad.

Pida a los niños ponerse cómodos, cerrar los ojos y respirar lentamente. Pídales imaginar a su mejor amigo mientras respiran. Despacio lea la poesía en la página 92. Pause después de cada línea que describe a un buen amigo.

Finalice rezando: "Dios bendiga a todos nuestros amigos". Pida a los niños repetir la oración. Dígales que han rezado por sus amigos de una forma diferente.

Compartiendo la vida

Compartiendo sentimientos acerca de Jesús

Lea las dos primeras oraciones al final de la página 92. Luego pregunte por que Jesús sería un buen amigo. Luego haga la pregunta final.

Presentación _____ minutos

Nuestra fe católica

Jesús es nuestro amigo

Use las ideas expresadas en el poema en la página 92 para ayudar a los niños a describir como Jesús es nuestro mejor amigo. Antes de la lección escriba el siguiente cuadro en la pizarra. También haga una copia para cada niño. Excluya las palabras encerradas en paréntesis; representan posibles respuestas.

Nuestro buen amigo Jesús quien . . .

♡ ama a (*todo el mundo*)

👁👁 ve a (*los tristes*)

👂👂 escucha a (*todos los niños*)

🤚🤚 ayuda a (*los pobres y los enfermos*)

👄 sonríe a (*los amigos y a los enemigos*)

Distribuya las copias. Revise el cuadro rápidamente. Pida a los niños estar pendientes para oír las ideas que les ayudarán a escribir sobre su amigo Jesús. Si quiere puede introducir la página 94 con la siguiente rima:

Hoy escribiremos sobre Jesús
el mejor amigo que podemos tener.
¿Qué diremos sobre Jesús?
Leamos esta página a ver.

Lea el primer párrafo en la página 94. Luego explique que sanar significa "ayudar a alguien a mejorar"; Jesús hizo que los enfermos mejoraran y también ayudó a que se sintieran mejor acerca de ellos mismos diciéndoles lo bueno que eran.

Pida a los niños mirar la ilustración en las páginas 94–95. Refuerce que Jesús quería escuchar y hablar con los niños.

Lea la primera oración en el párrafo 2. Comparta por qué es difícil preocuparse de alguien que tiene malas intenciones con nosotros. Luego lea el resto de la página. Mire a ver si los niños pueden sugerir formas en que ellos pueden ser buenos con alguien que ha sido malo con ellos. (Posibles respuestas: rezar por ellos, tratar de perdonarles).

Objectives

To help the children

- believe that Jesus is their best friend
- know that Jesus cares for them and all people
- trust that Jesus always listens when they pray.

LESSON PLAN

Beginning _____ min.

Focusing Prayer

Have the children join hands, bow their heads, and pray the prayer to Jesus at the top of page 93. Pause for a moment before continuing the lesson.

Our Life

Praying for Our Best Friends

Have the children gather in a circle on the floor. Ask the two questions on the bottom left of page 93. Be sensitive to any children who say they do not have a best friend. Suggest a parent, sibling, or pet as possibilities.

Tell the children to get comfortable, close their eyes, and breathe in and out slowly. Ask them to picture their best friend as they breathe. Slowly and quietly read the poem on page 93. Pause after each line that describes a best friend.

End by praying, "God bless all our friends." Have the children repeat the prayer. Tell them they have just prayed for their friends in a new way.

Sharing Life

Sharing Feelings About Jesus

Read the first two sentences at the bottom right of page 93. Ask why Jesus would make a good best friend. Then pose the last question.

Middle _____ min.

Our Catholic Faith

Jesus Is Our Friend

Use the ideas expressed in the poem on page 93 to help the children describe how Jesus is our best friend. Before the lesson put the following chart on the chalkboard or on newsprint. Also make a copy for each child. Exclude the words enclosed in parentheses: they represent possible responses.

Our best friend Jesus has . . .

♡ for loving (*everyone*)

◉ ◉ to see (*sad people*)

👂 👂 to listen to (*children*)

🤚 🤚 to help (*the sick and poor*)

👄 to smile at (*friends and enemies*)

Distribute the copies. Go over the chart quickly. Tell the children to listen for clues that will help them write about their friend Jesus. You may wish to introduce page 95 with this rhyme:

Today we'll write about Jesus,
The best friend there could be.
What will we say about Jesus?
Let's read this page and see!

Read the first paragraph on page 95. Then explain that healed means "helped someone get better"; Jesus made sick people well and also helped them feel better about themselves by telling them how good they were.

Call attention to the illustration on pages 94–95. Stress that Jesus liked to listen and talk to children.

Read the first sentence in paragraph 2. Share why it is difficult to care about someone who is mean to us. Then read the rest of the page. See if the children can suggest ways they might be good to someone who is unkind or mean. (Possible responses: pray for them; try to forgive them.)

Materiales necesarios: cuadro, una copia para cada niño; lápices

Vocabulario

Escriba la palabra *oración*. Pregunte a los niños lo que significa. Luego lea la definición en la página 96. Pídales dibujar una sonrisa cerca de la definición. Dígales que el momento de la oración está lleno de felicidad porque su amigo Jesús siempre escucha cuando rezamos.

Rezando a nuestro amigo Jesús

Pida a los niños imaginarse en la ilustración en las páginas 96–97. Después de leer revise lo que podemos decir a Jesús cuando rezamos. Pida a los niños subrayar las palabras claves *amor, gracias, ayúdanos, estamos arrepentidos.*

Refuerce que Jesús está siempre cerca, siempre dispuesto a escucharnos cuando le rezamos—donde quiera y en cualquier momento. Luego invite a los niños a rezar a Jesús de una manera nueva. (Ver *Acercándote a la fe* en el siguiente párrafo).

Conclusión _____ minutos

Acercándote a la fe

Una oración "imagen"

Use la experiencia de oración al principio de la página 98. Diga a los niños que cierren los ojos si les ayuda a rezar.

Resumen de la fe

Pase al *Resumen de la fe* en la página 100. Verifique si los niños pueden expresar en sus propias palabras lo que han aprendido. Anime a memorizar las afirmaciones. Mantenga presente que hacer el *Resumen de la fe* algo suyo y llevarlo al corazón es más importante que la repetición.

Viviendo la fe

Rezando mientras se canta

Invite a los niños a rezar a su amigo Jesús. Enseñe la oración que se encuentra en la página 98.

Escogiendo rezar

Haga la actividad de seguimiento. Luego anime a los niños a preparar un altar de oración en la casa. Termine rezando la oración.

Evaluación de la lección

• ¿Dan los niños la bienvenida a Jesús como su mejor amigo?

• ¿Saben que Jesús se preocupa por todo el mundo?

• ¿Han decidido rezar a Jesús?

SEÑOR, AYÚDANOS A DIRIGIR A LOS NIÑOS Y A SUS FAMILIAS HACIA TI.

Materials needed: chart, one copy per child; pencils

Faith Word

Display the word *prayer*. Ask the children to tell what the word means. Then read the definition on page 97. Have them draw a smile near the definition. Tell them that praying is a time to feel happy because their friend Jesus always listens when they pray.

Praying to Our Friend Jesus

Have the children imagine themselves in the illustration as you read page 97. After the reading, review what we can say to Jesus when we pray. Have the children underline the key words *love, thank, help us and others, we are sorry.*

Stress that Jesus is always near, always ready to listen to us when we pray to him–anywhere, anytime. Then invite the children to pray to Jesus in a new way. (See *Coming to Faith* on the next page.)

End _____ min.

Coming to Faith

An "Imagine" Prayer

Use the prayer experience at the top of page 99. Tell the children to close their eyes if it helps them to pray.

Faith Summary

Turn to the *Faith Summary* on page 101. See if the children can express in their own words what they have learned today. Encourage those who can to learn the statements by heart. Bear in mind, however, that making the *Faith Summary* their own and taking it to heart are more important than rote repetition.

Practicing Faith

Praying in Song

Invite the children to pray to their friend Jesus. Teach the prayer "Jesus, My Best Friend" on page 99. Let the children make up actions.

Choosing to Pray

Do the follow-up activity. Then encourage the children to set up a prayer corner at home. Close with the prayer on page 99.

Evaluating Your Lesson

• Do the children welcome Jesus as their best friend?

• Do they know Jesus loves and cares for all people?

• Have they decided to pray to Jesus?

LORD, HELP US TO ENLIGHTEN THE MINDS OF OUR YOUNG PEOPLE AND THEIR FAMILIES.

Jesús es nuestro maestro

Para el catequista:
Desarrollo espiritual y catequético

REFERENCIA PARA EL CATEQUISTA

Nuestra vida

La hermana Santa George pensó que sus días de maestra habían finalizado. Pero la directora vino con un nuevo reto. ¿Podría ser tutora de una niña de siete años de Taiwan que no hablaba una sola palabra de Inglés?

La maestra ya retirada miró y miró la expresión de enojo de Ying Lee y dijo "sí".

En poco tiempo Ying Lee había aprendido suficiente inglés, incluyendo el Padre Nuestro, para seguir la liturgia en la iglesia de San Juan y para matricularse en la escuela parroquial.

Tres años después, cuando los Lee se mudaron a otra ciudad, Ying escribió a su tutora en perfecto inglés: "Nunca olvidaré los momentos que pasamos juntas. Usted es parte de mi vida, parte de lo que soy. El pasado no se puede borrar".

Pregúntese:

• ¿Como catequista cómo he experimentado el amor "imborrable" a que se refiere Ying Lee?

• ¿Cuáles niños siguen siendo parte de mi vida aun cuando se han mudado?

Compartiendo la vida

¿Algunas veces le es difícil trabajar con los niños? ¿Por qué?

¿Cómo su relación con Jesús, el maestro, moldea su propia forma de enseñar?

Nuestra fe católica

Si todo lo enseñado por Jesús tiene que reducirse a una palabra, ¿quién puede dudar cual es esa palabra? El Antiguo y el Nuevo Testamento nos dicen en miles de formas que Dios es amor. Jesús, el Hijo de Dios, es amor encarnado. Dios es amor.

Los que seguimos a Cristo debemos vivir la Ley del Amor, amando a Dios sobre todas las cosas y al prójimo como a nosotros mismos.

Cuando los discípulos pidieron a Jesús: "Enséñanos a orar", él empezó reforzando la íntima y amorosa relación que debían tener con Dios. Ellos debían llamar a Dios "Padre", hablando a Dios como a un padre que se preocupa por ellos que sería fiel y que no fallaría.

> Padre Nuestro, que estás en el cielo,
> santificado sea tu Nombre;
> venga a nosotros tu reino;
> hágase tu voluntad en
> la tierra como en el cielo.
> Danos hoy nuestro pan de cada día.
> Perdona nuestras ofensas,
> como también nosotros perdonamos a los que nos ofenden;
> no nos dejes caer en tentación,
> y líbranos del mal.
> (Mateo 6:9–13)

Esta oración nos recuerda diariamente nuestra necesidad de amar a Dios sobre todo, y a los demás como a nosotros mismos.

Acercándote a la fe

¿Qué le hizo sentir el padre nuestro cuando pensó en la oración como parte del "pasado imborrable" que comparte con Jesús?

Describa su visión de un maestro de amor cristiano.

Viviendo la fe

¿Cómo dará ejemplo de Jesús maestro esta semana?

¿Cómo ayudará a los niños a apreciar el Padre Nuestro?

Jesus Is Our Teacher

For the Catechist:
Spiritual and Catechetical Development

ADULT BACKGROUND

Our Life

Sister St. George thought that her teaching days were over. But the principal came to her with a new challenge. Would she tutor a seven-year-old girl from Taiwan who couldn't speak a word of English?

The retired teacher took a look at the eager expression of Ying Lee and said "Yes!"

Before long, Ying Lee had learned enough English (including the Our Father) to follow the liturgy at St. John's Church and to enroll at the parochial school.

Three years later, when the Lees moved to a distant city, Ying wrote to her tutor, in perfect English: "I never will forget the times when we were together. You're part of my life—part of who I am. So the past cannot be erased."

Ask yourself:

• How have I as a teacher experienced the "unerasable" love that Ying Lee refers to?
• Who are some of the children who remain a part of my life even though they have moved on?

Sharing Life

Is it sometimes difficult to care for your children? Why?

How does your relationship with Jesus the Teacher shape your own teaching?

Our Catholic Faith

If everything that Jesus Christ ever taught had to be reduced to one word, who can doubt what that word would be? Both the Old and the New Testament tell us in myriad ways that God is love.

Jesus, the Son of God, is love incarnate. God is love.

We who would follow Christ must live by the Law of Love, loving God above all things and loving others as ourselves.

When his followers asked, "Teach us to pray," Jesus began by emphasizing the intimate and loving relationship they should have with God. They were to call God "Father," speaking to God as a parent whose care for them would be faithful and unfailing.

Our Father in heaven:
    May your holy name be honored;
    may your kingdom come;
    may your will be done on earth
        as it is in heaven.
    Give us today the food we need.
    Forgive us the wrongs we have done,
     as we forgive the wrongs
        that others have done to us.
    Do not bring us to hard testing,
     but keep us safe from the Evil One.
(Matthew 6:9–13)

This prayer said daily reminds us of our need to love God above all, and others as ourselves.

Coming to Faith

What feelings does the Our Father arouse in you when you think of the prayer as part of the "unerasable past" you share with Jesus?

Describe your vision of a teacher of Christian love.

Practicing Faith

How will you exemplify Jesus the Teacher this week?

How will you help your children to appreciate the Our Father?

*El tema de este capítulo
corresponde
al párrafo 2765*

RECURSOS LITURGICOS

Esta es una antigua historia acerca de una anciana que había estado enferma por muchos años. Todos los días sostenía el rosario en sus manos. Un vecino finalmente le preguntó si estaba progresando; el rosario parecía no moverse.

"No puedo pasar de las palabras 'Padre Nuestro', las saboreo y no quiero seguir adelante", dijo.

El erudito de la Escritura Jean Galot, S.J., observó: Cuando hablamos del amor paterno del Padre debemos también incluir las cualidades del amor materno. (*Abba, Padre, cuanto anhelo ver tu rostro*).

¿Con qué frecuencia permitimos experimentar verdaderamente el tremendo significado de llamar a Dios Padre, nuestro papa, nuestro padre?

¿Tomamos tiempo para apreciar cómo nuestro Padre amoroso provee todas las cosas que nos sustentan?

Para comunicar esta íntima relación a los niños en su grupo, llévelos a darse cuenta de que Dios, nuestro Padre amoroso, quiere sostenernos, protegernos y satisfacer todas nuestras necesidades. Si los niños nunca llegan a pasar de las dos primeras palabras de la oración favorita de Jesús, puede que, al igual que la anciana del rosario, estén progresando más de lo que se imaginan.

RECURSOS DE JUSTICIA Y PAZ

Cuando rezamos "líbranos del mal", estamos pidiendo a Dios que nos libere de los lazos del pecado personal y social. Estas son las raíces que causan la violencia y la injusticia.

Para conscientizar a los niños acerca de las formas en que la injusticia puede crecer, invítelos a dialogar sobre las siguientes preguntas:

• Cuándo alguien necesita algo que tengo, ¿qué hago? ¿Por qué?

• ¿Qué hago cuando veo en la televisión a niños pasando hambre? ¿Por qué?

• ¿Qué hago cuando veo a un niño burlándose de otro? ¿Por qué?

• ¿Cómo me siento cuándo veo a un niño que es más pobre que yo? ¿Por qué?

Ayude a los niños a ver que el mal está en ignorar las necesidades de los demás.

LITURGICAL RESOURCES

There is an old story about an elderly woman who had been sick for many years. Day after day she held a rosary in her hands. A neighbor finally asked her why she didn't make any progress; the rosary never seemed to move.

"I can't get past the words, 'Our Father,'" she said. "I relish them, and just don't feel like going on."

As scripture scholar Jean Galot, S.J., observes: when we speak of the Father's paternal love we must include in it the qualities of maternal love as well (*Abba, Father! We Long to See Your Face*).

How often do we allow ourselves to truly experience the tremendous significance of calling God our Father, our Dad, our Parent?

Do we take the time to appreciate how our loving Father provides everything that sustains us?

To communicate this intimate relationship to the children in your group, lead them to the realization that God our loving Father wants to hold us and protect us and provide for our every need. If the children never get past the first two words of Jesus' favorite prayer, they—like the elderly woman with her rosary—may be making more progress than they know.

JUSTICE AND PEACE RESOURCES

When we pray "deliver us from evil," we are asking God to liberate us from the bonds of personal and social sin. These are the root causes of violence and injustice.

To make the children aware of the ways in which injustice can crop up, invite dialogue on the following questions.

• When someone needs something I have, what do I do? Why?

• When I see starving children on TV, what do I do? Why?

• When I see someone being picked on by other children, what do I do? Why?

• When I see a child who is poorer than I am, how do I feel? Why?

Help the children to see that evil lies in ignoring the needs of others.

Recursos de enseñanza

Sugerencias

Algunos niños no viven una relación padre hijo ideal. Sin embargo, la mayoría de los niños tienen un sentido de lo que debe ser el amor de padre. Construya este sentimiento mientras presenta a Dios como modelo de padre amoroso que siempre nos ama sin importar lo que hagamos.

En esta lección a los niños se les introduce el Padre Nuestro. Tome un momento para comunicar la hermosa relación padre hijo que expresa la oración.

Niños con necesidades especiales

Cuando trabaje con niños con necesidades especiales, refuerce sus puntos fuertes y ayúdeles a ver sus limitaciones.

Necesidades visuales
• vocabulario *La Ley del Amor* escritas en papel de lija

Necesidades auditivas
• cintas y audífonos para la historia y el Padre Nuestro

Necesidades motoras y de tacto
• compañeros para que ayuden en las actividades

Recursos complementarios

Traditional Prayers for Children (video)
Paulist Press
997 Macarthur Blvd.
Mahwah, NJ 07430
(1-201-825-7300)

Jesus Teaches and Calls Disciples (video)
Children's Heroes of the Bible (series)
Vision Video
2030 Wentz Church Road
P.O. Box 540
Worcester, PA 19490-0540
(1-800-523-0226)

Vocabulario
La Ley del Amor nos enseña a amar a Dios y a los demás como a nosotros mismos.

Teaching Resources

Overview of the Lesson

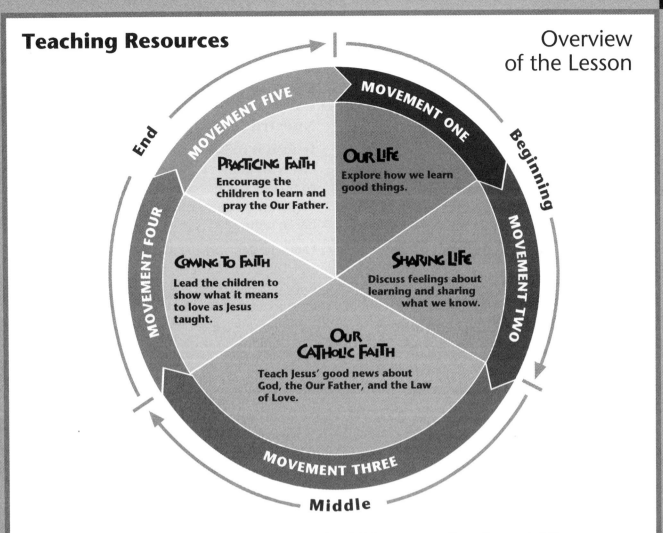

MOVEMENT FIVE

MOVEMENT ONE

End

Beginning

MOVEMENT FOUR

MOVEMENT TWO

PRACTICING FAITH
Encourage the children to learn and pray the Our Father.

OUR LIFE
Explore how we learn good things.

COMING TO FAITH
Lead the children to show what it means to love as Jesus taught.

SHARING LIFE
Discuss feelings about learning and sharing what we know.

OUR CATHOLIC FAITH
Teach Jesus' good news about God, the Our Father, and the Law of Love.

MOVEMENT THREE

Middle

Teaching Hints

Some children do not live in an ideal parent-child relationship. Nonetheless, most children have a sense of what a loving parent should be like. Build on this sense as you present God as the model loving parent who always loves us no matter what we do.

In this lesson the children are introduced to the Our Father. Take time to communicate the loving parent-child relationship that this beautiful prayer expresses.

Special-Needs Child

When working with mainstreamed children, stress their strengths and help them to assess their limitations realistically.

Visual Needs
• faith word *Law of Love* in sandpaper letters

Auditory Needs
• audiotape and headphones for story and Our Father

Tactile-Motor Needs
• peer helpers for motion, writing, and art activities

Supplemental Resources

Traditional Prayers for Children (video)
Paulist Press
997 Macarthur Blvd.
Mahwah, NJ 07430
(1-201-825-7300)

Jesus Teaches and Calls Disciples (video)
Children's Heroes of the Bible (series)
Vision Video
2030 Wentz Church Road
P.O. Box 540
Worcester, PA 19490-0540
(1-800-523-0226)

Faith Word
The **Law of Love** teaches us to love God and others as we love ourselves.

Objetivos

Ayudar a los niños a:

• creer que Dios se preocupa por nosotros como un padre amoroso

• conocer que Jesús nos enseñó el Padre Nuestro y la Ley del amor

• responder al amor de Dios con nuestras oraciones y acciones.

PLANIFICACION DE LA LECCION

Introducción _____ minutos

Oración de la lección

Jueguen el juego "¿quién soy?" Dé una breve descripción de la gente que ayuda a otros a aprender. Por ejemplo:

• Yo amo a mis hijos. Trato de ayudarles a crecer fuertes, sabios y con amor. ¿Quién soy? (padres, maestros, Dios)

• Amo a mi hermana pequeña. Le ayudo a aprender el alfabeto. ¿Quién soy? (niños de su edad)

• Soy tu mejor amigo. Dios me envió para enseñarte a amar, a compartir y a preocuparte. ¿Quién soy? (Jesús)

Pida a los niños formar un círculo, agarrados de las manos y decir la oración en la página 102.

Nuestra vida

Explorando lo aprendido

Reúna a los niños para contar una historia. Lea la historia al principio de la página 102. Discutan quién enseñó el juego a Lía, quién enseñó a su papá y como Lía comparte lo que aprendió.

Compartiendo la vida

Compartiendo lo aprendido

Use las preguntas al final de la página 102 para ayudar a los niños a darse cuenta de que aprendemos compartiendo lo que sabemos.

Presentación _____ minutos

Nuestra fe católica

Jesús nos habla de Dios

Pida a los niños prepararse para aprender y compartir muchas cosas nuevas de su amigo Jesús. Invítelos a mostrar como la buena nueva les hacen sentir.

Llame la atención a la ilustración en las páginas 104-105. Pregunte a los niños lo que creen que Jesús está haciendo. ¿Qué buena noticia puede que esté compartiendo acerca de Dios? Pídales imaginar que forman parte de la multitud, escuchando a Jesús enseñar al pueblo acerca de Dios.

Lea el primer párrafo en la página 104. Deténgase para hacer preguntas tales como:

• ¿Qué enseñó Jesús al pueblo?

• ¿Cómo es un buen padre?

• ¿Qué se siente saber que Dios te quiere como un padre amoroso?

Jesús nos enseña a orar

Pregunte a los niños si quieren escuchar una hermosa oración a Dios. Pídales escuchar con atención lo que pasó cuando los amigos de Jesús le pidieron que les enseñará a orar. Luego lea el segundo párrafo en la página 104.

Lea el resto de la página. Deténgase después de cada frase en la oración para explicarla. Pida a los niños repetir la frase después de usted. Ayúdeles a memorizar las primeras dos líneas. Refuerce que cuando rezamos el Padre Nuestro, estamos diciendo a Dios que creemos que él nos ama, está cuidando de nosotros y que nos dará todo lo que necesitemos para vivir como sus hijos.

Jesús nos enseña a amar

Escriba en la pizarra

> Jesús dice:
> "¡Am♡
> Am♡
> y
> Am♡!"

Objectives

To help the children:

- believe God cares for us like a loving parent
- know that Jesus taught us the Our Father and the Law of Love
- respond to God's love in prayer and in actions.

LESSON PLAN

Beginning _____ min.

Focusing Prayer

Play a "Who am I?" game. Give brief descriptions of people who help others to learn. For example:

- I love my children. I try to help them grow up strong and wise and loving. Who am I? (parent, teacher, God)
- I love my little sister. I help her learn her letters. Who am I? (child their age)
- I am your best friend. God sent me to show you how to love, share, and care. Who am I? (Jesus)

Have the children form a circle, join hands, and say the prayer at the top of page 103.

Our Life

Exploring How We Learn

Gather for story time. Read the story at the top of page 103. Discuss who taught Lia the game, who taught her dad, and how Lia shared what she had learned.

Sharing Life

Sharing What We Learn

Use the questions at the bottom of page 103 to help the children realize that we learn by sharing what we know with one another.

Middle _____ min.

Our Catholic Faith

Jesus Tells Us About God

Tell the children to get ready to learn and share lots of good news from their friend Jesus. Invite them to show how good news makes them feel.

Call attention to the picture on pages 104–105. Ask the children what they think Jesus is doing. What good news might he be sharing about God? Have them imagine that they are in the crowd, listening to Jesus as he teaches the people about God.

Read the first paragraph on page 105. Pose questions such as:

- What did Jesus teach people about God?
- What is a loving parent like?
- How does it feel to know that God cares for you like a loving parent?

Jesus Teaches Us to Pray

Ask the children if they would like to learn a beautiful prayer to God. Urge them to listen carefully to what happened when Jesus' friends asked him to teach them to pray. Then read the second paragraph on page 105.

Read the rest of the page. Pause after each phrase in the prayer and explain it. Have the children repeat each phrase after you. Help them to memorize the first two lines. Stress that when we pray the Our Father, we tell God that we believe God loves and cares for us and will give us what we need to live as God's loving children.

Jesus Teaches Us to Love

Put the sign below on the chalkboard or on newsprint. Make the hearts big enough to later add God, ourselves, and others inside the appropriate hearts.

> Jesus says,
> "L♡VE
> and
> L♡VE
> and
> L♡VE!"

Lea el mensaje de la "buena nueva" de Jesús. Invite a los niños a escuchar atentamente para encontrar ideas para completar el mensaje de Jesús en cada corazón.

Lea los dos primeros párrafos en la página 106. Pida a los niños completar el mensaje de "buena nueva" de Jesús. Añada la palabra apropiada al final de cada frase. Luego lea las primeras dos oraciones en el próximo párrafo.

Vocabulario

Escriba las palabras *Ley del Amor*. Relaciónelas con el mensaje de la "buena nueva". Lea la definición en la página 106. Y pida a los niños dibujar un corazón alrededor.

El significado del amor

Refuerce que amor verdadero es más que decir a Dios y a los demás que los amamos. Luego lea el resto de la página 106, poniendo énfasis en la última oración. Pida a los niños hacer comentarios de por qué amar es la mejor forma de vivir como hijos de Dios.

Invite a los niños a pedir a su amigo Jesús que les ayude a aprender como amar a Dios, a los demás y a ellos mismos. Recen la oración de la lección en la página 102.

Conclusión _____ minutos

Acercándote a la fe

Resumen de la fe

Pase al *Resumen de la fe* en la página 110. Verifique si los niños pueden expresar en sus propias palabras lo aprendido. Anime a los que pueden a memorizar las afirmaciones. Tenga presente que hacer del *Resumen de la fe* algo propio y llevarlo al corazón es más importante que memorizarlo.

Compartiendo formas de amar

Use la actividad al principio de la página 108 para ayudar a los niños a mostrar lo que significa amar como Jesús nos enseñó. Anímeles a representar situaciones de sus propias vidas.

Viviendo la fe

Rezando el Padre Nuestro

Finalice con la actividad que se encuentra al final de la página 108. Como muchos de los niños no sabrán el Padre Nuestro de memoria, pídales repetir cada línea después de usted. Si desea puede empezar con la Señal de la Cruz.

Evaluación de la lección

• ¿Aceptan los niños que Dios es su padre amoroso?

• ¿Saben que Jesús nos enseñó el Padre Nuestro y cómo amar?

• ¿Han decidido mostrar amor rezando y de otras formas?

SEÑOR, AYUDANOS A DIRIGIR A LOS NIÑOS Y A SUS FAMILIAS HACIA TI.

Read the "good news" message from Jesus. Invite the children to listen carefully for clues about what to put inside each heart to finish Jesus' message.

Read the first two paragraphs on page 107. Have the children complete Jesus' "good news" message. Add the appropriate words in the hearts. Then read the first two sentences in the next paragraph.

Faith Word

Display the words *Law of Love*. Relate them to the "good news" message. Read the definition on page 107, and have the children draw a heart alongside it.

What Love Means

Stress that real love is more than just telling God and others that we love them. Then read the rest of page 107, emphasizing the last sentence. Call for comments on why love is the best way to live as God's children.

Invite the children to ask their friend Jesus to help them learn how to love God, themselves, and others. Pray the focusing prayer on page 103.

End _____ min.

Coming to Faith

Faith Summary

Turn to the *Faith Summary* on page 111. See if the children can express in their own words what they have learned today. Encourage those who can to learn the statements by heart. Bear in mind, however, that making the *Faith Summary* their own and taking it to heart are more important than rote repetition.

Sharing Loving Ways

Use the activity at the top of page 109 to help the children show what it means to love as Jesus taught us. Encourage them to act out situations in their own lives.

Practicing Faith

Praying the Our Father

Close by using the prayer activity at the bottom of page 109. Since many of the children may not know the Our Father by heart, have them repeat each line after you. If you wish, begin with the Sign of the Cross.

Evaluating Your Lesson

• Do the children accept God as their loving parent?
• Do they know that Jesus taught us the Our Father and how to love?
• Have they decided to show love in prayer and in other ways?

LORD, HELP US TO ENLIGHTEN THE MINDS OF OUR YOUNG PEOPLE AND THEIR FAMILIES.

Jesús se da a sí mismo

Para el catequista:
Desarrollo espiritual y catequético

Nuestra vida

Julia sólo tenía cincuenta años cuando murió repentinamente. Durante la liturgia del funeral su hijo hizo una meditación. Nombró las formas en que Julia se quedaría en la familia.

"Pensaremos en ella cada vez que escuchemos pedir por los hambrientos, los desamparados, o los desempleados, porque mamá se dedicó a las obras de misericordia. Mamá amó tanto a Dios y la Iglesia significaba tanto para ella que siempre solía decir: 'si sólo pudiera ponerlo en palabras, que feliz sería', pero ella no necesitaba palabras. Su vida nos dijo todo", dijo el hijo.

Pregúntese:

• ¿Cómo el espíritu de un ser querido que ha muerto está en mí?

• ¿Cómo puedo ser testigo de la fe de un ser querido que ha muerto?

Compartiendo la vida

¿Con regularidad recuerda y honra a sus seres queridos fallecidos? ¿Por qué?

En su experiencia, ¿cómo Jesús ha mantenido su promesa: "Estaré contigo siempre"?

Nuestra fe católica

Todos los domingos del año, la Iglesia celebra el misterio pascual de la muerte y resurrección de Cristo.

Cada año, durante los tres días antes de la Pascua de Resurrección, el Triduo Pascual, conmemora la última Cena (Jueves Santo), la crucifixión y muerte (Viernes Santo), y la resurrección de Cristo (Sábado Santo-Vigilia Pascual).

En la última Cena, Jesús se dio a sí mismo, cuerpo y sangre, en la forma de pan y vino a sus amigos. El dijo: "Hagan esto en memoria mía" (Lucas 22:19).

El prometió a sus discípulos que después de su muerte no quedarían solos. Dios les enviaría a un consolador que estaría con ellos siempre. "Es el Espíritu que revela la verdad acerca de Dios" (Juan 14:17). Porque Jesús retó al pueblo a aceptarlo como "el camino, la verdad y la vida" (Juan 14:6) tanto el poder religioso como estatal lo vieron como una amenaza a su autoridad. Jesús fue juzgado por Poncio Pilato, azotado y coronado de espinas. Llevó su cruz hasta el Calvario. Después de sufrir la agonía de la crucifixión durante tres horas, Jesús entregó su espíritu.

Al tercer día cuando María Madgalena fue a la tumba de Jesús la encontró ocupada por dos ángeles. Una persona, quien ella pensó era el jardinero, le preguntó por qué lloraba, y mientras ella le explicaba escuchó una voz familiar que le dijo: "María".

Jesús, su amante maestro, estaba frente a ella. Ella quiso tocar su vestido pero él tenía una misión para ella:

Ve y di a mis hermanos
que vuelvo a mi Padre quien
es también su Padre, mi Dios y su Dios.
(Juan 20:17)

Jesus Gives Us Himself

For the Catechist: Spiritual and Catechetical Development

ADULT BACKGROUND

Our Life

Julie was only fifty-eight when she died unexpectedly. At the funeral liturgy her son offered a post-communion meditation. He named the ways in which Julie would always remain with her family.

"We will think of her whenever we hear an appeal for the hungry, the homeless, or the unemployed because Mom dedicated herself to the works of mercy," he said. And finally, her son said, "Mom loved God so much, and the Church meant so much to her; She always used to say, 'If only I could put it into words, how happy I would be!' but she didn't really need the words. Her life told us the whole story."

Ask yourself:

• How does the spirit of loved ones who have died remain with me?

• How do I carry on the faith witness of a loved one who has died?

Sharing Life

Do you regularly remember and honor your loved ones who have died? Why or why not?

In your experience, how has Jesus kept his promise, "I will not leave you alone"?

Our Catholic Faith

Every Sunday of the year, the Church celebrates the paschal mystery of Christ's resurrection from the dead.

Each year, on the three days before Easter, the Easter Triduum commemorates the Last Supper (Holy Thursday), the crucifixion and the burial (Good Friday), and the resurrection (Holy Saturday-Easter Vigil) of Christ.

At the Last Supper, Jesus gave himself, Body and Blood, in the form of bread and wine, to his friends. "Do this in memory of me," he said (Luke 22:19).

He promised his disciples that they would not be left alone after his death. God would send them a Helper who would remain with them forever. "He is the Spirit, who reveals the truth about God" (John 14:17). Because Jesus challenged people to accept him as "the way, the truth, and the life" (John 14:6), both the religious and civil establishments saw him as a threat to their authority. Jesus was tried by Pontius Pilate, scourged, and crowned with thorns. He carried his own heavy cross to Calvary. After suffering for three hours the agony of crucifixion, Jesus gave up his spirit.

On the third day, when Mary Magdalene went to the tomb of Jesus, she found it occupied by two angels. A person she took to be the gardener asked why she was crying, and when she explained, he said, in a familiar voice, "Mary!"

Jesus, her beloved Teacher, stood before her. She wanted to hang onto him but he had a mission for her:

> Go to my brothers and tell them that I am returning to him who is my Father and their Father, my God and their God.
> (from John 20:17)

Acercándote a la fe

¿Cómo el recuerdo de la muerte y resurrección salvadoras de Jesús influyen en su vida diaria?

Cuando escucha las palabras: "Hagan esto en memoria mía", ¿qué ellas le piden hacer?

Viviendo la fe

¿Cómo va a compartir su experiencia de Jesús en la sagrada comunión con los niños?

¿Qué hará para estar más consciente de la presencia de Jesús en su vida?

RECURSOS LITURGICOS

A pesar de que los niños no han celebrado la primera comunión, podemos compartir con ellos la tradición católica de rezar antes y después de la comunión.

Anime a los niños a ofrecer sus oraciones por familiares y otros miembros de la comunidad mientras se acercan a comulgar y cuando regresan con Jesús en sus corazones.

"Señor mío y Dios mío"
(Santo Tomás);
"Señor, sabes que te amo"
(San Pedro);
"Señor, creo que eres el Hijo de Dios"
(Santa Marta);
"Gracias Dios, por la preciosa Sangre y Cuerpo de tu hijo"
(Oración de Santo Tomás de Aquino).

RECURSOS DE JUSTICIA Y PAZ

Recuerde la historia de Julia al inicio del capítulo y las formas en que ella sigue presente en su familia.

Considere si de alguna manera está trabajando por la justicia y la paz en su familia y amigos.

Recuerde las palabras de Jesús en la última Cena: "Hagan esto en memoria mía."

Considere las formas en que puede compartir el reto de "Hagan esto en memoria mía", con los niños. He aquí una sugerencia:

Al final de cada sesión, todas las semanas, pida a los niños llevar a la mesa de oración un pedazo de papel con una práctica, "en memoria de Jesús," que hayan hecho ese día. Esta práctica debe basarse en cómo trabajar por la paz o de ser pacífico: ser justo o ayudar a otros a serlo; compartir sin egoísmo la amistad o las pertenencias; rezar por los que no recuerdan a Jesús en su vida diaria.

Coming to Faith

How does the memory of Jesus' saving death and resurrection influence your daily life?

When you hear the words "Do this in memory of me," what do they call you to do?

Practicing Faith

How might you share your experience of Jesus in Holy Communion with the children?

What will you do to become more aware of the presence of Jesus in your life?

LITURGICAL RESOURCES

Although the children have not yet celebrated their First Eucharist, we can share with them the Catholic tradition of offering prayers before and after Holy Communion.

Encourage the children to offer these prayers for family members or others as the communicants approach the altar to receive Jesus, and as they return with Jesus in their hearts.

"My Lord and my God!"
(prayer of Saint Thomas);
"Lord, you know that I love you"
(prayer of Saint Peter);
"Yes, Lord, I believe you are the Son of God"
(prayer of Saint Martha);
"Thank you, God, for the precious Body and Blood of your Son"
(from a prayer of Saint Thomas Aquinas).

JUSTICE AND PEACE RESOURCES

Recall the opening story about Julie and the ways in which she remained present to her family.

Consider whether you are fashioning any legacy of justice and peacemaking for your own family and friends.

Recall, too, the words of Jesus at the Last Supper: "Do this in memory of me."

Consider the ways in which you can share the challenge of "Do this in memory of me" with the children in your group. Here is a suggestion:

At the end of each session this week, have the children draw from a bowl on the prayer table a slip of paper with an "In Memory of Jesus" practice to be done that day. The practices should focus on ways to be peaceful or make peace with and for others: to be fair or help others to do so; to share unselfishly one's friendship and belongings; to pray for those who do not remember Jesus in their daily lives.

Recursos de enseñanza

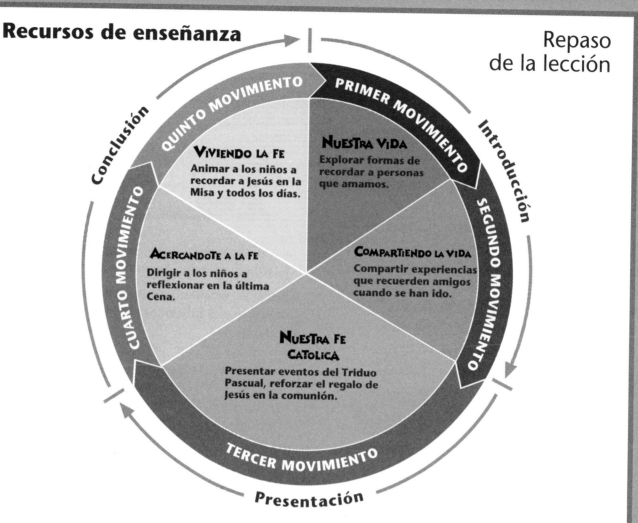

PRIMER MOVIMIENTO · Introducción

NUESTRA VIDA
Explorar formas de recordar a personas que amamos.

SEGUNDO MOVIMIENTO

COMPARTIENDO LA VIDA
Compartir experiencias que recuerden amigos cuando se han ido.

TERCER MOVIMIENTO · Presentación

NUESTRA FE CATÓLICA
Presentar eventos del Triduo Pascual, reforzar el regalo de Jesús en la comunión.

CUARTO MOVIMIENTO

ACERCÁNDOTE A LA FE
Dirigir a los niños a reflexionar en la última Cena.

QUINTO MOVIMIENTO · Conclusión

VIVIENDO LA FE
Animar a los niños a recordar a Jesús en la Misa y todos los días.

Sugerencias

En esta lección los niños comparten formas de recordar a los seres queridos que están lejos. Para ayudarles a entrar en la experiencia, se sugiere llevar una "caja de recuerdos" que contengan recuerdos familiares y de amigos quienes se han separado por la muerte o la distancia. Incluya objetos tales como: fotos, postales, flores secas, recordatorios, un recuerdo de familia. Coloque los objetos en una caja atractiva o una caja de zapatos decorada.

Niños con necesidades especiales

Cuando esté escribiendo para niños con impedimentos visuales, use lápices de felpa o de color plomo. Use papel rayado.

Necesidades visuales
• la palabra del vocabulario *sagrada comunión* en papel de lija

Necesidades auditivas
• cinta y audífonos para la historia bíblica

Necesidades motoras y de tacto
• compañeros que ayuden a escribir y a dibujar las actividades

Recursos complementarios

First Eucharist (video)
St. Anthony Messenger/
Franciscan Communications
1615 Republic Street
Cincinnati, OH 45210
1-800-488-0488)

Here Is Jesus (Book)
The Liturgical Press
St. John's Abbey
Collegeville, MN 56321-7500
(1-800-858-5450)

Vocabulario
Sagrada comunión es el Cuerpo y Sangre de Jesús.

Teaching Resources

Overview of the Lesson

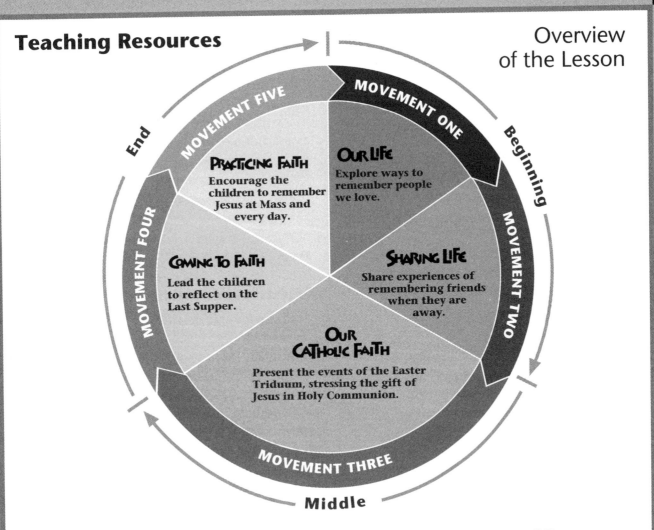

MOVEMENT ONE
OUR LIFE
Explore ways to remember people we love.

MOVEMENT TWO
SHARING LIFE
Share experiences of remembering friends when they are away.

MOVEMENT THREE
OUR CATHOLIC FAITH
Present the events of the Easter Triduum, stressing the gift of Jesus in Holy Communion.

MOVEMENT FOUR
COMING TO FAITH
Lead the children to reflect on the Last Supper.

MOVEMENT FIVE
PRACTICING FAITH
Encourage the children to remember Jesus at Mass and every day.

Beginning — **Middle** — **End**

Teaching Hints

In this lesson the children share ways to remember loved ones who are far away. To help them enter the experience, it is suggested that you bring in a "memory box" containing reminders of family members and friends from whom you are separated by death or distance. Include items such as a photograph, postcard, pressed flower, small family keepsake, or holy card for a deceased relative or friend. Place the items in an attractive box or make one by gift-wrapping a shoe box.

Special-Needs Child

When writing for children with limited vision, use a felt-tipped pen or thick lead pencils. Use regular-lined or wide-lined paper.

Visual Needs
• faith word *Holy Communion* in sandpaper letters

Auditory Needs
• audiotape and headphones for Bible story

Tactile-Motor Needs
• peer helpers for writing and art activities

Supplemental Resources

First Eucharist (video)
St. Anthony Messenger/
Franciscan Communications
1615 Republic Street
Cincinnati, OH 45210
(1-800-488-0488)

Here Is Jesus (book)
The Liturgical Press
St. John's Abbey
Collegeville, MN 56321-7500
(1-800-858-5450)

Faith Word
Holy Communion is the Body and Blood of Jesus.

Objetivos

Ayudar a los niños a:

- **empezar a entender los eventos sagrados del Triduo Pascual**
- **dar gracias a Jesús por estar con nosotros en la sagrada comunión**
- **elegir dar más de sí mismos.**

PLANIFICACION DE LA LECCION

Introducción _____ minutos

Nuestra vida

Compartir recuerdos de amor

Muestre objetos de su "caja de recuerdos". (Vea *Sugerencias*) Explique como esto le ayuda a recordar a alguien a quien usted ama. Pida a los niños imaginar que ellos tienen una caja de recuerdos. ¿Qué pondrían en ella que les recuerde alguien a quien aman? Invítelos a compartir.

Materiales necesarios: caja de recuerdos

Recordando personas a quienes amamos

Llame la atención a las ilustraciones en la página 112. Pregunte a los niños lo que las personas están haciendo y cómo el llamar por teléfono a un abuelo muestra nuestro amor hacia él. Lea el principio de la página 112. Señale las X y las O en el sobre. Verifique que los niños saben que significan abrazos y besos.

Compartiendo la vida

Cómo recordamos a los amigos

Haga la primera pregunta en la página 112. Anime a los niños a compartir experiencias de haber sido separados de un amigo. Luego lea la última pregunta.

Oración

Diga a los niños que hoy vamos a descubrir un maravilloso regalo que Jesús nos dio para ayudarnos a recordar que él está con nosotros. Invítelos a agarrarse de las manos y dar gracias a Jesús por amarnos tanto. Haga la oración al principio de la página 112.

Presentación _____ minutos

Nuestra fe católica

Jesús se da a sí mismo

Reúna a los niños para un tiempo bíblico. Use la ilustración en las páginas 114–115 para introducir la historia de la última cena. Pregunte a los niños qué sostiene Jesús en sus manos. Dígale que el pan es parte muy importante en esta historia. Haga lo mismo con la copa de vino que está cerca de Jesús. Invite a los niños a escuchar con cuidado para descubrir lo que Jesús hizo con el pan y el vino para darnos la forma más maravillosa de recordarle siempre.

Lea la página 114 con reverencia. Haga hincapié en las palabras de la consagración pausando y dramatizando. Antes de leer los párrafos 3 y 4, dirija la atención una vez más al pan y a la copa.

Finalice leyendo las palabras de Jesús: "Hagan esto en memoria mía". Explique que Jesús estaba diciendo a sus amigos que se reunieran con frecuencia para recordarle en esa comida, para recordarle y compartir el regalo de pan y vino, que es Jesús mismo.

Lea la última oración en la página 114. Escriba en la pizarra las palabras "Jueves Santo". Debajo dibuje una copa con una hostia encima. Pida a los niños repetir después de usted: "El Jueves Santo, Jesús nos dio el regalo de sí mismo en el pan y el vino". Haga una pausa y rece: "Gracias Jesús, por darte a ti mismo. Gracias por esta hermosa forma de recordarte siempre".

Objectives

To help the children:

- **begin to understand the sacred events of the Easter Triduum**
- **thank Jesus for being with us in the gift of Holy Communion**
- **choose to be more giving of themselves.**

LESSON PLAN

Beginning _____ min.

Our Life

Sharing Reminders of Love

Show each item in your "memory box." (See *Teaching Hints*, page 115) Explain how it helps you remember someone you love. Have the children imagine they have a memory box. What would they put inside to help them remember someone they love? Invite them to share.

Materials needed: memory box

Remembering People We Love

Call attention to the pictures on page 113. Ask the children what the two people are doing and why calling a grandparent can be a way to show our love. Read the top of page 113. Point out the X's and O's on the letter. See if the children know that they stand for hugs and kisses.

Sharing Life

How We Remember Friends

Ask the first question at the bottom of page 113. Encourage the children to share experiences of being separated from friends. Then read the last question.

Focusing Prayer

Tell the children that today we will discover a wonderful gift Jesus gave us to help us remember that he is with us. Invite them to join hands and thank Jesus for loving us so much. Say the prayer at the top of page 113.

Middle _____ min.

Our Catholic Faith

Jesus Gives Us Himself

Gather for Bible-sharing time. Use the illustration on pages 114–115 to introduce the story of the Last Supper. Ask the children what Jesus is holding in his hands. Tell them that the bread is a very important part of the story. Do the same with the cup of wine near Jesus. Invite the children to listen carefully to find out what Jesus did with the bread and the wine to give us the most wonderful way to remember him always.

Read page 115 reverently, setting off the words of consecration with pauses and dramatic emphasis. Before reading paragraphs 3 and 4, you may want to direct attention once more to the bread and the cup of wine.

End the reading with Jesus' words "Do this in memory of me." Explain that Jesus was telling his friends to gather for this special meal often—to remember him and to share the gift of bread and wine, which is Jesus himself.

Read the last sentence on page 115. Print "Holy Thursday" on the chalkboard or on news-print. Underneath, draw a cup with a host above it. Have the children repeat after you, "On Holy Thursday, Jesus gave us the gift of himself in the bread and wine." Pause and pray, "Thank you, Jesus, for giving us yourself. Thank you for this most wonderful way to remember you always."

Jesús murió y resucitó por nosotros

Introduzca la página 116 diciendo a los niños que algo triste pasó después que Jesús y sus amigos compartieron esta comida especial; pero que la tristeza no duró mucho porque algo maravilloso pasó.

Lea los dos primeros párrafos de la página 116. Escriba en la pizarra las palabras "Viernes Santo" y dibuje una cruz. Pida a los niños repetir después de usted: "El Viernes Santo, Jesús murió en la cruz por nosotros". Haga lo mismo con "Pascua de Resurrección", añada un cirio pascual. Pida a los niños repetir después de usted: "El Domingo de Resurrección, Dios resucitó a Jesús de la muerte. Aleluya, Jesús está vivo y con nosotros".

Jesús está con nosotros hoy

Escriba las palabras del vocabulario *sagrada comunión*. Lea la definición en la página 116 y relaciónela con la última Cena. Escriba "sagrada comunión" cerca de la copa y la hostia que pintó en el pizarrón. Si desea pida a los niños dibujar una copa y una hostia cerca de la definición en sus libros.

Lea los dos últimos párrafos en la página 116. Pida a los niños decir cuál es el maravilloso regalo que Jesús nos dio para que recordemos que él está siempre con nosotros.

Conclusión _____ minutos

Acercándote a la fe

Resumen de la fe

Pase la *Resumen de la fe* en la página 120. Verifique si los niños pueden expresar en sus propias palabras lo que han aprendido.

Si el tiempo lo permite, use el *Repaso y la prueba* de la segunda unidad en las páginas 260 y 262, o pida a los niños revisar las páginas con alguien en la casa.

Recordando la última Cena

Dé algunos minutos a los niños para ver la ilustración en las páginas 114–115. Luego invítelos a reunirse en un círculo para la experiencia de oración en la página 118.

Viviendo la fe

Recordando a Jesús todos los días

Pida a los niños escuchar en la misa la historia de la última Cena. Desafíelos a buscar formas reales de recordar y dar gracias a Jesús. Luego hagan la oración de acción de gracias a Jesús por el regalo de sí mismo.

Evaluación de la lección

• ¿Saben los niños lo que Jesús hizo por nosotros?

• ¿Están agradecidos por el regalo de Jesús en la sagrada comunión?

• ¿Han decidido dar más de ellos mismos?

Jesus Died and Rose for Us

Introduce page 117 by telling the children that something sad happened after Jesus and his friends shared their special meal; but the sadness did not last because something wonderful happened, too.

Read the first two paragraphs on page 117. On the chalkboard or newsprint print "Good Friday" and draw a cross. Have the children repeat after you, "On Good Friday, Jesus died on a cross for us." Do the same with "Easter Sunday," adding a lighted Easter candle. Have the children repeat after you, "On Easter Sunday, God raised Jesus from the dead. Hooray! Jesus is alive and with us!"

Jesus Is with Us Today

Display the faith word *Holy Communion*. Read the definition at the top of page 117, and relate it to the Last Supper. Print "Holy Communion" near the cup and host you have drawn on the chalkboard or newsprint. If you wish, have the children draw a cup and host near the definition in their books.

Read the last two paragraphs on page 117. Ask the children to tell what wonderful gift Jesus gave us so that we would remember he is with us always.

End _____ min.

Coming to Faith

Faith Summary

Turn to the *Faith Summary* on page 121. See if the children can express in their own words what they have learned today.

If time permits, use the *Summary One Review/Test* on pages 261 and 263, or have the children go over the pages with someone at home.

Remembering the Last Supper

Give the children a few moments to look at the illustration on pages 114–115. Then invite them to gather in a circle on the floor for the prayer experience at the top of page 119.

Practicing Faith

Remembering Jesus Every Day

Urge the children to listen at Mass for the story of the Last Supper. Challenge them to find realistic ways to remember and thank Jesus. Then say a prayer thanking Jesus for giving us himself.

Evaluating Your Lesson

• Do the children know what Jesus did for us?

• Are they thankful for the gift of Jesus in Holy Communion?

• Have they decided to be more giving of themselves?

Adviento

El tema de este capítulo corresponde al párrafo 524

Para el catequista:
Desarrollo espiritual y catequético

REFERENCIA PARA EL CATEQUISTA

Nuestra vida

Pocos de nosotros podemos escapar de ello. Donde quiera que vayamos, supermercado, oficina de correo, tenemos que esperar. Esperamos en fila, en tráfico. Esperamos nuestro turno.

Pregúntese:

• ¿Cómo se relacionan mi experiencia de esperar y mi vida de fe?

Compartiendo la vida

¿Por qué es tan difícil para nosotros esperar?

¿Por cuál esperanza de Adviento está más dispuesto a rezar, trabajar y esperar?

Nuestra fe católica

Para los cristianos católicos el Adviento tiene doble propósito. Es tiempo de preparación para la Navidad, cuando celebramos y recordamos la primera venida del Hijo de Dios y "también el

tiempo cuando las mentes se dirigen a la segunda venida de Cristo al final de los tiempos. Es, por lo tanto, una época de gozo y de expectativa espiritual) por el Día del señor". (GNLYC, 39) (*Compartir la Luz de la fe*, DCN, 144).

Los ancianos israelitas esperaron muchos siglos la primera venida del Hijo de Dios. Anhelaban el cumplimiento de la promesa de Dios a David de que uno de sus descendientes reinaría como rey eterno. (Salmo 89:29) Esta maravillosa profecía se realizó en el nacimiento de Jesús, Dios con nosotros.

Acercándote a la fe

¿Cómo la celebración del Adviento le desafía a "preparar su corazón"?

¿Cómo integrará a sus oraciones de Adviento el anhelo de los antiguos israelitas por el Prometido?

Viviendo la fe

¿Qué hará para esperar paciente y gozosamente a Jesús durante el Adviento?

¿Cómo va a ayudar a los niños a prepararse para la Navidad?

Recursos de enseñanza

Sugerencias

En esta lección los niños aprenden que el Adviento es un tiempo especial de espera y preparación para la celebración del nacimiento de Cristo. Para avivar la espera, puede preparar un pesebre vacío y pedir a los niños reunirse alrededor de él para rezar durante las semanas de Adviento.

Al final de la lección se pide a los niños mantener un calendario de adviento.

Niños con necesidades especiales

No se apresure en ayudar a los niños con problema de movilidad. Pregúnteles si necesitan ayuda.

Necesidades visuales
• compañeros para ayudar a estudiar la ilustración en la página 128

Necesidades auditivas
• cinta y audífonos para la poesía

Necesidades motoras y de tacto
• Pegar la página 128 y el calendario de adviento al pupitre del niño

Recursos complementarios

Advent Excitement (video)
Freckles and Friends (series)
Brown-ROA
1665 Embassy West Drive
Dubuque, IA 5202-2259
(1-800-922-7696)

Celebrating the Church Year for Children: Advent (video)
Paulist Press
997 Macarthur Blvd.
Mahwah, NJ 07430
(1-800-218-1903)

Advent

The Theme of This Chapter Corresponds with Paragraph 524

For the Catechist:
Spiritual and Catechetical Development

Our Life

Few of us can escape it. Whether we go to the supermarket or the Post Office, we have to wait. We wait in line and we wait in traffic. We wait for our turn to come.

Ask yourself:

• How does my experience of waiting relate to my faith life?

Sharing Life

Why is waiting often so difficult for us?

What Advent hopes are you most willing to pray, work, and wait for?

Our Catholic Faith

For Catholic Christians, Advent has a dual purpose. It is a time to prepare for Christmas, when we celebrate and recall the first coming of God's Son, and a time also when our "'minds are

directed to Christ's second coming at the end of time. It is thus a season of joyful and spiritual expectation' for the day of the Lord" (GNLYC, 39) (*Sharing the Light of Faith*, NCD, 144).

The ancient Israelites waited many centuries for that first coming of God's Son. They longed for the fulfillment of God's promise to David that one of his descendants would reign as an eternal King. (Psalm 89:29) This marvelous prophecy was realized in the birth of Jesus, God-with-Us.

Coming to Faith

How does the Church's celebration of Advent challenge you to "prepare your heart"?

How might you integrate into your Advent prayer the longing of the ancient Israelites for the Promised One?

Practicing Faith

What will you do to become a patient and joyful "waiter" for Jesus during Advent?

How will you help the children to prepare for Christmas?

Teaching Resources

Teaching Hints

In this lesson the children learn that Advent is our special time of waiting and preparing for the celebration of Christ's birth. To heighten anticipation, you may want to set up an empty manger and have the children gather around it for prayer during each week of Advent. (See "Advent Song" on Guide page 129.)

At the end of the lesson the children are told to keep an Advent calendar.

Special-Needs Child

Do not rush to help mainstreamed children with motion disabilities. Rather, ask if they need assistance.

Visual Needs
• peer helpers for the picture study on page 129

Auditory Needs
• audiotape and headphones for the poem and song

Tactile-Motor Needs
• page 129 and Advent calendar taped to the child's desk

Supplemental Resources

Advent Excitement (video)
Freckles and Friends (series)
Brown-ROA
1665 Embassy West Drive
Dubuque, IA 52002-2259
(1-800-922-7696)

Celebrating the Church Year for Children: Advent (video)
Paulist Press
Macarthur Blvd.
Mahwah, NJ 07430
(1-800-218-1903)

Objetivos

Ayudar a los niños a:

• **saber que el Adviento es un tiempo de espera y preparación para celebrar el nacimiento de Jesús en Navidad**

• **escoger formas significativas para prepararse para la Navidad.**

PLANIFICACION DE LA LECCION

Introducción _____ minutos

Oración de la lección

Escriba el siguiente mensaje en la pizarra: "Cuatro semanas para la Navidad". Lea el mensaje en voz alta. Pregunte a los niños cómo se sienten al esperar la Navidad.

Anuncie que hoy van a hablar acerca de un tiempo especial antes de Navidad cuando nos preparamos para celebrar la venida de Jesús. Invítelos a decir a Jesús que no pueden esperar para darle la bienvenida y celebrar su nacimiento en Navidad. Agarrados de las manos hagan la oración que se encuentra al principio de la página 122.

Nuestra vida

Preparándose para celebrar

Pida a los niños mirar la ilustración en la página 122. Hablen de lo que está pasando. Luego lea la poesía al inicio de la página. Pregunte:

• ¿Por qué Nana viene de visita?

• ¿Qué hace la familia para prepararse para el cumpleaños de Nana?

• ¿Qué crees que hay dentro de la caja del regalo de Nana?

• ¿Por qué crees que envolvieron el regalo en papel especial y le pusieron cintas?

Pregunte a los niños el nombre de una de sus celebraciones favoritas. Use las preguntas que se encuentran debajo del poema para explorar formas en que ellos se preparan para celebrar. Dé crédito a todas las respuestas.

Compartiendo la vida

Esperando para celebrar

Comparta una de sus experiencias de una celebración especial. Refuerce que esperar aumenta su aprecio por el evento. Luego discuta las preguntas que se en encuentran al final de la página 122.

Presentación _____ minutos

Nuestra fe católica

Tiempo de espera

Escriba la palabra *Adviento* debajo del mensaje "cuatro semanas para la "Navidad". Explique que el Adviento es el nombre que damos a las cuatro semanas antes de la Navidad. Es tiempo de espera para prepararnos para la Navidad. Pida a los niños estar atentos para escuchar esta palabra.

Use el primer párrafo de la página 124 para ayudar a los niños a recordar lo que aprendieron acerca de la promesa de Dios en el capítulo 5. Lea la pregunta inicial. Pregúnteles lo que recuerdan acerca de la historia de la promesa de Dios. Dígales que la promesa de Dios es muy importante para nuestra espera en Adviento. Lea el resto del párrafo.

Lea el segundo párrafo. Señale que durante el Adviento recordamos que el pueblo tuvo que esperar largo tiempo la venida de Jesús, la primera Navidad.

Lea el último párrafo. Pregunte: "¿Cuál es el nombre del tiempo de espera antes de la Navidad? ¿Qué esperamos hacer?" Añada "tiempo de espera" debajo de la palabra *Adviento*.

Tiempo de preparación

Pida a los niños decir o dramatizar cosas que la gente hace mientras espera por la Navidad (compra regalos, envía tarjetas, envuelve regalos, decora). Señale que todas estas son cosas buenas si recordamos que nos estamos preparando de forma especial para la Navidad. Añada "tiempo de preparación" en la pizarra.

Objectives

To help the children:

- **know that Advent is a time of waiting and preparing to celebrate Jesus' birth at Christmas**
- **choose meaningful ways to prepare for Christmas.**

LESSON PLAN

Beginning _____ min.

Focusing Prayer

Print the following message on the chalkboard or newsprint: "Four weeks until Christmas!" Read the message aloud. Ask the children how waiting for Christmas makes them feel.

Announce that today we are going to talk about the special time before Christmas when we get ready to celebrate the coming of Jesus. Invite them to tell Jesus that we can hardly wait to welcome him and to celebrate his birthday at Christmas. Join hands and say the prayer at the top of page 123.

Our Life

Getting Ready to Celebrate

Have the children look at the picture on page 123. Talk about what is happening. Then read the poem at the top of the page. Ask:

- Why is Nana coming for a visit?
- What did the family do to get ready for Nana's birthday?
- What do you think is inside the gift box for Nana?
- Why do you think they are wrapping the gift with special paper and ribbon?

Ask the children to name one of their favorite celebrations. Use the questions below the poem to explore ways they prepare to celebrate. Affirm all responses.

Sharing Life

Waiting to Celebrate

Share one of your own experiences of a special celebration. Stress that waiting increased your appreciation of the event. Then discuss the questions at the bottom of page 123.

Middle _____ min.

Our Catholic Faith

A Time of Waiting

Print the word *Advent* below the message "Four weeks until Christmas!" Explain that Advent is the name we call the four weeks before Christmas. It is a time to wait and get ready for Christmas. Alert the children to listen for this word.

Use the first paragraph on page 125 to help the children recall what they learned about God's promise in Lesson 5. Read the opening question. Ask them to tell what they remember about the story and about God's promise. Tell them that God's promise is very important to our waiting time in Advent. Read the rest of the paragraph.

Read paragraph 2. Point out that during Advent we remember that people had to wait a long time for Jesus to come on the first Christmas.

Read the last paragraph. Ask, "What is the name of our waiting time before Christmas? What are we waiting to do?" Add "time to wait" under the word *Advent*.

A Time to Get Ready

Ask the children to tell or act out things people do while they are waiting for Christmas. (shop for presents, send cards, wrap gifts, decorate) Point out that these are all good things to do as long as we remember that we are getting ready to welcome Jesus in a special way at Christmas. Add "time to get ready" to the chalkboard or newsprint.

Lea el primer párrafo de la página 126. Hable de la oración como una forma de prepararse para dar la bienvenida a Jesús. Refuerce que es bueno rezar por los pobres, los que están solos o tristes, los enfermos y los que no tienen hogar. Incluya la importancia de trabajar fuerte para hacer cosas buenas por otros y mostrar que amamos a Jesús y queremos alumbrar el camino de su venida en Navidad.

Use la ilustración y las fotos en las páginas 126–127 para resaltar algunas costumbres significativas de Adviento. Explique que algunas familias tienen una corona de adviento. Encienden una vela cada semana y rezan juntos para prepararse para la Navidad. Agarrados de las manos hagan la oración de la Biblia en la página 126.

Conclusión _____ minutos

Acercándote a la fe

Resumen de la fe
Pase al *Resumen de la fe* en la página 130. Cerciórese de que los niños pueden expresar con sus propias palabras lo aprendido.

Cantando una canción de Adviento
Enseñe a los niños la canción "Noche de Paz" en la página 128. Los niños pueden hacer sus propias interpretaciones. Anímelos a enseñar la oración a sus familiares y amigos.

Viviendo la fe

Tomando decisiones de Adviento
Use las ilustraciones en la página 128 para ayudar a los niños a identificar cosas amables que pueden hacer durante el Adviento para prepararse para la Navidad. Pida ideas a los niños.

Manteniendo un calendario de adviento
Distribuya copias del calendario de adviento (página 281 de esta guía). Señale las estrellas. Anime a los niños a hacer que cada estrella brille. Dígales que cada cosa buena que hacen durante el Adviento puede ser su regalo especial a Jesús el día de Navidad.

Materiales necesarios: copias del calendario, una para cada niño, lápices de colores.

Oración final para Adviento
Reunidos alrededor del pesebre. (Ver *Sugerencias*). Invite voluntarios a decir por qué están contentos de que Dios nos diera a su Hijo Jesús. Agarrados de las manos recen: "Jesús, ayúdanos a estar preparados para celebrar tu venida en Navidad". Todos responden; "Ven Señor, Jesús". Recen la oración de adviento en la página 128.

Materiales necesarios: un pesebre

Evaluación de la lección

• ¿Saben los niños que el Adviento es un tiempo de preparación para la Navidad?

• ¿Están esperando la celebración del nacimiento de Jesús?

• ¿Han escogido las formas en que se van a preparar para la Navidad?

SEÑOR, AYÚDANOS A DIRIGIR A LOS NIÑOS Y A SUS FAMILIAS HACIA TI.

Read paragraph 1 on page 127. Talk about praying as a good way to prepare to welcome Jesus. Stress praying for the poor, the lonely or sad, the sick, and the homeless. Include the importance of trying extra hard to do good things for others to show that we love Jesus and want to light the way for his coming at Christmas.

Use the illustration and the photos on pages 126–127 to highlight some meaningful Advent customs. Explain that some families have an Advent wreath. They light a candle each week and pray together to get ready for Christmas. Then join hands and say the prayer from the Bible on page 127.

End _____ min.

Coming to Faith

Faith Summary
Turn to the *Faith Summary* on page 131. See if the children can express in their own words what they have learned today.

Singing an Advent Song
Teach the song "Jesus, Be Our Light" on page 129. The children could make up their own actions. Encourage them to teach the song to their family and friends.

Practicing Faith

Making Advent Choices
Use the illustrations on page 129 to help the children identify loving things they can do during Advent to prepare for Christmas. Call for additional ideas.

Keeping an Advent Calendar
Distribute copies of the Advent calendar (Page 282 of this guide). Point out the stars. Encourage the children to make each star shine brightly. Tell them that each kind thing they do during Advent can be their special gift to Jesus on Christmas Day.

Materials needed: copies of blackline master, one per child; crayons

Closing Prayer for Advent
Gather around the empty manger. (See *Teaching Hints.*) Invite volunteers to tell why they are glad God gave us his Son, Jesus. Join hands and pray, "Jesus, help us to get ready to celebrate your coming at Christmas." All respond, "Come, Lord Jesus!" Sing the Advent song at the top of page 129.

Materials needed: empty manger

Evaluating Your Lesson

• Do the children know that Advent is a time to prepare for Christmas?
• Are they anticipating the celebration of Jesus' birth?
• Have they chosen ways to prepare for Christmas?

LORD, HELP US TO ENLIGHTEN THE MINDS OF OUR YOUNG PEOPLE AND THEIR FAMILIES.

14 Navidad

El tema de este capítulo corresponde al párrafo 525

Para el catequista:
Desarrollo espiritual y catequético

REFERENCIA PARA EL CATEQUISTA

Nuestra vida

Navidad es dentro de una semana y Ginny está de muy mal humor. "Falta algo", dijo protestando a su marido, José. El cambió el canal en la televisión y dijo: "Sabes, estamos pensando lo mismo. ¿Por qué no vamos a buscar villancicos?" dijo. Ginny asintió con entusiasmo.

Pregúntese:

• ¿Cómo comparto el espíritu de Navidad?
• ¿Cuándo fue la última vez que extendí la alegría de Navidad de alguna manera?

Compartiendo la vida

¿Por qué fallamos algunas veces en gozar el significado de la Navidad?

¿Qué expectativas tiene para la Navidad?

Nuestra fe católica

El nacimiento de Jesús no es un simple evento histórico. Emanuel "nació entre nosotros". Como nos dice San Francisco de Asís.

> Somos la madre de Cristo cuando lo llevamos dentro de nuestro corazón y cuerpo amando con conciencia pura y sincera. Alumbramos a Jesús por medio de nuestras santas obras que brillarán en otros por el ejemplo.

Para la Iglesia, el tiempo de Navidad celebra la encarnación y la Epifanía (manifestaciones) de Cristo a los reyes magos, la fiesta de las bodas de Caná y el bautismo de Jesús en el Jordán.

Acercándote a la fe

¿Cómo las celebraciones que hace le impiden dar "nacimiento" a Jesús?

¿Cómo puede entender mejor el significado de las narraciones del nacimiento de Jesús?

Viviendo la fe

¿Cómo hará espacio para Enmanuel en su vida esta Navidad?

¿Cómo ayudará a los niños a concentrarse en el nacimiento de Jesús?

Recursos de enseñanza

Sugerencias

En esta lección los niños dramatizan una historia de Navidad. Si quiere puede enseñarles simples costumbres latinoamericanas. Puede que algunos padres quieran ayudar. Sábanas viejas se pueden usar para vestir a los participantes. Palos de escobas pueden servir de bastones para los pastores, un foco para la estrella y una muñeca como el niño Jesús.

Niños con necesidades especiales

Anime a los niños a ser amables, compasivos y a cooperar con los niños con necesidades especiales.

Necesidades visuales
• compañeros para ayudar con las actividades de la página 136.

Necesidades auditivas
• cintas y audífonos para las canciones y la obra de teatro

Necesidades motoras y de tacto
• pegar la página 136 en el pupitre del niño

Recursos complementarios

Happy Birthday, Jesus (video)
Freckles and Friends series
Brown-ROA
1665 Embassy West Drive
Dubuque, IA 52002-2259
(1-800-922-7696)

Christmas

The Theme of This Chapter Corresponds with Paragraph 525

For the Catechist:
Spiritual and Catechetical Development

ADULT BACKGROUND

Our Life

Christmas was only a week away, but Ginny's mood left a lot to be desired. "Something is missing," she complained to her husband, Joe. He flipped off the TV and said, "You know, I've been thinking the same thing. What about a caroling expedition?" Ginny enthusiastically agreed.

Ask yourself:

• How do I share the Christmas spirit with others?
• When did I last extend Christmas cheer in some way?

Sharing Life

Why do we sometimes fail to experience the meaning of Christmas?

What hopes do you have for this Christmas?

Our Catholic Faith

The birth of Jesus is not simply a historical event. Emmanuel is also "born in us." Saint Francis of Assisi tells us:

We are the mother of Christ when we carry him in our heart and body by love and a pure and sincere conscience. And we give birth to him through our holy works which ought to shine on others by example.

For the Church, the Christmas Season commemorates the incarnation and the epiphanies (or manifestations) of Christ to the Magi, at the wedding feast in Cana, and at his Baptism in the Jordan.

Coming to Faith

How have your celebrations enabled you to "give birth to" Jesus?

How might you gain more insight into the meaning of the infancy narratives?

Practicing Faith

How will you make room for Emmanuel in your life this Christmas?

How will you help the children to focus on the birth of Jesus in them?

Teaching Resources

Teaching Hints

In this lesson the children act out the Christmas story. You may want to provide simple costumes and props. Some parents may be willing to help. Old sheets could be draped around the players. Broom handles could be used for shepherds' staffs, a flashlight for the "bright light," and a doll for the infant.

The children also make candles for a prayer service around the Christmas crib.

Special-Needs Child

Encourage a spirit of kindness, caring, and cooperation toward mainstreamed children.

Visual Needs
• peer helpers for the activities on page137

Auditory Needs
• audiotape and headphones for the song and the play

Tactile-Motor Needs
• page 137 taped to each child's desk

Supplemental Resources

Happy Birthday, Jesus (video)
Freckles and Friends (series)
Brown-ROA
1665 Embassy West Drive
Dubuque, IA 52002-2259
(1-800-922-7696)

Objetivos

Ayudar a los niños a:

- **entrar en el espíritu de la historia de Navidad**
- **prepararse para dar la bienvenida a Jesús**
- **escoger formas de compartir el amor de Jesús en la Navidad y todos los días.**

PLANIFICACION DE LA LECCION

Introducción _____ minutos

Oración de la lección

Antes de que lleguen los niños escriba en la pizarra: "(número exacto) días para Navidad". Pida a los niños compartir sus sentimientos acerca de la proximidad de la Navidad. ¿Están entusiasmados con la celebración del nacimiento de Jesús en Navidad? ¿Qué están haciendo para prepararse? ¿Cómo recibirán a Jesús en Navidad?

Invite a los niños a unir sus manos y decir a Jesús que están listos para recibirle de manera especial en Navidad. Haga la oración en la página 132.

Nuestra vida

Compartiendo una canción de Navidad

Anuncie que hoy van a escuchar la historia de la primera Navidad. Pregunte si alguien sabe la canción "Noche de Paz". Si es necesario enseñe la estrofa en la página 132.

Reunidos en un círculo de oración canten la canción. Si es posible apague la luz para crear una atmósfera de paz. Luego discutan las preguntas debajo de la canción.

Compartiendo la vida

Imaginando la primera Navidad

Dirija la atención a la ilustración en las páginas 132–133. Pida a los niños identificar la gente. Luego use la experiencia imaginaria. Si nadie menciona la estrella explique que en la historia de Navidad la estrella muestra a la gente el camino hacia el establo donde Jesús nació. La gente sigue la estrella y da la bienvenida a Jesús.

Presentación _____ minutos

Nuestra fe católica

Preparando una actuación de Navidad

Pase a la página 134. Pida a los niños decir lo que piensan está pasando en la ilustración. Pregunte si les gustaría dramatizar la historia bíblica de la primera Navidad. Pídales escuchar con atención para que vean lo que pasó en la primera Navidad. Despacio lea la obra en la página 134. Si quiere cambie el tono de la voz para indicar los diferentes personajes.

Distribuya el vestuario y materiales. (Ver *Sugerencias*.) Practique quien es el primero que subirá al "escenario", el segundo y así sucesivamente. La obra puede representarse de las dos formas siguientes: lea las partes mientras los niños representan lo que está pasando o asigne papeles donde los niños hablan. Si escoge la última opción los niños deben ensayar el diálogo varias veces. Si quiere puede tocar música de Navidad durante los ensayos.

Materiales necesarios: vestuarios; música de Navidad (opcional)

Dramatizando una historia de Navidad

Haga que los niños actúen. Después pida a los niños reunirse alrededor del "niño Jesús" y cantar "Noche de Paz".

Pida a José decir por qué Jesús nació en un establo. Pida a María decir cómo se sintió al saber que iba a tener el bebé en sus brazos. Pida a los ángeles decir cuál es su buena nueva. Pida a los pastores explicar lo que hicieron para dar la bienvenida a Jesús.

Objectives

To help the children:

• enter into the spirit of the Christmas story

• prepare themselves to welcome Jesus

• choose ways to share Jesus' love on Christmas and every day.

LESSON PLAN

Beginning _____ min.

Focusing Prayer

Before the children arrive, print the following message on the chalkboard or newsprint: "(specify number) days until Christmas!" Ask the children to share their feelings about the nearness of Christmas. Are they excited about celebrating Jesus' birthday on Christmas Day? What are they doing to get ready? How will they welcome Jesus on Christmas?

Invite the children to join hands and tell Jesus they are ready to welcome him in a special way on Christmas. Say the prayer at the top of page 133.

Our Life

Sharing a Christmas Song

Announce that today we are going to share the story of the first Christmas. Ask if anyone knows the song "Silent Night." If necessary, teach the verse on page 133.

Gather in a prayer circle and sing the song together. If possible, darken the room to create a peaceful atmosphere. Then discuss the questions under the song.

Sharing Life

Imagining the First Christmas

Call attention to the illustration on pages 132–133. Ask the children to identify the people. Then use the imagining experience. If no one mentions the star, explain that in the Christmas story a star showed people the way to the stable where Jesus was born. The people followed the star and welcomed Jesus.

Middle _____ min.

Our Catholic Faith

Preparing for a Christmas Play

Turn to page 135. Have the children tell what they think is happening in the illustration. Ask if they would like to act out the Bible story of the first Christmas. Tell them to listen carefully, so that they will know what happened on the first Christmas. Slowly read aloud the play on page 135. If you wish, change your voice to indicate the various speakers.

Distribute props and costumes. (*See Teaching Hints.*) Practice who comes "on stage" first, second, and so on. The play could be presented in one of two ways. Read all the parts yourself and have the children act out what is happening, or assign speaking roles. If you opt for the latter, rehearse the dialogue several times. You might want to play Christmas music softly during rehearsal.

Materials needed: costumes and props; Christmas music (optional)

Acting Out the Christmas Story

Conduct the play. As a finale have the children gather around the "Christ child" and sing "Silent Night."

While the children are still in costume, invite Joseph to tell why Jesus was born in a stable. Ask Mary to tell how she felt when she held the baby in her arms. Ask the angels to tell what their good news was. Have the shepherds explain what they did to welcome Jesus.

Refuerce que fue Dios quien envió a Jesús en la primera Navidad. Pregunte si alguien sabe por qué Dios envió a su Hijo Jesús. Reafirme toda respuesta razonable. Ponga énfasis en que Dios envió a Jesús para decirnos que Dios nos ama siempre y para mostrarnos la forma de ser feliz amando a Dios y amándonos unos a otros.

Conclusión _____ minutos

Acercándote a la fe

Resumen de la fe
Pase al *Resumen de la fe* en la página 138. Verifique si los niños pueden expresar en sus propias palabras lo que han aprendido.

Haciendo velas de navidad
Copie y distribuya la página 283 de esta guía. Recuérdeles que en la lección de Adviento aprendieron que encender velas nos recuerda a Jesús, nuestra luz. Ponga énfasis en que celebramos mejor la Navidad cuando dejamos que la luz de Jesús brille en nuestros corazones y nos muestre el camino hacia el amor de Dios y los demás.

Lea en voz alta las indicaciones para hacer las velas. Si el tiempo lo permite deje que los niños decoren las velas antes de cortarlas. Puede tocar un villancico mientras trabajan.

Materiales necesarios: copias de la página 183 de esta guía, una para cada niño; creyones, tijeras alfileres, villancico

Dando la bienvenida a Jesús en oración
Pida a los niños usar sus velas para guiar su camino hacia el nacimiento. Dirija el servicio de oración que se encuentra en la página 136.

Materiales necesarios: nacimiento, si es posible figuras del niño Jesús, de María y de José.

Viviendo la fe

Compartiendo la luz de Jesús
Lea el párrafo al inicio de la página 136 y deje que los niños dibujen sus promesas de Navidad. Si el tiempo lo permite invite a los niños a mostrar y contar. Anímelos a cumplir lo prometido y a ofrecerlo a Jesús como un regalo especial de cumpleaños el día de Navidad.

Materiales necesarios: creyones

Evaluación de la lección

• ¿Conocen los niños la historia de la primera Navidad?

• ¿Se han preparado los niños para dar la bienvenida a Jesús?

• ¿Han elegido los niños las formas en que van a amar a Jesús y a los demás?

SEÑOR, AYÚDANOS A DIRIGIR A LOS NIÑOS Y A SUS FAMILIAS HACIA TI.

Stress that it was God who sent Jesus to us on the first Christmas. Ask if anyone knows why God sent God's Son, Jesus. Affirm all reasonable responses. Emphasize that God sent Jesus to tell us that God loves us always and to show us the way to be happy by loving God and one another.

End _____ min.

Coming to Faith

Faith Summary
Turn to the *Faith Summary* on page 139. See if the children can express in their own words what they have learned today.

Making Christmas Candles
Distribute copies of page 284 of this guide. Recall from the Advent lesson that lighted candles remind us of Jesus, our light. Emphasize that we celebrate Christmas best when we let the light of Jesus shine in our hearts and show us the way to love God and others.

Read aloud the directions for making the candles. If time permits, let the children decorate the candles before cutting them out. You may want to play Christmas carols as the children work.

Materials needed: copies of blackline master, one per child; scissors; tape; crayons; Christmas carols (optional)

Welcoming Jesus in Prayer
Have the children use their candles to guide the way to the Christmas crib. Conduct the prayer service on page 137.

Materials needed: manger; figure of the infant Jesus; figures of Mary and Joseph (if possible).

Practicing Faith

Sharing Jesus' Light
Read the paragraph at the top of the page 137 and let the children draw their Christmas promise. If time permits, invite them to show and tell. Encourage them to do what they promised and to give it to Jesus as a special birthday gift on Christmas Day.

Materials needed: crayons

Evaluating Your Lesson

• Do the children know the story of the first Christmas?

• Have they prepared themselves to welcome Jesus?

• Have they chosen ways to share Jesus' love with others?

LORD, HELP US TO ENLIGHTEN THE MINDS OF OUR YOUNG PEOPLE AND THEIR FAMILIES.

El Espíritu Santo

Para el catequista:
Desarrollo espiritual y catequético

Nuestra vida

Los López agonizaron durante semanas sobre la decisión. ¿Debería José aceptar un trabajo que le requería prácticas poco éticas? O ¿soportaría un período de desempleo cuando el salario de su esposa era limitado?

"Debemos hacer lo que creemos correcto", dijo finalmente Alicia López.

Durante la misa del domingo José estaba perdido en las oscuras nubes de sus propias preocupaciones. Gradualmente la voz del sermón empezó a romper sus pensamientos. "Jesús dijo que dejáramos de preocuparnos por las cosas materiales", decía el sacerdote. "El nos dio su palabra de que si nos preocupamos por el reino de Dios y confiamos en la providencia de Dios todas nuestras necesidades serán satisfechas".

José sonrió a su esposa. Ella apretó su mano y dijo "Todo va a estar bien, amor".

Pregúntese:

• ¿Ha tenido una experiencia similar a la que tuvo José esa mañana?

• ¿Cómo viene el Espíritu Santo en mi ayuda en tiempos de duda, miedo depresión o problema?

Compartiendo la vida

¿Por qué los cristianos, algunas veces, fallan en reconocer y aceptar la ayuda del Espíritu?

¿Cómo imagina sería la Iglesia si todos escucháramos al Espíritu?

Nuestra fe católica

De las tres Personas de la Santísima Trinidad quizás la tercera es la que menos se entiende. De la misma manera que no estamos conscientes del aire que respiramos, raras veces nos damos cuenta del Espíritu que respira en nosotros. Sin embargo, no podemos conocer a Dios o al Hijo de Dios sin la ayuda del Espíritu.

Al vivir en nosotros, la tercera Persona de la Santísima Trinidad da vida y unidad al pueblo de Dios.

La diferencia que hace el Espíritu en nuestras vidas se hace abundantemente clara cuando consideramos como Pentecostés transformó a los apóstoles. Después de la muerte de Jesús, los apóstoles estaban afligidos por la duda, el miedo y la recriminación. Cuando María Magdalena les trajo la buena noticia de la resurrección, ellos no se atrevieron a creer.

Aun después de las apariciones de Cristo resucitado no estaban listos para dar valiente testimonio de su fe.

No fue sino hasta la venida del Espíritu Santo en Pentecostés que los apóstoles vencieron el miedo e insuficiencia. Iluminados por el Espíritu, empezaron a proclamar a Cristo el Señor.

Los que compartimos y enseñamos la fe católica dependemos de las promesas de Jesús. Su Espíritu "nos revela la verdad acerca de Dios", es nuestra ayuda y está siempre con nosotros. (Ver Juan 14:16–17)

Acercándote a la fe

¿Cómo puede describir la diferencia que el Espíritu de Dios ha hecho en su vida?

¿Qué hará para estar más consciente de la presencia del Espíritu en la Iglesia?

The Holy Spirit

For the Catechist:
Spiritual and Catechetical Development

Our Life

The McDonalds agonized over the decision for weeks. Should John McDonald accept a job that involved unethical business practices? Or should he risk a period of unemployment when his wife's income was limited?

"We've got to do what we think is right," Beth McDonald finally said.

Sunday at Mass, John was lost in the dark clouds of his own worries. Gradually, the homilist's voice began to break through. "Jesus tells us to stop worrying about all these material things," the priest was saying. "He gives us his word that if we care about the Kingdom of God above everything else and trust in God's providence, we will be provided with everything we really need."

John smiled at his wife. She squeezed his hand and said, "We're going to be all right, honey."

Ask yourself:

• Do I know from experience what happened to John that morning?

• How does the Holy Spirit come to my aid in times of doubt, fear, depression, or trouble?

Sharing Life

Why do Christians sometimes fail to recognize or accept the Spirit's help?

How do you imagine the Church would be if everyone listened to the Spirit?

Our Catholic Faith

Of the three Persons of the Blessed Trinity, perhaps the third Person is the least understood. Just as we are rarely aware of the air we breathe, we rarely focus on the Spirit who breathes in us. However, we cannot know God or the Son of God without the Spirit's help.

By dwelling within us, the third Person of the Blessed Trinity gives life and unity to the People of God.

The difference that the Spirit makes in our lives becomes abundantly clear when we consider how Pentecost transformed the apostles. After the death of Jesus, the apostles were afflicted by doubt, fear, and self-recrimination. When Mary Magdalene brought them the Good News of the resurrection, they hardly dared to believe her.

Though reassured by the appearances of the risen Christ, they were still not ready to give courageous witness to their faith.

Not until the descent of the promised Helper on Pentecost did the apostles overcome their fears and inadequacies. Enkindled by the Spirit, they boldly began to proclaim Christ the Lord.

We who teach and share the Catholic faith can depend on the promise of Jesus. His Spirit, "who reveals the truth about God," is our Helper and remains with us always. (See John 14:16–17)

Coming to Faith

How would you describe the difference the Spirit of God has made in your life?

What could you do to become more aware of the Spirit's presence in the Church?

El tema de este capítulo corresponde al párrafo 731

Viviendo la fe

¿De qué forma buscará la guía del Espíritu esta semana?

¿Cómo tratará de alimentar el aprecio por el Espíritu Santo en los niños?

RECURSOS LITURGICOS

En *Surprised by the Spirit*, el padre Edward J. Farrell dice que el Espíritu "tiene un plan de hacerlos felices y santos". Cooperamos con su divino "plan" siempre que damos de nosotros mismos en la oración, adoración alabanza, maravilla y gracia.

Los niños tienen un aprecio natural por el Espíritu Santo quien, como el viento, "vuela a donde quiere" (Juan 3:8). Ellos no han desarrollado su capacidad de maravillarse, su habilidad de meditar o su apetito de sorpresas.

Invite a los niños a ser "detectores del Espíritu". Dele ejemplo y anímelos a compartir sus experiencias de haber sido tocado, sorprendido, hablado o pinchado por el Espíritu de Dios.

• Ve un arco iris.
El Espíritu dice, "detente, mira, alaba".
• Tiene un mal día.
De repente alguien te consuela.
El Espíritu dice, "recuerda que eres amado".
• Escucha una canción que te alegra.
El Espíritu dice, "compártela con alguien".

RECURSOS DE JUSTICIA Y PAZ

En la carta a los Efesios leemos:

Sean humildes, amables, pacientes y sopórtense unos a otros con amor. Mantengan entre ustedes lazos de paz y permanezcan unidos en el mismo espíritu.
(Efesios 4:2–3)

Haga una lista de las acciones de los niños para preservar la unidad del grupo y anímeles a:

• no levantar la voz con enojo o impaciencia este fin de semana;

• ayudar más a sus compañeros;

• respete "estar en silencio" cuando todos escuchan el silencio por unos minutos.

A los niños también se les debe pedir preservar la unidad en sus familias:

• no gritar o pelear con sus hermanos;

• respetar a los padres;

• respetar el no "romper el sonido" cuando la televisión, el estéreo o las voces están apagados.

Practicing Faith

In what way will you seek the Spirit's guidance this week?

How will you try to foster appreciation for the Holy Spirit among your children?

LITURGICAL RESOURCES

In *Surprised by the Spirit*, Father Edward J. Farrell says the Spirit "is plotting to make us holy and happy." We cooperate with this divine "plot" whenever we give ourselves to prayer, worship, wonder, and grace.

Children are natural appreciators of the Holy Spirit who, like the wind, "blows wherever it wishes" (John 3:8). They have not outgrown their capacity for wonder, their ability to meditate, or their appetite for surprise.

Invite your children to become "Spirit detectors." Give examples and encourage them to share their experiences of being spoken to, touched, prodded, or surprised by God's Spirit.

• You see a rainbow.
The Spirit says, "Stop! Look! Praise!"

• You are having a bad day. Someone unexpectedly comforts you. The Spirit says, "Remember! You are loved!"

• You hear a song. It makes you happy. The Spirit says, "Share it with someone."

JUSTICE AND PEACE RESOURCES

In the inspired Letter to the Ephesians we read:

Show your love by being tolerant with one another. Do your best to preserve the unity which the Spirit gives by means of the peace that binds you together.
(Ephesians 4:2–3)

Enlist the cooperation of your children in preserving the unity of the group by encouraging them to:

• not raise their voices in anger or impatience this week;

• be more helpful to their partners;

• respect "no sound" breaks, when everyone listens to the silence for a few moments.

The children may also be asked to help preserve the unity of their families by:

• not yelling at or fighting with their brothers and sisters;

• being respectful toward their parents;

• observing "no sound" breaks, when TV, stereo, and voices are stilled.

Recursos de enseñanza

QUINTO MOVIMIENTO

PRIMER MOVIMIENTO

Conclusión

Introducción

VIVIENDO LA FE
Fomentar la oración diaria al Espíritu Santo.

NUESTRA VIDA
Explorar experiencias de ayuda a los demás.

CUARTO MOVIMIENTO

SEGUNDO MOVIMIENTO

ACERCANDOTE A LA FE
Dirigir a los niños a expresar su necesidad del Espíritu Santo.

COMPARTIENDO LA VIDA
Compartir momentos en que necesitamos ayuda.

NUESTRA FE CATOLICA
Presentar la buena nueva de que Dios Espíritu Santo nos ayuda a vivir como cristianos.

TERCER MOVIMIENTO

Presentación

Sugerencias

En esta lección los niños aprenderán que Dios Espíritu Santo es nuestra ayuda especial, a quien pedimos ayuda para vivir como seguidores de Jesucristo. Al tiempo que los niños crecen en la fe, también crecen en aprecio por la presencia del Espíritu en nuestras vidas. Anime a los niños a rezar al Espíritu Santo diariamente. Garantíceles que el Espíritu los guiará en su camino de "acercarse a Dios" en amor y fe.

Niños con necesidades especiales

Comunicación visual es indispensable para los niños con problemas de audición. Use ilustraciones, proyectores y gestos para comunicar sus ideas.

Necesidades visuales
• las palabras del vocabulario escritas en papel de lija

Necesidades auditivas
• cintas grabadas y audífonos para la historia bíblica

Necesidades motoras y de tacto
• compañeros para que ayuden a escribir y hacer las actividades artísticas

Recursos complementarios

Helpers: Ways of Loving (video)
Freckles and Friends (series)
Brown-ROA
1665 Embassy West Drive
Dubuque, IA 52002-2259
(1-800-922-7696)

Celebrating the Church Year for Children: Pentecost (video)
Paulist Press
997 Macarthur Blvd.
Mahwah, NJ 07430
(1-800-218-1903)

Vocabulario

El **Espíritu Santo** es Dios, la tercera Persona de la Santísima Trinidad.

Teaching Resources

Overview
of the Lesson

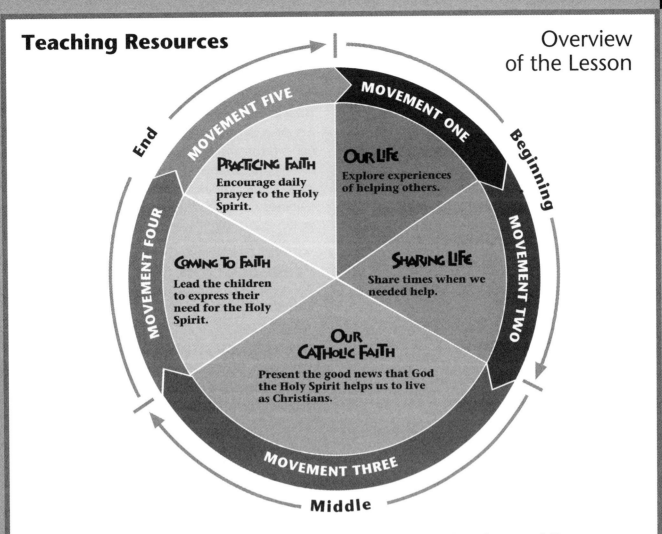

Teaching Hints

In this lesson the children learn that God the Holy Spirit is our special Helper, the One to whom we turn for guidance in living as followers of Jesus Christ. As the children grow in faith, so too will they grow in appreciation of the Spirit's presence in their lives. Encourage them to pray to the Holy Spirit daily. Trust that the Spirit will guide them on the path of "coming to God" in faith and love.

Special-Needs Child

Visual communication is essential for the hearing-impaired. Use pictures, overheads, and gestures to communicate ideas.

Visual Needs
• faith word *Holy Spirit* in sandpaper letters

Auditory Needs
• audiotape and headphones for Bible story

Tactile-Motor Needs
• peer helpers for motion, writing, and art activities

Supplemental Resources

Helpers: Ways of Loving (video)
Freckles and Friends (series)
Brown-ROA
1665 Embassy West Drive
Dubuque, IA 52002-2259
(1-800-922-7696)

Celebrating the Church Year for Children: Pentecost (video)
Paulist Press
997 Macarthur Blvd.
Mahwah, NJ 07430
(1-800-218-1903)

Faith Word
The **Holy Spirit** is God, the third Person of the Blessed Trinity.

Objectives

To help the children:

• appreciate the presence of the Holy Spirit in their lives and in the Church

• pray to the Holy Spirit for help in living as friends of Jesus.

LESSON PLAN

Beginning _____ min.

Focusing Prayer

Display a "We Are Christians" sign. As the children arrive, give each a flame-shaped name tag that says, "(child's name) is a Christian."

Gather near the sign. Explain that Christians are followers and friends of Jesus. Tell the children that today we will discover how Jesus sent us and all Christians the Holy Spirit to be our special Helper. Invite them to think of someone they would like to help. Then say the prayer at the top of page 141.

Materials needed: sign; name tags, one per child; pins

Our Life

Sharing a Helping Story

Call attention to the picture on pages 140–141. Read the first two paragraphs. Ask, "How do you think José's mother feels? Does she need help?" Call attention to José. What might he be saying to his mom? Read José's response. Then complete the *Our Life* section. Stress that even adults need help sometimes.

Sharing Life

Seeking Help

Encourage the children to share times when they needed help and who helped them. Pose the last question on page 141. Ask how God can help us when we are upset, afraid, or do not know what to do.

Middle _____ min.

Our Catholic Faith

Faith Word

Display the faith word *Holy Spirit*. Have the children repeat it after you. Ask if they remember who the Holy Spirit is. Then read the definition on page 145 and have them draw a small flame alongside it. Explain that the flame reminds us that God the Holy Spirit is with us, helping us to live as Christians.

The Holy Spirit Comes

Announce that you are going to read a Bible story about a very exciting day for all Christians; it is the day Jesus kept his promise to send God the Holy Spirit to his friends.

Briefly explain that after Jesus died, his friends felt sad, lonely, and afraid. They were not ready to go out and tell people about Jesus. Invite a volunteer to show how Jesus' friends might have felt. Then read the first paragraph on page 143. Ask, "What did Jesus promise his friends? How would the Holy Spirit help them?"

The Story of Pentecost

Read the rest of page 143. Convey the drama of the Spirit's coming through voice inflections and dramatic pauses. At appropriate places ask questions such as:

• What did Jesus' friends see and hear?

• How did Jesus keep his promise?

• How did God the Holy Spirit help Jesus' friends?

Explorando la ilustración

Llame la atención a la ilustración en las páginas 142–143. Recuerde como los amigos de Jesús se sentían antes de la venida del Espíritu Santo. Pregunte a los niños como los amigos de Jesús se ven en la foto y como se sienten después de la venida del Espíritu Santo.

El Espíritu Santo nos ayuda

Recuerde las palabras de Jesús: "El Espíritu Santo vendrá y les recordará todo lo que les he dicho". Luego lea los dos primeros párrafos de la página 144. Pida un voluntario para encontrar la palabra *Cristo* en el cartel "Somos cristianos". Refuerce que cristianos son los seguidores de Jesucristo; el Espíritu Santo nos ayuda a creer en Jesús y a vivir como Jesús nos enseñó.

Lea el resto de la página 144. Haga las siguientes preguntas:

• ¿Qué es la Iglesia?

• ¿Cómo el Espíritu Santo ayuda a la Iglesia?

• ¿Cómo nos ayuda el Espíritu Santo a vivir como cristianos?

Para ayudar a los niños a contestar la última pregunta pídales subrayar las frases claves: *recordar todo lo que Jesús hizo y dijo; decir a todo el mundo la buena nueva de Jesús; hacer el trabajo de Jesús.*

Conclusión _____ minutos

Acercándote a la fe

Resumen de la fe

Pase al *Resumen de la fe* en la página 148. Verifique si los niños pueden expresar con su propias palabras lo que han aprendido. Anime a los que puedan a aprender de memoria las afirmaciones. Tenga presente que hacer suyo el *Resumen de la fe* y llevarlo al corazón es más importante que memorizarlo.

Necesidad del Espíritu Santo

Use la obra al inicio de la página 146 para ayudar a los niños a expresar su comprensión del evento de Pentecostés.

Viviendo la fe

Rezando al Espíritu Santo

Conduzca la experiencia de oración en la página 146. Recuerde a los niños ser respetuosos cuando pidan a Dios Espíritu Santo ayudarle a vivir como cristianos. Anímelos a rezar diariamente al Espíritu Santo.

Evaluación de la lección

• ¿Saben los niños la historia del Espíritu Santo?

• ¿Aprecian que el Espíritu Santo está con la Iglesia y con ellos?

• ¿Han decidido rezar al Espíritu Santo?

SEÑOR, AYUDANOS A DIRIGIR A LOS NIÑOS Y A SUS FAMILIAS HACIA TI.

Exploring the Illustration
Call attention to the illustration on pages 142–143. Recall how Jesus' friends felt before the Holy Spirit came. Ask the children how Jesus' friends look in the picture and how they felt after the Holy Spirit came to help them.

The Holy Spirit Helps Us
Recall the words of Jesus, "The Holy Spirit will help you remember all that I have said." Then read the first two paragraphs on page 145. Ask a volunteer to find the word *Christ* in the "We Are Christians" sign. Stress that Christians are followers of Jesus Christ; the Holy Spirit helps us to believe in Jesus and to live as Jesus taught us.

Read the rest of page 145. Ask questions such as:

• What is the Church?
• How does the Holy Spirit help the Church?
• How does the Holy Spirit help us to live as Christians?

To help the children answer the last question, have them underline these key phrases: *to remember everything Jesus has said and done; to tell everyone the good news of Jesus; to do the work of Jesus.*

Needing the Holy Spirit
Use the role-play at the top of page 147 to help the children express their understanding of the Pentecost event.

Practicing Faith
Praying to the Holy Spirit
Conduct the prayer experience at the bottom of page 147. Remind the children to be respectful as they ask God the Holy Spirit to help them live as Christians. Encourage them to pray daily to the Holy Spirit.

Evaluating Your Lesson

• Do the children know the story of the Holy Spirit?
• Do they appreciate that the Holy Spirit is with the Church and with them?
• Have they decided to pray to the Holy Spirit?

End _____ min.

Coming to Faith

Faith Summary
Turn to the *Faith Summary* on page 149. See if the children can express in their own words what they have learned today. Encourage those who can to learn the statements by heart. Bear in mind, however, that making the *Faith Summary* their own and taking it to heart are more important than rote repetition.

LORD, HELP US TO ENLIGHTEN THE MINDS OF OUR YOUNG PEOPLE AND THEIR FAMILIES.

16 La Iglesia es para todos

Para el catequista:
Desarrollo espiritual y catequético

REFERENCIA PARA EL CATEQUISTA

Nuestra vida

¿Qué cree que ayuda a crecer a la Iglesia, representada por su parroquia? Escoja cinco cosas de la siguiente lista. Numérelas del 1 al 5 (siendo 1 lo más importante).

_____ liturgias espirituales

_____ un párroco agradable

_____ el programa de RICA

_____ una iglesia atractiva

_____ un buen programa de educación religiosa y parroquial

_____ feligreses que participan en programas de justicia y paz

_____ un buen sermón

_____ diezmo

Pregúntese:

• ¿Está mi parroquia creciendo, disminuyendo o estática?

• ¿Cómo contribuyo al crecimiento y salud de mi parroquia?

Compartiendo la vida

¿Cuáles son algunos de los obstáculos que impiden a su parroquia crecer?

¿Experimenta o espera una comunidad eclesiástica básica dentro o fuera de la parroquia? ¿Por qué? ¿Por qué no?

Nuestra fe católica

Después de la ascensión de Jesús, los primeros cristianos resueltamente fueron a cumplir con la misión de construir la Iglesia, el cuerpo de Cristo. Esta Iglesia concebida en la muerte y resurrección de Cristo sería el nuevo pueblo de Dios, "el cual se preparó en el Antiguo Testamento, y a quien Cristo dio vida, crecimiento y dirección en el Espíritu Santo" (*Compartir la luz de la fe,* DCN, 93).

Los miembros de la Iglesia primitiva vivieron y actuaron en armonía inspirados por el Espíritu Santo. Ellos compartieron sus dones y pertenencias, cuidaron de los necesitados, celebraron la Eucaristía en los hogares de cada uno.

Su fe fue probada repetidamente por la persecución. A pesar de que los apóstoles fueron encarcelados por los sumos sacerdotes, ellos se negaron a dejar de predicar la buena nueva.

Saulo de Tarso, un celoso fariseo, fue un prominente perseguidor de la Iglesia. Un día mientras viajaba a Damasco tuvo una visión de Cristo quien se identificó como la Iglesia que Saulo quería destruir. Esta conversión transformó completamente a Saulo. Lleno del Espíritu Santo, Pablo (su nuevo nombre) empezó a predicar la buena nueva y a dirigir a otros hacia el Bautismo.

Pablo dio la bienvenida a la Iglesia no sólo a judíos sino también a gentiles. El enseñó que todo el que cree en Jesús y quiere ser bautizado puede ser un cristiano.

La Iglesia, que fue fundada en Cristo, por los apóstoles y guiada por el Espíritu Santo, es la misma Iglesia a la que todos los cristianos católicos pertenecen hoy día. Donde quiera que estemos obispos o catequistas, padres o misioneros, somos todos "pueblo sacerdotal".

The Church Is For Everyone

For the Catechist: Spiritual and Catechetical Development

ADULT BACKGROUND

Our Life

What do you think helps the Church, as represented by your parish, to grow? Select five items from the list below, numbering them from 1 to 5 (with 1 being the most important).

____ spirited liturgies

____ a congenial pastor

____ an RCIA program

____ an attractive church building

____ a healthy religious education program and/or parochial school

____ parishioners' involvement in peace and justice issues

____ an excellent homilist

____ tithing

Ask yourself:

• Does my parish seem to be growing, shrinking, or staying the same?

• How do I contribute to the growth and health of my parish?

Sharing Life

What are some of the obstacles to growth in your parish?

Do you experience or hope for a basic Church community within or beyond the parish itself? Why or why not?

Our Catholic Faith

After the ascension of Jesus, the first Christians resolutely went about the mission of building up the Church, the body of Christ. This Church, conceived in the death and resurrection of Christ, was to be the new People of God, "prepared for in the Old Testament and given life, growth, and direction by Christ in the Holy Spirit" (*Sharing the Light of Faith*, NCD, 93).

Members of the early Church lived and acted in the harmony inspired by the Spirit. They shared their gifts and belongings, took care of the needy, celebrated the Eucharistic meal in each others' homes.

Their faith was repeatedly tested by persecution. Although the apostles were imprisoned by the high priest, they refused to stop preaching the good news.

Saul of Tarsus, a zealous Pharisee, was a determined persecutor of the Church.

However, as he was traveling to Damascus, Saul had a startling vision of Christ, who identified himself with the very Church Saul was attempting to destroy. This conversion experience entirely transformed Saul. Filled with the Holy Spirit, Paul (his new name) began preaching the good news and leading others to Baptism.

Paul welcomed not only Jews but Gentiles into the Church. He taught that anyone who believed in Jesus and wanted to be baptized could be a Christian.

The Church, which was founded on Christ, built up by the apostles, and guided by the Holy Spirit, is the same Church to which all Catholic Christians belong today. Whether we are bishops or catechists, parents or missioners, we are all "a priestly people."

Acercándote a la fe

¿Cómo su comprensión del inicio de la Iglesia le desafía a vivir hoy?

¿Qué significa para usted darse cuenta que es miembro de un "pueblo sacerdotal"?

Viviendo la fe

¿Qué haría para acoger en la Iglesia a un extraño, a un visitante o un católico inactivo?

RECURSOS LITURGICOS

El Espíritu Santo, siempre presente en el templo de nuestros cuerpos, nos llama a cada uno de nosotros, niños y adultos, a la santidad. Por el testimonio inspirado de nuestras vidas, damos valor a otros para entrar a la comunidad de la Iglesia, donde esa santidad es alimentada y aumentada.

Ayude a los niños a actuar formas en la que nuestra Iglesia los ayuda a crecer en santidad. Ejemplos:

• Un catequista enseña canciones acerca de Jesús. Pida a varios niños dramatizar la escena. Pregunte: ¿Cómo estamos ayudando a crecer en santidad?

• La gente en la misa reza el Padre Nuestro.

• Un misionero invita a los niños a participar en dar de comer a los que tienen hambre.

• Un sacerdote celebra la misa con la parroquia.

Dirija a los niños a reconocer que todo el que nos enseñe o muestre como seguir a Jesús y vivir verdaderamente como parte de la Iglesia, nos está ayudando en santidad.

RECURSOS DE JUSTICIA Y PAZ

El libro de Proverbios aconseja: "Enseña a un niño como vivir y lo recordará toda la vida" (22:6). Si queremos que nuestros niños sean católicos comprometidos quienes atraen a otros al camino de Jesús, necesitamos exponerlos al tipo de testigos que rogamos sean un día.

Considere preparar para su grupo una reunión: "Los testigos de mi parroquia". Explique que testigo es alguien que muestra a otros, con lo que dicen y hacen, como vivir su fe.

Invite testigos como los siguientes a conocer a los niños y a compartir unas pocas afirmaciones diciendo cómo y por qué ellos sirven a Jesús en la parroquia

• un ministro eucarístico que visita a los enfermos

• un voluntario en la cocina popular

• alguien que trabaja por la paz o un maestro

• un lector o guía de estudios bíblicos

• un ministro de hospitalidad

• un padrino o patrocinador de RICA.

Dé a los niños oportunidad de hacer preguntas o responder.

Coming to Faith

How does your understanding of the growth of the early Church challenge you to live today?

What does it mean to you to realize that you are a member of "a priestly people"?

Practicing Faith

What will you do to welcome a stranger, a visitor, or an inactive Catholic into your parish?

LITURGICAL RESOURCES

The Holy Spirit, ever present in the temple of our bodies, calls each of us—children and adults alike—to holiness. By the inspired witness of our lives, we encourage others to enter into the Church community, where that holiness is nurtured and increased.

Help the children in your group to act out ways in which our Church enables them to grow in holiness. Examples:

• A catechist teaches a song about Jesus.

Have several children act out the scene. Ask: How are we helped to grow in holiness?

• People at Mass pray the Our Father together.

• A missionary invites children to participate in feeding the hungry.

• A priest celebrates the Mass with the parish.

Lead the children to a recognition that whoever teaches or shows us how to follow Jesus and truly live as part of the Church is helping us in holiness.

JUSTICE AND PEACE RESOURCES

The Book of Proverbs advises, "Teach a child how he should live, and he will remember it all his life" (22:6). If we want our children to become committed Catholics who attract others to the Way of Jesus, we need to expose them to the kind of witnesses we pray they will one day be.

Consider planning for your children an "Our Parish Witnesses" gathering. Explain that a witness is someone who shows others, by what they say and do, how to live their faith.

Invite witnesses like the following to meet the children and share in a few simple statements telling how and why they serve Jesus in the parish:

• a eucharistic minister who visits the sick

• a volunteer in a soup kitchen or thrift shop

• a peace advocate or teacher

• a lector or Bible study leader

• a minister of hospitality

• an RCIA sponsor or godparents.

Give the children an opportunity to ask questions or respond.

Recursos de enseñanza

Repaso
de la lección

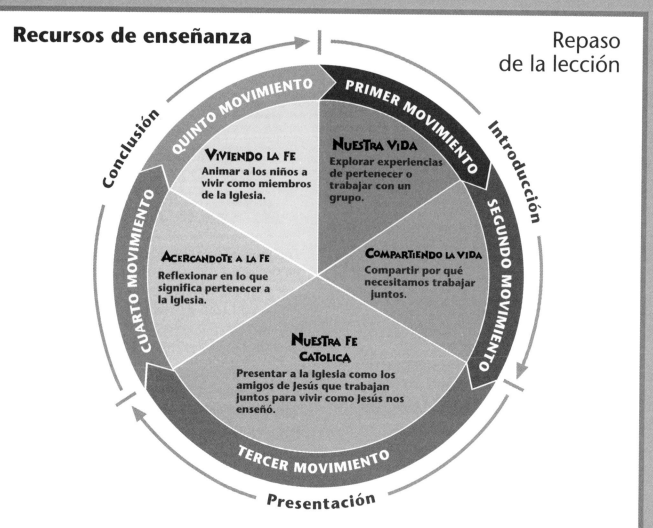

Sugerencias

Esta lección refuerza lo que los niños aprendieron acerca de la Iglesia en el capítulo 15. Haga figuras de papel que muestren que los cristianos comparten el don de Dios, el Espíritu Santo, quien nos mantiene unidos en la Iglesia de Jesús.

Haga un croquis de la muñeca de papel. Trácela en un cartón y córtela. Añada una llama al pecho de cada muñeca. Ate un hilo alrededor de la cabeza de la muñeca, deje que los niños la cuelguen en sus cuellos.

Niños con necesidades especiales

Para los niños con impedimentos visuales tocar es una excelente forma de comunicación con el mundo. Tocarles la cabeza o un hombro es para ellos lo que una sonrisa para los demás niños.

Necesidades visuales
• una ilustración grande de personas mostrándose amor

Necesidades auditivas
• cinta y audífonos para "emergencia en la foresta"

Necesidades motoras y de tacto
• compañeros para que ayuden a escribir y con las actividades artísticas

Recursos complementarios

Learning to Share (video)
Freckles and Friends (series)
Brown-ROA
1665 Embassy West Drive
Dubuque, IA 52002-2259
(1-800-922-7696)

Vol. 6: Spike's Big Blue Bubble Babble Balloon Machine (video)
Quigley's Village (series)
Liguori Publications
One Liguori Drive
Liguori, MO 63057-9999
(1-800-325-9521)

Teaching Resources

Overview of the Lesson

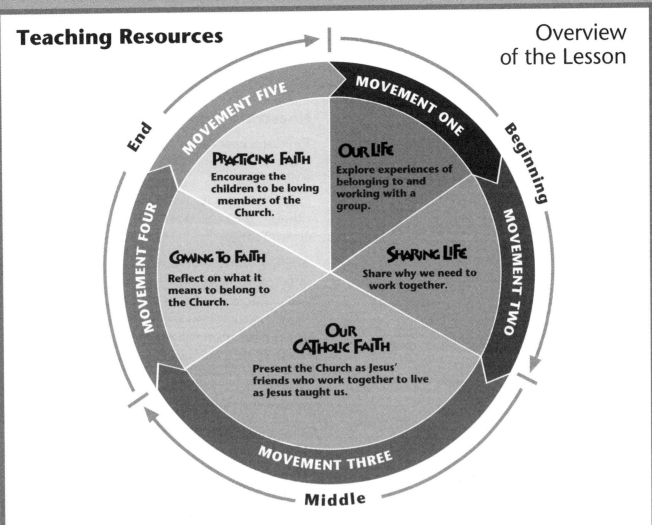

MOVEMENT FIVE

PRACTICING FAITH
Encourage the children to be loving members of the Church.

MOVEMENT ONE

OUR LIFE
Explore experiences of belonging to and working with a group.

Beginning

End

MOVEMENT FOUR

COMING TO FAITH
Reflect on what it means to belong to the Church.

SHARING LIFE
Share why we need to work together.

MOVEMENT TWO

OUR CATHOLIC FAITH
Present the Church as Jesus' friends who work together to live as Jesus taught us.

MOVEMENT THREE

Middle

Teaching Hints

This lesson builds upon what the children learned about the Church in Lesson 15. Make paper doll figures to show that Christians share the gift of God, the Holy Spirit, who joins us together in Jesus' Church.

Make a cardboard outline of a paper doll. Trace it on folded paper and cut out. Add a flame symbol on each doll's chest. Run yarn through the top of the doll's head, tie it, and let the children wear the dolls around their necks.

Special-Needs Child

For visually-impaired children touch is a major form of communication with the world. A pat on the head or on the shoulder is to them what a smile is to a sighted child.

Visual Needs
• large, full-color pictures of people showing love

Auditory Needs
• audiotape and headphones for "Emergency in the Forest"

Tactile-Motor Needs
• peer helpers for motion, writing, and art activities

Supplemental Resources

Learning to Share (video)
Freckles and Friends (series)
Brown-ROA
1665 Embassy West Drive
Dubuque, IA 52002-2259
(1-800-922-7696)

Vol. 6: Spike's Big Blue Bubble Babble Balloon Machine (video)
Quigley's Village (series)
Liguori Publications
One Liguori Drive
Liguori, MO 63057-9999
(1-800-325-9521)

Objetivos

Ayudar a los niños a:

• saber que pertenecen a la Iglesia de Jesús

• ver la importancia de trabajar juntos en la Iglesia

• escoger formas de ser buenos miembros de la Iglesia.

PLANIFICACION DE LA LECCION

Introducción _____ minutos

Oración de la lección

Dé a cada niño una muñeca de papel con el símbolo de la llama (*ver sugerencias*). Reúnanse cerca del cartel "somos cristianos" y lea el mensaje en voz alta. Explique lo que representan las muñecas. Luego anuncie que hoy van a aprender más sobre lo que significa ser cristiano en la Iglesia de Cristo. Agarrados de las manos hagan la oración al principio de la página 150.

Materiales necesarios: canto; muñeca de papel, una para cada niño.

Nuestra vida

Trabajando juntos como amigos

Pida a los niños mirar la ilustración en las páginas 150–151 y adivinar lo que están haciendo los animales. Refuerce que al trabajar juntos los animales, ayudando a sus amigos los castores, hacen fácil y amena una actividad difícil. Luego complete la sección *Nuestra vida* para relacionar la ilustración con las experiencias de trabajo conjunto de los niños.

Compartiendo la vida

Necesidad de trabajar juntos

Use las preguntas al final de la página 150 para sacar ideas a los niños en la importancia de trabajar juntos.

Presentación _____ minutos

Nuestra fe católica

Pertenecemos a la Iglesia de Jesús

Pida a los niños pasar a la página 152. Lea el título y pídales que lo subrayen. Recuerde que la Iglesia es Jesús y todos los bautizados, incluyendo a nosotros quienes estamos unidos por Dios el Espíritu Santo.

Anime a los niños a escuchar cuidadosamente un importante mensaje de Jesús acerca de cómo él quiere que sus amigos vivan juntos en la Iglesia. Luego lea el párrafo uno. Pregunte cómo Jesús quiere que vivamos juntos. Pida a los niños repetir el mensaje de amor después de usted.

Lea los dos próximos párrafos para ilustrar que Jesús hizo lo que dijo en su mensaje a nosotros. Repase haciendo preguntas específicas basadas en los ejemplos dados en el texto. Por ejemplo: "¿Qué hizo Jesús para mostrar amor por la gente que tenía hambre? ¿Cómo Jesús mostró amor por los tristes?"

Lea el último párrafo en la página 152 y el primero de la página 154. Pregunte a los niños como pueden ellos mostrar amor por los demás como lo hizo Jesús. Por ejemplo; ¿Cómo pueden ayudar a alguien que está triste? Refuerce que todos en la Iglesia de Jesús deben tratar a los demás como Jesús los trataría.

Nuestra Iglesia trabaja

Introduzca el resto de la página 154 recordando a los niños que Jesús quiere que todos sus amigos hagan el trabajo que les toca en la Iglesia. Luego lea el resto de la página 154. Explique que *servir a la Iglesia* significa ayudar a cuidar de los amigos de Jesús. Donde sea apropiado haga preguntas como las siguientes:

• ¿Quién es la cabeza de toda la Iglesia? (Refiérase a la foto del Papa Juan Pablo II en la página 153 e identifíquelo por su nombre).

• ¿Quién más ayuda a cuidar de la Iglesia?

• ¿Cómo los miembros de su parroquia se ayudan unos a otros?

Objectives

To help the children:

- know that they belong to Jesus' Church
- see the importance of working together in the Church
- choose ways to be loving members of the Church.

LESSON PLAN

Beginning _____ min.

Focusing Prayer

Give each child a paper doll with a flame symbol on it. (*See Teaching Hints.*) Gather near the "We Are Christians" sign and read the message aloud. Explain what the dolls represent. Then announce that today we will discover more about what it means to be a Christian in Jesus' Church. Join hands and say the prayer at the top of page 151.

Materials needed: sign; paper dolls, one per child

Our Life

Working Together as Friends

Have the children look at the illustration on pages 150–151 and guess what the animals are doing. Stress that by working together the animals helped their friends, the beavers, make a difficult task easier and more fun. Then complete the *Our Life* section to relate the picture to the children's experiences of working with others.

Sharing Life

Needing to Work Together

Use the questions at the bottom of page 151 to elicit the children's ideas on the importance of working together.

Middle _____ min.

Our Catholic Faith

We Belong to Jesus' Church

Have the children turn to page 153. Read the title and have them underline it. Recall that the Church is Jesus and all his baptized friends, including us, who are joined together by God the Holy Spirit.

Urge the children to listen carefully to an important message from Jesus about how he wants his friends to live together in his Church. Then read paragraph 1. Ask how Jesus wants us to live together. Have the children repeat Jesus' message of love after you.

Read the next two paragraphs to illustrate that Jesus did what he said in his message to us. Review by asking specific questions based on the examples given in the text. For example, "What did Jesus do to show love for hungry people? How did Jesus show love for people who were sad?"

Read the last paragraph on page 153 and the first one on page 155. Ask the children to tell how they can show love for one another by doing as Jesus did. For example, how can they help someone who feels lonely or sad? Stress that everyone in Jesus' Church is to treat others as Jesus would treat them.

Our Church Works Together

Introduce the rest of page 155 by reminding the children that Jesus wants everyone to be his friend and to do her or his part to help his Church. Then read the rest of page 155. Explain that *serve the Church* means to help care for Jesus' friends. Where appropriate, ask questions such as:

- Who is the leader of the whole Church? (Refer to the photo of Pope John Paul II on page 153 and identify him by name.)
- Who else helps to care for the Church?
- How do people in your parish help one another?

Dirija la atención a las fotografías en las páginas 152–155. Luego pida a los niños describir una foto que puedan poner en esta página para mostrar otra forma de ayudar a cuidar de la Iglesia.

Conclusión _____ minutos

Acercándote a la fe

Resumen de la fe
Pase al *Resumen de la fe* en la página 158. Verifique si los niños pueden expresar en sus propias palabras lo que han aprendido. Anime a los que puedan memorizar las oraciones a hacerlo. Tenga presente que es más importante que los niños hagan suyo el *Resumen de la fe* y lo mantengan en su corazón que aprenderlo de memoria.

Reflexión en pertenecer
Lea en voz alta la sección *Acercándote a la fe* en la página 156. Invite voluntarios para compartir sus respuestas.

Viviendo la fe

Eligiendo amar
Recuerde el mensaje de Jesús en la página 152. Luego pida a algunos voluntarios para representar cada situación al final de la página 156. Hable sobre las situaciones y por qué los niños escogieron sus respuestas.

Evaluación de la lección
• ¿Saben los niños que pertenecen a la Iglesia?
• ¿Ven los niños la importancia de trabajar juntos para la Iglesia?
• ¿Han decidido ser miembros más amorosos de la Iglesia de Jesús?

SEÑOR, AYÚDANOS A DIRIGIR A LOS NIÑOS Y A SUS FAMILIAS HACIA TI.

Direct attention to the photographs on pages 152–155. Then ask the children to describe a picture they might put on these pages to show another way people help care for the Church.

End _____ min.

Coming to Faith

Faith Summary
Turn to the *Faith Summary* on page 159. See if the children can express in their own words what they have learned today. Encourage those who can to learn the statements by heart. Bear in mind, however, that making the *Faith Summary* their own and taking it to heart are more important than rote repetition.

Reflecting on Belonging
Read aloud the *Coming to Faith* section on page 157. Invite volunteers to share their answers.

Practicing Faith

Choosing to Love
Recall Jesus' message on page 153. Then ask volunteers to role-play each situation at the bottom of page 157. Talk about the situations and why the children chose their responses.

Evaluating Your Lesson

• Do the children know they belong to the Church?

• Do they see the importance of working together to care for the Church?

• Have they decided to be more loving members of Jesus' Church?

LORD,
HELP US
TO ENLIGHTEN
THE MINDS OF
OUR YOUNG
PEOPLE AND
THEIR
FAMILIES.

17 La Iglesia celebra el Bautismo

Para el catequista:
Desarrollo espiritual y catequético

REFERENCIA PARA EL CATEQUISTA

Nuestra vida

Sonriendo el celebrante levanta en alto al bebé y dice: "Queridos amigos, vamos a dar la bienvenida a un nuevo miembro de nuestra familia parroquial. Teresa María Vargas". La congregación aplaude mientras que los padres, los abuelos y los padrinos brillan como velas de bautismo. Un bebé ha sido bautizado.

Hasta el viejo Pedro, quien siempre se sienta en el último banco mirando el reloj, parecía feliz. Durante la señal de la paz, él dio la mano con entusiasmo a los que estaban a su alrededor.

Pregúntese:

• ¿Qué efecto tienen en mí los bautismos en mi parroquia?

• ¿Cuál es mi propio entendimiento de este sacramento?

Compartiendo la vida

¿Qué esperanzas tiene para un niño o un adulto que ha sido bautizado hoy?

¿Hay algunas formas en que algunas veces desea vivir más plenamente su promesa de bautismo? Explique.

Nuestra fe católica

El Bautismo da a la comunidad cristiana un gran motivo para celebrar. La enseñanza de la Iglesia en este sacramento nos recuerda los cambios cruciales que él nos trae.

El Bautismo libera a las personas del pecado original y de todos los pecados personales, les proporciona un renacer como hijos de Dios, los incorpora a la Iglesia, los santifica con los dones del Espíritu Santo e imprime en sus almas un carácter indeleble, los inicia en las funciones sacer-dotales, proféticas y majestuosas de Cristo. (cf.GCD, 57)/ (*Compartir la luz de la fe*, DCN, 116)

Por nuestro Bautismo, ganamos participación en la vida misma de Dios. Como hijos bautizados de Dios somos iniciados en la Iglesia Católica. Habiendo sido transformados por el Espíritu Santo nos convertimos en una nueva creación en Cristo.

El Bautismo es el inicio de nuestro caminar en la fe, unidos con el pueblo de Dios. Compartimos con él "la misma diversidad de gracias, servicios y funciones". Poseemos "común vocación a la perfección, una salvación, una esperanza y una indivisa caridad" (*Constitución dogmática de la Iglesia*, 32).

Por medio del Rito de Iniciación Cristiana de Adultos, la Iglesia invita, da la bienvenida y prepara adultos para los sacramentos del Bautismo, la Confirmación y la Eucaristía. Los catecúmenos, sus padrinos y toda la parroquia participan en el caminar en la fe que culmina el Jueves Santo en la pila bautismal o en la fuente del santuario. "Los nuevos bautizados continúan su caminar de fe juntos a su comunidad parroquial".

Renovados por la presencia del nuevo bautizado en medio de nosotros, una vez más "vestidos de Cristo" vamos a ser sus discípulos.

Acercándote a la fe

¿Cómo puede explicar el significado del Bautismo a alguien que no es cristiano?

Nombre algunas de las formas en las que sus palabras y testimonios pueden hacer presente a Cristo para otros.

The Church Celebrates Baptism

For the Catechist:
Spiritual and Catechetical Development

ADULT BACKGROUND

Our Life

The smiling celebrant raises a white-robed infant aloft and says, "Dear friends, let's welcome the newest member of our parish family, Teresa Mary Vargas!" The congregation breaks into applause as Teresa Mary's parents, grandparents, and godparents shine like baptismal candles. A new baby has been baptized!

Even 72-year-old Fred Brown, who always sits in the back and keeps an eye on his watch, looks happy. At the Sign of Peace, he shakes his neighbors' hands with uncharacteristic enthusiasm.

Ask yourself:

• What effect do baptisms in my parish have on me?

• What is my own understanding of this sacrament?

Sharing Life

What hopes would you have for a child or adult being baptized into the Church today?

Are there ways in which you sometimes wish you could more fully live the promise of your own Baptism? Explain.

Our Catholic Faith

Baptism gives the Christian community ample cause for celebration. The Church's teaching on this sacrament reminds us of the crucial changes it brings about in us:

Baptism cleanses people from original sin and from all personal sins, gives them rebirth as children of God, incorporates them into the Church, sanctifies them with the gifts of the Holy Spirit, and, impressing on their souls an indelible character, initiates them in Christ's priestly, prophetic, and kingly roles. (cf.GCD, 57). (*Sharing the Light of Faith*, NCD, 116)

By our Baptism, we are given a share in God's own life. As baptized children of God, we are initiated into the Catholic Church. Having been transformed by the Holy Spirit, we become a new creation in Christ.

Baptism is the beginning of our journey in faith, united with all the People of God. We share with them the "same filial grace and the same vocation to perfection." And we possess "in common one salvation, one hope, and one undivided charity" (*Dogmatic Constitution on the Church*, 32).

Through the Rite of Christian Initiation of Adults, the Church invites, welcomes, and prepares adults for the sacraments of Baptism, Confirmation, and Eucharist. The catechumens, their sponsors, and the parish at large participate in a faith journey that reaches a high point at the baptismal pool or font on Holy Saturday. "The newly-baptized now continue their journey of faith with the parish community."

Renewed by the presence of the newly-baptized in our midst, we once again "put on Christ" and go forth as his disciples.

Coming to Faith

How might you explain the significance of Baptism to someone who is not a Christian?

Name some of the ways in which your words and witness have made Christ present for others.

*El tema de este capítulo
corresponde
al párrafo 1234*

Viviendo la fe

¿Renovará su entusiasmo por el sacramento participando en la celebración de un Bautismo? ¿Cuándo?

¿Qué verdad acerca del Bautismo quiere comunicar, de manera especial, a los niños?

RECURSOS LITURGICOS

Todos los años, durante la Pascua de Resurrección, celebramos la nueva vida que compartimos con el Señor resucitado, renovamos nuestras promesas bautismales. Las promesas nos piden rechazar a Satanás y sus obras y servir a Dios fielmente en la Iglesia Católica.

La siguiente reflexión, para compartir con los niños de primer curso, es un paralelo con nuestras promesas bautismales:

Primera parte: Diciendo no al pecado

• ¿Dices no al pecado y al mal en el mundo?

• ¿Dices no a las cosas que destruyen la vida?

• ¿Dices no a cosas que parecen buenas pero que son realmente malas?

Segunda parte: Diciendo sí a Dios

• ¿Crees en Dios, creador de todas las cosas?

• ¿Crees en Jesús, el Hijo de Dios?

• ¿Crees en el Espíritu Santo?

• ¿Crees en las enseñanzas de la Iglesia Católica?

RECURSOS DE JUSTICIA Y PAZ

Rechazar las obras de Satanás es decir "No" a todo lo que:

• roba la dignidad de una persona;

• niega la igualdad de toda persona, sin importar el sexo, la edad, la raza, la nacionalidad o su situación económica;

• promueve o tolera la violencia como solución a los problemas;

• contribuye a la pobreza, al hambre y a la falta de viviendas;

• encarcela a personas bajo falsas acusaciones y actitudes pecaminosas.

Permita a los niños en un fin de semana "Investigación de la violencia en la TV". Diseñe y duplique un cuadro simple con espacios para que un hermano mayor o un adulto escriba los títulos de las muñequitos u otros programas que el niño ve. Dibuje cuadros después de cada título.

Cada vez que el niño observe violencia (pelea, abuso, discusiones fuertes), escribe una "V" en uno de los cuadros. Al terminar el programa se cuenta el número de V.

Pida a los niños traer el cuadro a la próxima clase para identificar el programa más violento y discutir las respuestas que ellos puedan tener.

Practicing Faith

Will you renew your enthusiasm for this sacrament by participating in a celebration of Baptism? When?

What truth about Baptism do you especially want to communicate to the children in your group?

LITURGICAL RESOURCES

Each year at Easter, as we celebrate the new life we share with the risen Lord, we renew our baptismal promises. The promises require us to reject Satan and his works and to serve God faithfully in the holy Catholic Church.

The following reflection, to be shared with the first graders, parallels our baptismal promises:

Part I: Saying No to Sin

• Do you say no to sin and evil in the world?

• Do you say no to things that destroy or harm life?

• Do you say no to things that may look good but are really bad?

Part II: Saying Yes to God

• Do you believe in God, the Maker of all that is?

• Do you believe in Jesus, the Son of God?

• Do you believe in the Holy Spirit?

• Do you believe in the teachings of the Catholic Church?

JUSTICE AND PEACE RESOURCES

To reject the works of Satan is to say "No" to that which:

• robs a person of his or her human dignity;

• denies the equality of all persons, regardless of sex, age, race, nationality, or economic condition;

• promotes or tolerates violence as a solution to problems;

• contributes to poverty, hunger, or homelessness;

• imprisons people in false values and sinful attitudes.

Involve your children in a weekend "TV Violence Survey." Design and duplicate a simple chart provided with spaces where an adult or older sibling can list the titles of cartoons or other shows watched by the child. Create boxes after each title.

Whenever the child observes any violence (fighting, abuse, angry argument), he or she records a "V" in one of the boxes. When the show is over, the child should record the number of "Vs" logged.

Have the children bring their charts to the next session to identify the most violent shows, and discuss what their responses should be.

Recursos de enseñanza

Resumen de la lección

QUINTO MOVIMIENTO
Conclusión

VIVIENDO LA FE
Animar a los niños a mostrar que son hijos de Dios.

PRIMER MOVIMIENTO
Introducción

NUESTRA VIDA
Explorar sentimientos sobre ser hijos de Dios.

ACERCANDOTE A LA FE
Dirigir a los niños a expresar lo que el Bautismo significa para ellos.

COMPARTIENDO LA VIDA
Compartir por qué nuestras familias quieren que seamos hijos de Dios.

SEGUNDO MOVIMIENTO

NUESTRA FE CATOLICA
Presentar la buena nueva de nuestro renacer en el Bautismo.

CUARTO MOVIMIENTO

TERCER MOVIMIENTO
Presentación

Sugerencias

Trate de hacer que las familias de los niños participen en la presentación del sacramento del Bautismo. Si quiere puede enviar una nota a las familias para compartir recuerdos del Bautismo de los niños, fotografías, velas y vestidos.

También puede llevar a los niños a ver la fuente bautismal en la parroquia. Si es posible pida al párroco dar una explicación y demostración simple de la ceremonia del Bautismo.

Niños con necesidades especiales

Siente a los niños con impedimentos auditivos donde puedan ver a todo el grupo. Siempre mire a los niños cuando hable con ellos.

Necesidades visuales
• una foto grande o diapositivas de un bautismo

Necesidades auditivas
• cinta y audífonos para la historia

Necesidades motoras y de tacto
• oportunidad para tocar agua bendita y para ver la pila bautismal

Recursos complementarios

Jesus Signs: Baptism and Eucharist for Primary Children (video)
Brown-ROA
1665 Embassy West Drive
Dubuque, IA 52002-2259
(1-800-922-7696)

Baptism: Sacrament of Belonging (video)
St. Anthony Messenger/
Franciscan Communications
1615 Republic Street
Cincinnati, OH 45210
(1-800-488-0488)
(1-800-989-3600)

Vocabulario
El **Bautismo** nos da la propia vida y el amor de Dios.

Teaching Resources

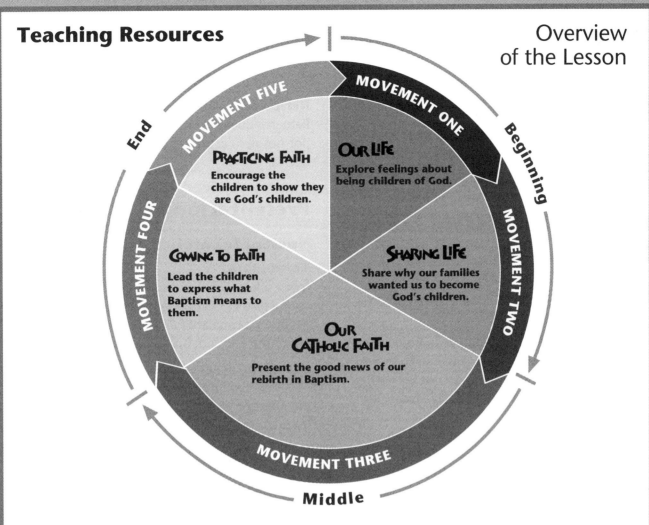

MOVEMENT FIVE — PRACTICING FAITH — Encourage the children to show they are God's children.

MOVEMENT ONE — OUR LIFE — Explore feelings about being children of God.

MOVEMENT TWO — SHARING LIFE — Share why our families wanted us to become God's children.

MOVEMENT THREE — OUR CATHOLIC FAITH — Present the good news of our rebirth in Baptism.

MOVEMENT FOUR — COMING TO FAITH — Lead the children to express what Baptism means to them.

End · Beginning · Middle

Teaching Hints

Try to involve the families of your children in the presentation of the sacrament of Baptism. You may wish to send a note home asking each family to share memories of their child's Baptism, including photos, certificate, candle, and robe.

You may also want to take the children to see the baptismal font in your parish church. If possible, ask a parish priest to give a simple explanation and demonstration of the baptismal ceremony.

Special-Needs Child

Seat hearing-impaired children where they can see the entire group. Always face these children while talking to them.

Visual Needs
• large photos or slides of infant baptisms

Auditory Needs
• audiotape and headphones for the story

Tactile-Motor Needs
• opportunity to feel holy water and to see the baptismal font

Supplemental Resources

Jesus Signs: Baptism and Eucharist for Primary Children (video)
Brown-ROA
1665 Embassy West Drive
Dubuque, IA 52002-2259
(1-800-922-7696)

Baptism: Sacrament of Belonging (storyscape)
St. Anthony Messenger/
Franciscan Communications
1615 Republic Street
Cincinnati, OH 45210
(1-800-488-0488)
(1-800-989-3600)

Faith Word
Baptism gives us God's own life and love.

Objetivos

Ayudar a los niños a:

- saber que el Bautismo nos da la vida y el amor de Dios, nos hace hijos de Dios y miembros de la Iglesia de Jesús
- escoger formas específicas para vivir como hijos de Dios.

PLANIFICACION DE LA LECCION

Introducción _____ minutos

Oración de la lección

Reúna a los niños en un círculo de oración. Usando agua bendita, haga la señal de la cruz en la frente de cada niño diciendo: "Dios te bendiga _____. Eres un hijo de Dios". Luego lea la adaptación de 1 de Juan 3:1: "Vean que amor singular nos ha dado el Padre: que no solamente nos llamamos hijos de Dios, sino que lo somos". Agarrados de las manos hagan la oración al inicio de la página 160.

Materiales necesarios: agua bendita

Nuestra vida

Compartiendo la historia del Bautismo

Escriba la palabra del vocabulario *Bautismo* y pronúnciela. Pida a los niños mirar la ilustración en la página 160 y a escuchar cuando se pronuncie la palabra *Bautismo* mientras lee la historia. Pregunte:

- ¿Qué hizo el sacerdote a Antonio?
- ¿Qué dijo el sacerdote al terminar el Bautismo?
- ¿Por qué la gente aplaudió?
- ¿Por qué Dora estaba contenta?

Luego discuta la pregunta debajo de la ilustración.

Compartiendo la fe

Reflexiones sobre nuestro Bautismo

Refuerce que nuestras familias muestran su amor por nosotros cuando nos llevan a bautizar a la Iglesia.

Presentación _____ minutos

Nuestra fe católica

Vocabulario

Invite a los niños a escuchar con cuidado para ver lo que pasa el día que se hicieron hijos de Dios. Refiérase a la palabra *Bautismo*, que ha escrito en la pizarra. Lea la definición en la página 164.

Llame la atención a las fotos al final de las páginas 164–165. Explique que el sacerdote usa agua para mostrar que el don de la vida y el amor de Dios es derramado sobre nosotros cuando somos bautizados y nos hace hijos verdaderos de Dios. Pida a los niños dibujar olas de agua cerca de la definición en el libro.

El Bautismo nos hace hijos de Dios

Lea el título de la página 162 y pida a los niños que lo subrayen. Lea los dos primeros párrafos. Pida a los niños decir lo que pasa cuando somos bautizados.

Luego lea el último párrafo de la página 162. Refuerce que como Jesús, todo el mundo quiere que sus hijos sean hijos de Dios.

Reúna a los niños alrededor y cerca de una fuente de agua con un vaso. Pídales mirar y escuchar atentamente. Tome un poco de agua con el vaso y despacio derrámela en la fuente mientras lee los dos primeros párrafos de la página 164.

Objectives

To help the children:

• know that Baptism gives us God's life and love, and makes us children of God and members of Jesus' Church

• choose specific ways to live as children of God.

LESSON PLAN

Beginning _____ min.

Focusing Prayer

Gather in a prayer circle. Using holy water, make the sign of the cross on each child's forehead, saying, "God bless you, _____. You are a child of God." Then read this adaptation from 1 John 3:1: "See how much God loves us! We are called God's children, and that is what we are." Join hands and say the prayer at the top of page 161.

Materials needed: holy water

Our Life

Sharing a Baptism Story

Display the Faith Word *Baptism* and pronounce it. Tell the children to look at the picture on page 160 and to listen for the word *Baptism* as you read the story on page 161. Ask:

• What did Janie see the priest do to Anthony?

• What did the priest say when the Baptism was over?

• Why did the people clap?

• Why was Janie excited?

Then discuss the question under the photograph on page 161.

Sharing Life

Reflecting on Our Baptism

Stress that our families showed how much they love us when they took us to church to be baptized.

Middle _____ min.

Our Catholic Faith

Faith Word

Invite the children to listen carefully to find out what happened on the day they became children of God. Refer to the word *Baptism*, which you have displayed. Read the definition on page 165.

Call attention to the photos at the bottom of pages 164–165. Explain that the priest uses water to show that the gift of God's life and love is poured out on us in Baptism and makes us God's very own children. Have the children draw waves of water near the definition in their books.

Baptism Makes Us God's Children

Read the title on page 163 and have the children underline it. Read the first two paragraphs. Ask the children to tell what happens when we are baptized.

Then read the last paragraph on page 163. Stress that, like Jesus, everyone wants the babies to become children of God.

Gather the children around you near a bowl of water with a cup alongside it. Tell them to watch and listen carefully. Put water in the cup and slowly pour it into the bowl as you read the first two paragraphs on page 165.

Pregunte lo que hace el sacerdote para mostrar que el bebé tiene la vida de Dios, es un hijo de Dios y un nuevo miembro de la Iglesia de Jesús. Luego pida a los niños repetir después de usted las palabras que dice el sacerdote. Recuerde a los niños que eso es lo que el sacerdote hizo y dijo el día que ellos se hicieron hijos de Dios y miembros de la Iglesia de Jesús por medio del Bautismo.

Materiales necesarios: fuente de agua; un vaso

Somos hijos de Dios

Pida a los niños regresar a sus asientos. Lea los dos últimos párrafos de la página 164. Llame la atención a la foto en la parte arriba de la página 163. Explique que después del bautismo, se enciende una vela para recordarnos que la vida y el amor de Dios brilla en nosotros por medio del Bautismo; debemos mantener esa luz encendida ayudándonos unos a otros a vivir como nos enseñó Jesús.

Pida a los niños imaginar que son el niño en la foto en la parte inferior de la página 165. ¿Cómo se siente el niño al ver a su hermano convertirse en un hijo de Dios? ¿Qué hará para ayudarle a crecer como seguidor de Jesús?

Conclusión _____ minutos

Acercándote a la fe

Resumen de la fe

Pase al *Resumen de la fe* en la página 168. Verifique si los niños pueden expresar en sus propias palabras lo que han aprendido. Anime a los que puedan a memorizar las afirmaciones. Tenga en cuenta que hacer suyo el *Resumen de la fe* y llevarlo al corazón es más importante que memorizarlo.

Compartiendo lo que significa el Bautismo

Dé unos minutos a los niños para pensar acerca de la pregunta en la página 166. Invítelos a compartir sus respuestas.

Viviendo la fe

Celebrando nuestro Bautismo

Invite a los niños a darse la bienvenida unos a otros como hijos de Dios. Conduzca la celebración al final de la página 166.

Evaluación de la lección

• ¿Saben los niños lo que pasa durante el Bautismo?

• ¿Están contentos de ser hijos de Dios?

• ¿Han decidido cómo van a mostrar que son hijos de Dios?

SEÑOR, AYÚDANOS A DIRIGIR A LOS NIÑOS Y A SUS FAMILIAS HACIA TI.

Ask what the priest does to show that the baby has God's life and is a child of God and a member of Jesus' Church. Then have the children repeat after you the words the priest says. Remind them that this is what the priest did and said on the day they became God's children and members of Jesus' Church in Baptism.

Materials needed: bowl of water; small cup

We Are God's Children

Have the children return to their seats. Read the last two paragraphs on page 165. Call attention to the photo at the top of page 163. Explain that after a baby is baptized, a candle is lit to remind us that God's life and love shines in us through Baptism; we must keep this light shining brightly by helping one another to live as Jesus taught us.

Ask the children to imagine that they are the boy in the photo at the bottom of page 165. How does the boy feel as he watches his baby brother or sister become a child of God? What might he do to help his brother or sister grow up as a follower of Jesus?

End _____ min.

Coming to Faith

Faith Summary

Turn to the *Faith Summary* on page 169. See if the children can express in their own words what they have learned today. Encourage those who can to learn the statements by heart. Bear in mind, however, that making the *Faith Summary* their own and taking it to heart are more important than rote repetition.

Sharing What Baptism Means

Give the children a few minutes to think about the question at the top of page 167. Invite them to share their responses.

Practicing Faith

Celebrating Our Baptism

Invite the children to welcome one another as God's children. Conduct the celebration at the bottom of page 167.

Evaluating Your Lesson

• Do the children know what happens in Baptism?

• Are they happy to be children of God?

• Have they decided how they will show that they are God's children?

LORD, HELP US TO ENLIGHTEN THE MINDS OF OUR YOUNG PEOPLE AND THEIR FAMILIES.

La Iglesia celebra (El inicio de la misa)

Para el catequista:
Desarrollo espiritual y catequético

Nuestra vida

Todo el mundo ha tenido que trabajar duro para la preparación de la celebración del Día de Todos los Santos en la parroquia San Carlos. Cada curso ha escogido a un santo patrón para honrarlo en la misa.

Los niños de primer curso inician con la procesión de entrada. Su patrón es San Francisco de Asís, "quien amó las criaturas de Dios y les habló y ellas le entendieron". Ellos presentan sus dibujos de San Francisco con las aves, los lobos y los gatos.

Mientras continúa la procesión toda la congregación mira con atención y afecto. Cuando los niños de octavo curso pasan con su estandarte mostrando la imagen de Nuestra Señora de Guadalupe, todos en la iglesia están atentos a la celebración.

Pregúntese:

• ¿Cuándo estoy más apto para aceptar la liturgia como una celebración real?

• ¿Cómo contribuyo a la celebración?

Compartiendo la vida

¿Cómo las liturgias de nuestra parroquia fallan en ser celebraciones?

¿Cómo su preparación para la liturgia afecta su participación en ella?

Nuestra fe católica

Mientras cualquier comida puede crear alguna sensación de comunión, la Eucaristía es la comida que une a todos los católicos. Es en la Eucaristía donde con mayor fuerza nos manifestamos como cuerpo de Cristo.

Fue en la última Cena que Jesús ofreció por primera vez su cuerpo y sangre como un sacrificio para redimir el mundo. Por ejemplo, él enseñó a sus discípulos el verdadero significado del sacrificio.

> No hay amor más grande que este: dar la vida por sus amigos. Ustedes son mis amigos si cumplen lo que les mando. (Juan 15:13–14)

Cada vez que celebramos la Eucaristía, recordamos el sacrificio de Jesús en la última Cena y su resurrección. Se nos recuerda: "nuestra propia unidad en Cristo y anticipa el banquete del Reino de Dios" (*Compartir la Luz de la fe*, DCN, 120).

La celebración eucarística es el centro de nuestra fe. Todo lo que somos y hacemos como cristianos nos dirige y viene de la liturgia. Cada uno de los demás sacramentos está conectado y dirigido hacia la Eucaristía.

El proceso de iniciación empieza con el Bautismo, es fortalecido con la Confirmación y completado con la Eucaristía. Este sacramento de vida es crucial en nuestra identidad como cristianos.

La Eucaristía contiene la riqueza espiritual completa de la Iglesia, que es, Cristo mismo, nuestra pascua y pan de vida. (*"Decreto sobre el ministerio y vida de los presbíteros"*)

Alimentados con el Pan de Vida, salimos a compartir el amor de Cristo con los demás.

The Church Celebrates (The Mass Begins)

For the Catechist: Spiritual and Catechetical Development

Our Life

Everyone had worked hard to prepare for the All Saints' Day family liturgy at St. Charles Church. Each class had chosen a patron saint to honor at the Mass.

At the entrance procession, the first graders led the way. Their patron was Saint Francis of Assisi, "who loved all God's creatures and talked to them so they could understand." They presented their drawings of Francis with birds and wolves and kittens.

As the procession continued, the entire congregation watched with attention and affection. By the time the eighth graders came forward with their serape bearing the image of Our Lady of Guadalupe, everyone in the church was eager to celebrate.

Ask yourself:

• When am I most apt to experience the liturgy as a real celebration?

• How do I contribute to the celebration?

Sharing Life

Why do our parish liturgies sometimes fail as celebrations?

How does your preparation for the liturgy affect your participation in it?

Our Catholic Faith

While every meal we share with others should create some sense of communion, the Eucharist is the one meal uniting all Catholic Christians. It is in the Eucharist that we most fully experience ourselves as the body of Christ.

It was at the Last Supper that Jesus first offered his Body and Blood as a sacrifice to redeem the world. By word and example, he taught his disciples the true meaning of sacrifice.

> "The greatest love a person can have for his friends is to give his life for them. And you are my friends if you do what I command you" (John 15:13–14).

Each time we celebrate the Eucharist, we recall Jesus' sacrifice at the Last Supper and his resurrection. We are reminded "of our unity with one another in Christ," and we anticipate "the banquet of God's Kingdom" (*Sharing the Light of Faith*, NCD,120).

The eucharistic celebration is the heart of our faith. All that we are and do as Christians leads to and flows from the liturgy. Each of the other sacraments is connected with and directed toward the Eucharist.

The process of initiation begun by Baptism and strengthened by Confirmation is brought to completion in the Eucharist.

This life-giving sacrament is crucial to our identity as Christians.

For the most blessed Eucharist contains the Church's entire spiritual wealth, that is, Christ himself, our Passover and living bread (*"Decree on the Ministry and Life of Priests"* in Documents of Vatican II).

Nourished by the Bread of Life, we go forth to share Christ's love with others.

Acercándote a la fe

¿En qué forma es la celebración eucarística el centro de nuestra fe?

¿Cómo va a tratar de entrar más de lleno en la misa?

Viviendo la fe

¿Qué hará para ayudar a otros a participar en la liturgia?

¿Cómo ayudará a los niños a valorar la misa como el centro de nuestra fe?

RECURSOS LITURGICOS

Durante una liturgia familiar, una viuda con cara solemne se sentó en la parte atrás de la iglesia. No saludó a los que estaban a su alrededor ni quitó su vista del altar. Pero cuando una procesión de pequeñines subía desde la iglesia del sótano donde habían terminado su liturgia de la palabra, la viuda se transformó. Reflejando la tremenda sonrisa de los miembros más jóvenes de la parroquia, la viuda miró a la persona que tenía al lado y dijo: "¿No son maravillosos?, Dios los ama".

La celebración es natural en los niños. Su participación especial (como cantantes, lectores o acomodadores) aviva la liturgia para la mayoría de los que participan del culto. Considere si los niños de su grupo quieren:

• cantar una canción eucarística como meditación para después de la comunión

• dar la bienvenida a los asistentes a la misa de la familia

• invitar feligreses mayores que están solos a sentarse con su familia.

RECURSOS DE JUSTICIA Y PAZ

Deje que los niños se den cuenta de que ellos pueden ayudar a otros a celebrar la misa.

En el Sermón de la Montaña, Jesús revela a sus discípulos una conexión vital entre la reconciliación y el culto. El insiste que si un discípulo recuerda tener algo pendiente con un hermano el discípulo debe: "ir a perdonar a su hermano". Sólo así merecerá el discípulo acercarse al altar.

Cuando rezamos el acto penitencial en la misa, nos estamos preparando para ofrecer el regalo de nosotros mismos a Dios en la liturgia de la Eucaristía. Este es el tiempo de pedir perdón. Es también tiempo para dejar ir cualquier resentimiento.

Invite a los niños a preparase para la misa:

• diciendo "lo siento" a cualquier miembro de la familia que hayan ofendido

• diciendo "te perdono" a cualquier persona que hayan ofendido

• pidiendo a Jesús los ayude a perdonar y fomentar la paz.

Coming to Faith

In what way is the eucharistic celebration the heart of your faith?

How will you try to enter more fully into the Mass?

Practicing Faith

What will you do to help others participate in the Liturgy?

How will you help the children to value the Mass as the heart of our faith?

LITURGICAL RESOURCES

During the family liturgy, a solemn-faced widow sat towards the back of the church. She did not acknowledge her pew-mates or look away from the altar. But when a rag-tag procession of little ones entered from the lower church where they had just completed their Liturgy of the Word, the widow was transformed. Reflecting the 100-watt smiles of the parish's youngest members, the widow turned to her neighbor and said, "Aren't they wonderful? God love them!"

Celebration comes naturally to children. Their special participation (as singers, readers, or ushers) enlivens the liturgy for most worshipers. Consider whether the children in your group might:

• present a eucharistic song as a post-Communion meditation

• serve as greeters at the family liturgy

• invite elderly parishioners who are alone to sit with them and their families.

Let the children know that they can help others to truly celebrate the Mass.

JUSTICE AND PEACE RESOURCES

In the Sermon on the Mount, Jesus reveals to his disciples a vital connection between reconciliation and worship. He insists that if a disciple remembers a brother or sister who holds some grievance against him or her, the disciple is to "go at once and make peace." Only then can the disciple approach the altar worthily.

When we pray the penitential rite of the Mass, we are preparing to offer the gift of ourselves to God in the liturgy of the Eucharist. It is a time to seek forgiveness. It is also a time to let go of any grievances.

Invite your children to prepare for Mass by:

• saying "I'm sorry" to any family member they have offended

• saying "I forgive you" to anyone who has offended them

• asking Jesus to help them be his faithful forgivers and peacemakers.

Recursos de enseñanza

Resumen de la lección

Sugerencias

En esta lección los niños aprenden los ritos iniciales de la misa. Se sugiere conducir esta parte de la lección alrededor de la mesa de oración.

Antes de la sesión, decore la mesa con un mantel atractivo, velas y flores frescas para decorar el altar en la iglesia. Coloque una Biblia en la mesa. Si va a cantar una canción durante la presentación ensáyela al inicio de la sesión o antes de presentar la página 174.

Niños con necesidades especiales

Los niños con poca visión puede que no le vean cuando usted los señale. Llame su atención llamándolos por su nombre.

Necesidades visuales
• la palabra *misa* cortada en tela rústica

Necesidades auditivas
• diapositivas de la misa

Necesidades motoras y de tacto
• oportunidades de tocar objetos usados en la misa

Recursos complementarios

Children of Praise (video)
We Celebrate:
1. *God's Word*
2. *God's Life in Us*
3. *In Memory of Jesus*
4. *God's Peace*
Treehaus Communications
P.O. Box 249
Loveland, OH 45140-0249
(1-800-638-4287)

Amanda Goes to Mass (video)
Twenty-third Publications
P.O.Box 180
Mystic, CT 06355
(1-800-321-0411)

Vocabulario

Misa es la celebración especial en la que escuchamos la palabra de Dios y compartimos el Cuerpo y la Sangre de Cristo.

Teaching Resources

Overview of the Lesson

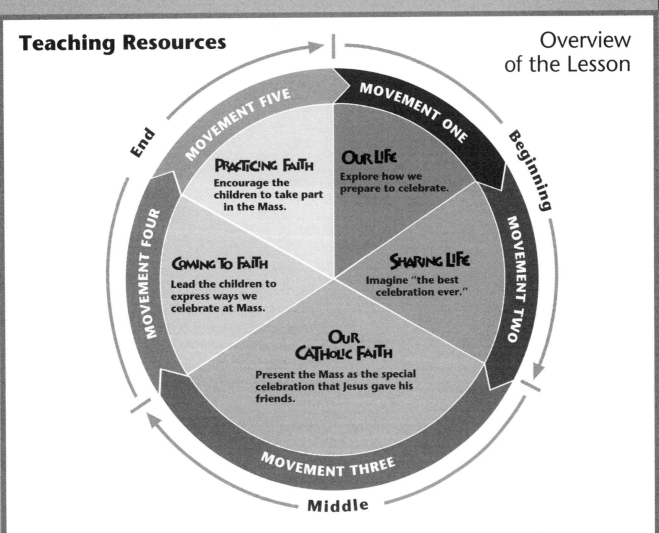

Teaching Hints

In this lesson the children learn about the introductory rites of the Mass. It is suggested that you conduct this part of the lesson around the prayer table.

Before the session, decorate the table with an attractive cloth, candles, and possibly fresh flowers to resemble the altar in church. Place the large Bible on the table. If you plan to sing a gathering song during the presentation, rehearse it at the beginning of the session or just prior to presenting page 175.

Special-Needs Child

Children with low vision may not see you looking or pointing at them. Call out their name to gain their attention.

Visual Needs
• faith word *Mass* cut from rough fabric

Auditory Needs
• slides of the Mass

Tactile-Motor Needs
• opportunities to touch objects used at Mass

Supplemental Resources

Children of Praise (video)
We Celebrate:
1. *God's Word*
2. *God's Life in Us*
3. *In Memory of Jesus*
4. *God's Peace*
Treehaus Communications
P.O. Box 249
Loveland, OH 45140-0249
(1-800-638-4287)

Amanda Goes to Mass (video)
Twenty-third Publications
P.O. Box 180
Mystic, CT 06355
(1-800-321-0411)

Faith Word

The **Mass** is the special celebration in which we hear God's word and share the Body and Blood of Christ.

Objetivos

Ayudar a los niños a:

• apreciar la misa como celebración especial dada por Jesús

• saber que Jesús está con nosotros en la misa

• escoger participar en la misa.

PLANIFICACION DE LA LECCION

Introducción _____ minutos

Nuestra vida

Explorando las celebraciones

Pida a los niños mirar la ilustración en las páginas 170–171. Ayúdeles a recordar como los animales trabajaron juntos para construir un dique. Lea los dos primeros párrafos. Ponga énfasis en que todos los animales están participando para hacer que la celebración sea amena para todos. Luego discuta formas en que podemos ayudar a la familia para hacer de las celebraciones ocasiones especiales.

Compartiendo la vida

Imagine la mejor celebración

Lea el final de la página 170. Permita tiempo para imaginar y compartir.

Oración de la lección

Use la ilustración en las páginas 114–115 para recordar como Jesús dio la misa sus amigos como una forma especial de celebrar juntos. Luego lea la oración al principio de la página 170.

Presentación _____ minutos

Nuestra fe católica

Vocabulario

Dibuje "la misa es especial" en el pizarrón. Debe parecer a esta:

Escriba en el dibujo *la misa es especial*. Lea las palabras en voz alta. Explique que en la misa celebramos el amor de Dios por nosotros y le damos gracias por amarnos. Invite a los niños a escuchar con cuidado como celebramos y damos gracias a Dios en la misa. Lea la definición en la página 174.

Tome una Biblia. Explique que durante la misa escuchamos el mensaje del amor de Dios por nosotros de un libro especial, la Biblia. (Dibuje el libro y corazones.)

Use la ilustración de las páginas 174–175. Para explicar que durante la misa el pan y el vino se convierten en Jesús mismo. Jesús, el mayor regalo del amor de Dios, está con nosotros en el pan y el vino consagrados. Compartimos esta comida especial en la comunión. (Dibuje las hostias, el vino y el corazón. Añada "Jesús" y rayos. Refuerce que Jesús está con nosotros cuando celebramos la misa.)

Nos reunimos para celebrar

Pida a los niños aplaudir si han celebrado la misa. Invítelos a ver si pueden decir que más hace que la misa sea especial. Haga las siguientes preguntas y complete el cuadro.

• ¿A qué lugar especial vamos para la misa?

• ¿Qué personas especiales vemos en ella? (Refuerce los amigos de Jesús.)

• ¿Quién nos dirige en nuestra celebración? (Use las fotos en la página 172 para señalar que el sacerdote usa vestimentas especiales para mostrar lo importante que es la misa.)

• ¿Hay alguna mesa especial para nuestra celebración? (Identifique el altar.)

Objectives

To help the children:

- **appreciate the Mass as the special celebration that Jesus gave us**
- **know that Jesus is with us at Mass**
- **choose to take part in the Mass.**

LESSON PLAN

Beginning _____ min.

Our Life

Exploring Celebrations

Call attention to the illustration on pages 170–171. Help the children recall how the animal friends worked together to build a dam. Read the first two paragraphs. Emphasize that all the animals are doing their part to make the celebration fun for everyone. Then discuss ways we can help make family celebrations special occasions.

Sharing Life

Imagining a Best Celebration

Read the bottom of page 171. Allow time for imagining and sharing.

Focusing Prayer

Use the illustration on pages 114–115 to recall how Jesus gave his friends the Mass as a special way to celebrate together. Then say the prayer at the top of page 171.

Middle _____ min.

Our Catholic Faith

Faith Word

Begin a "Mass Is Special" chart on the chalkboard or newsprint. When completed, the chart should look something like this:

Print *Mass Is Special* on the chart. Read the words aloud. Explain that at Mass we celebrate God's love for us and thank God for loving us so much. Invite the children to listen carefully to how we celebrate and thank God at Mass. Read the definition on page 175.

Hold up the large Bible. Explain that during Mass we listen to God's message of love for us in God's special book, the Bible. (Draw the book and hearts.)

Use the illustration on pages 174–175 to explain that during Mass the bread and wine become Jesus himself. Jesus, the greatest gift of God's love, is with us in the holy Bread and Wine. We share this special Food in Holy Communion. (Draw the hosts, wine, and heart. Add "Jesus" and rays. Stress that Jesus is with us when we celebrate the Mass.)

We Gather to Celebrate

Ask the children to clap if they have been to Mass. Invite them to see if they can tell what else makes the Mass special. Ask the following questions and complete the chart.

- What special place do we go to for Mass?
- What special people do we see there? (Stress Jesus' friends.)
- Who leads us in our celebration? (Use the photo on page 172 to point out that the priest wears special clothes to show how important Mass is.)
- Is there a special table at our celebration? (Identify the table as the altar.)
- Is our food in special dishes? (Point out the bread in the illustration on pages 174–175.)

• ¿Es nuestra comida un plato especial? (Señale el pan en la ilustración de las páginas 174–175).

Use el cuadro y el libro de texto para resumir las cosas que hacen de la misa nuestra celebración especial. Lea la definición nuevamente, seguida de la página 172. Señale cada cosa en el cuadro al ser mencionado en el texto.

Inicio de la celebración

Diga a los niños que todo está listo para nuestra celebración especial. Invítelos a reunirse alrededor de la mesa de oración para ver como participamos en el inicio de la misa.

Párese detrás o al lado de la mesa. Mientras lee la página 174, anime a los niños a participar. Puede incluir la oración pidiendo perdón a Dios: "Señor, ten piedad", pida a los niños repetirla. También pueden alabar a Dios diciendo juntos: "Dios, eres maravilloso".

Cuando haya terminado diga a los niños que en la próxima sesión van a aprender lo que pasa durante el resto de nuestra celebración de la misa.

Conclusión _____ minutos

Acercándote a la fe

Reunidos en nuestra celebración

Use el cuadro para revisar como ayudamos para que nuestra celebración de la misa sea especial. Haga la actividad al principio de la página 176.

Resumen de la fe

Pase al *Resumen de la fe* en la página 178. Verifique si los niños pueden expresar con sus propias palabras lo que han aprendido. Anime a los que puedan a aprender de memoria las afirmaciones. Tenga presente que hacer suyo el *Resumen de la fe* y llevarlo al corazón es más importante que memorizarlo.

Viviendo la fe

Dando gracias a Dios en la misa

Refuerce que Jesús está con nosotros en la misa; él quiere que vayamos a nuestra celebración y demos gracias a Dios. Pida a los niños pensar en una cosa especial que quieran agradecer a Dios este fin de semana en la misa. Ayúdeles a completar la actividad al final de la página 176.

Reúnanse para rezar. Haga la señal de la cruz. Rece la bienvenida en la página 174. Recuerde a los niños dar gracias a Dios en la misa esta semana.

Evaluación de la lección

• ¿Aprecian los niños la misa como nuestra celebración especial?

• ¿Saben que Jesús está con nosotros cuando celebramos la misa?

• ¿Han decidido participar de la misa?

SEÑOR, AYUDANOS A DIRIGIR A LOS NIÑOS Y A SUS FAMILIAS HACIA TI.

Use the chart and the text to summarize the things that make the Mass our special celebration. Read the definition again, followed by page 173. Point to each thing on the chart as it is mentioned in the text.

Our Celebration Begins

Tell the children that everything is ready for our special celebration. Invite them to gather around the prayer table to find out how we take part in the beginning of Mass.

Stand behind or beside the table. As you read page 175, encourage the children to participate. You might want to include the prayer asking God's forgiveness, "Lord, have mercy," and have the children repeat it. You may also want to praise God by saying together, "God, You are wonderful."

When you have finished, tell the children that at the next session, they will learn what happens during the rest of our celebration of the Mass.

End _____ min.

Coming to Faith

Joining in Our Celebration

Use the "Mass Is Special" chart to review how we help make our Mass celebration special. Do the activity at the top of page 177.

Faith Summary

Turn to the *Faith Summary* on page 179. See if the children can express in their own words what they have learned today. Encourage those who can to learn the statements by heart. Bear in mind, however, that making the *Faith Summary* their own and taking it to heart are more important than rote repetition.

Practicing Faith

Thanking God at Mass

Stress that Jesus is with us at Mass; he wants us to come to our celebration and give thanks to God. Ask the children to think of one special thing they want to thank God for at Mass this weekend. Help them complete the bottom of page 177.

Gather for prayer. Make the sign of the cross. Pray the greeting on page 175. Remind the children to thank God at Mass this weekend.

Evaluating Your Lesson

• Do the children appreciate the Mass as our special celebration?

• Do they know that Jesus is with us when we celebrate Mass?

• Have they decided to take part in the Mass?

LORD, HELP US TO ENLIGHTEN THE MINDS OF OUR YOUNG PEOPLE AND THEIR FAMILIES.

La Iglesia celebra
(Continuación de la misa)

Para el catequista:
Desarrollo espiritual y catequético

Nuestra vida

Vaya a su interior y complete lo siguiente.

Un buen encargado de presidir la liturgia es aquel que . . .

Un buen sermón es . . .

Una oración de los fieles efectiva es . . .

Una liturgia de oración es aquella que . . .

Pregúntese:

• ¿Qué mensaje de un sermón me ha cambiado o afectado?

• ¿Hay una liturgia especial que me hace feliz de ser católico?

Compartiendo la vida

¿Por qué algunas veces las lecturas bíblicas y las homilías de la misa son como la semilla que calló "al lado del camino"? (Lucas 8:5–8)

¿Qué espera cuando participa en la misa?

Nuestra fe católica

Cuando el pueblo de Dios se reúne a dar culto, vemos a la Iglesia expresarse, renovarse y completarse en Cristo. Al celebrar la vida, muerte y resurrección de Jesús, estamos: "entrando en el misterio de glorificación de Cristo".

La misa es un llamado a la oración y una invitación a la conversión. Es la forma más importante de celebrar la fe en que vivimos.

Desde la canción inicial hasta la oración de los fieles, celebramos la Liturgia de la Palabra. El "pan" de la palabra de Dios es ofrecido a nosotros en la lecturas de la Escritura y la homilía.

Jesús está verdaderamente presente en nosotros en la Liturgia de la Eucaristía. Así como él abrió la Escritura en la sinagoga en Nazareth, él proclama la buena nueva hoy. (Ver Lucas 4:16–21)

Reconciliados y alimentados por la palabra, celebramos la cena del Señor en la Liturgia de la Eucaristía. Junto con el pan y el vino, nos ofrecemos a Dios en gratitud y alabanza.

Por medio de la oración del celebrante y el poder del Espíritu Santo, el pan y el vino se convierten en el Cuerpo y Sangre de Jesús en la consagración. En la comunión, nos unimos a Cristo y a los demás como miembros de su cuerpo en el mundo.

Renovados por la Eucaristía, somos llamados a ser el "pan de vida" para otros—especialmente los pobres, los que sufren y los que no conocen la palabra de Dios.

Acercándote a la fe

¿Qué significa para usted ser alimentados "en la mesa de la palabra de Dios"?

¿Cómo espera ser "pan de vida" para otros?

Viviendo la fe

¿Qué hará para ser más receptivo a los "tesoros de la Biblia" en la Liturgia de la Palabra?

¿Cómo animará a los niños a participar en la misa?

The Church Celebrates
(The Mass Continues)

For the Catechist:
Spiritual and Catechetical Development

ADULT BACKGROUND

Our Life

Draw upon your own insight and experiences to complete the following.

A helpful liturgical presider is someone who . . .

A meaningful homily is one that . . .

An effective Prayer of the Faithful is . . .

A prayerful liturgy is one in which . . .

Ask yourself:

• What message from a good homily has affected or changed me?

• Is there a particular liturgy that made me glad to be a Catholic?

Sharing Life

Why are the scripture readings and homilies at Mass sometimes like the seed that fell "along the path"? (Luke 8:5–8)

What do you hope for when you participate in the Mass?

Our Catholic Faith

When the People of God gather for worship, we see the Church expressing, renewing, and fulfilling itself in Christ. By celebrating the life, death, and resurrection of Jesus, we are "drawn into the mystery of the glorified Christ."

The Mass is a call to prayer and an invitation to conversion. It is our primary way of celebrating the faith by which we live.

From the opening song or prayer to the prayer of the faithful, we celebrate at Mass the Liturgy of the Word. The "bread" of God's Word is offered to us in the scripture readings and the homily.

Jesus is truly present to us in the Liturgy of the Word, preparing us for communion with him in the Liturgy of the Eucharist. As he opened up the Scriptures in the synagogue at Nazareth, he proclaims the good news to us today. (See Luke 4:16–21.)

Having been reconciled and nourished by the Word, we are called to the Lord's Supper in the Liturgy of the Eucharist. Along with the bread and wine, we offer ourselves to God in gratitude and praise.

Through the prayer of the celebrant and the power of the Holy Spirit, the bread and wine become the Body and Blood of Jesus at the Consecration. In Holy Communion, we are united with Christ and with one another as members of his body in the world.

Renewed by the Eucharist, we are called to be the "bread of life" for others—especially the poor, the suffering, and those who have been deprived of God's Word.

Coming to Faith

What does being nourished "at the table of God's Word" mean to you?

How do you hope to be the "bread of life" for others?

Practicing Faith

What will you do to be more receptive to the "treasures of the Bible" at the Liturgy of the Word?

How will you encourage the children in your group to participate in the Mass?

El tema de este capítulo corresponde al párrafo 1348

RECURSOS LITURGICOS

Rece una de estas líneas de la liturgia con los niños. Tome unos minutos de silencio después de la oración, para que las palabras hagan "eco en el corazón".

Primer día:

> Señor, ten piedad.
> Cristo, ten piedad.
> Señor, ten piedad.

Segundo día:

> Gloria a Dios en el cielo y paz en la tierra a los hombres que ama el Señor.

Tercer día:

> Celebramos en un solo Señor, Jesucristo, hijo único de Dios . . .

Cuarto día:

> Santo eres en verdad, fuente de toda santidad.

Quinto día:

> Anunciamos tu muerte,
> proclamamos tu resurrección.
> ¡Ven, Señor Jesús!

RECURSOS DE JUSTICIA Y PAZ

No importa cuan vivas y vitales son nuestras liturgias parroquiales, algunas personas no entrarán en ellas con espíritu de celebración si no se sienten parte del culto de la comunidad. Puede ser una viuda o una persona joven divorciada que también está sola y separada. Puede ser una familia entera que es nueva en la parroquia o alguien físicamente incapacitado que necesita ayuda o compañía.

Considere que usted y sus niños pueden ser una señal de la paz de Cristo para estas personas. Puede empezar un simple diálogo haciendo preguntas como las siguientes:

¿Cuándo van a misa, ven a algunas personas estar siempre solas?

¿Ven familias que parece que no conocen a nadie en la parroquia?

¿Cómo creen que podemos ayudar a esas personas a sentirse como en casa en nuestra parroquia?

Anime a los niños a compartir esas preguntas con alguien en su familia y a darle seguimiento tratando de acoger los feligreses que necesitan compañía durante la liturgia de los fines de semana.

LITURGICAL RESOURCES

Each day this week pray these lines from the Liturgy with your children. Observe a few moments of silence after each prayer, allowing the words time to "echo in the heart."

Day 1:

Lord, have mercy.
Christ, have mercy.
Lord, have mercy.

Day 2:

Glory to God in the highest, and peace to his people on earth!

Day 3:

We believe in one Lord, Jesus Christ, the only Son of God . . .

Day 4:

Lord, you are holy indeed, the fountain of all holiness.

Day 5:

Christ has died,
Christ is risen,
Christ will come again.

JUSTICE AND PEACE RESOURCES

No matter how vital and lively our parish liturgies are, some people will not be able to enter into them in a celebrative spirit if they do not experience themselves as part of the worshipping community. It may be the elderly widowed person or the young divorced person who sits alone and apart. Or it may be an entire family that is new to the parish or someone with a physical disability who may need assistance or companionship.

Consider how you and your children can be signs of Christ's peace to these people. You might begin with a simple awareness dialogue, asking questions like the following:

When you come to Mass, do you see certain people who are always alone?

Do you see families who do not seem to know anyone else in church?

How do you think we can help these people to feel more at home in our parish?

Encourage the children to share these questions with their families and to follow through by reaching out to those parishioners who need befriending at the weekend liturgies.

Recursos de enseñanza

QUINTO MOVIMIENTO

PRIMER MOVIMIENTO

Conclusión

Introducción

VIVIENDO LA FE
Animar a los niños a participar en la misa.

NUESTRA VIDA
Explorar por qué es un honor llevar las ofrendas en la misa.

CUARTO MOVIMIENTO

SEGUNDO MOVIMIENTO

ACERCANDOTE A LA FE
Revisar lo que pasa en la misa.

COMPARTIENDO LA VIDA
Compartir las formas favoritas de participar en la misa.

NUESTRA FE CATOLICA
Presentar la Liturgia de la Palabra y la Liturgia de la Eucaristía.

TERCER MOVIMIENTO

Presentación

Sugerencias

Considere planificar una misa para los niños. Permítales participar en la preparación. Anímelos a aprender las respuestas en su misal.

Niños con necesidades especiales

No corrija a los niños con necesidades especiales en forma negativa. Con paciencia guíelos a tener un comportamiento más aceptable.

Necesidades visuales
• la palabra del vocabulario *evangelio* hecha en masilla

Necesidades auditivas
• cinta y audífonos para la historia

Necesidades motoras y de tacto
• compañeros para ayudar con las actividades

Recursos complementarios

First Eucharist (video)
St. Anthony Messenger/
Franciscan Communications
1615 Republic Street
Cincinnati, OH 45210
(1-800-488-0488)
(1-800-989-3600)

The Little Grain of Wheat (video)
Treehaus Communications
P.O.Box 249
Loveland, OH 45140-0249
(1-800-638-4287)

Vocabulario
Evangelio es la buena nueva de Jesús.

Teaching Resources

Overview of the Lesson

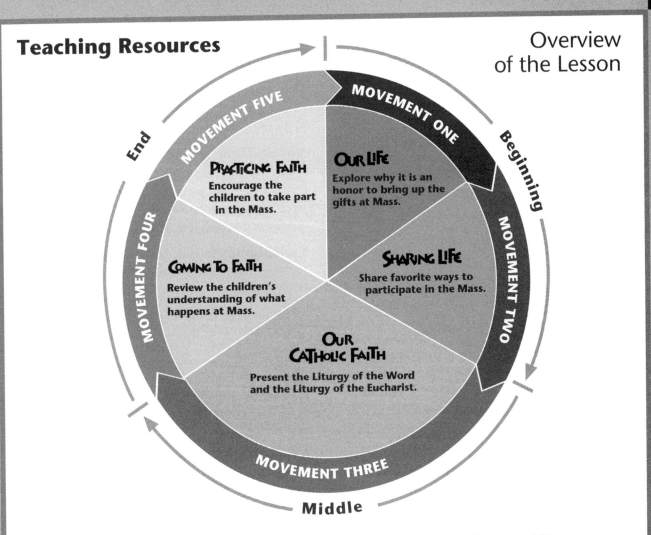

Teaching Hints

Consider planning a Mass for the children. Involve them in the preparations. Encourage them to learn the responses in their Mass booklets.

Special-Needs Child

Try not to overreact when mainstreamed children behave in negative ways. Patiently guide them toward more socially acceptable behavior.

Visual Needs
• faith word *gospel* made from play dough

Auditory Needs
• audiotape and headphones for the story

Tactile-Motor Needs
• peer helpers for activities

Supplemental Resources

First Eucharist (video)
St. Anthony Messenger/
Franciscan Communications
1615 Republic Street
Cincinnati, OH 45210
(1-800-488-0488)
(1-800-989-3600)

The Little Grain of Wheat (video)
Treehaus Communications
P.O. Box 249
Loveland, OH 45140-0249
(1-800-638-4287)

Faith Word
The **gospel** is the good news of Jesus.

Objetivos

Ayudar a los niños a:

- saber que en la misa escuchamos la palabra de Dios
- apreciar que nuestras ofrendas de pan y vino se convierten en el mismo Jesús
- escoger participar en la misa.

PLANIFICACION DE LA LECCION

Introducción _____ minutos

Oración de la lección

Anuncie que en la lección aprenderemos que la misa es la celebración especial que Jesús dio a sus amigos y que Jesús está con nosotros en la misa. Anuncie que hoy aprenderemos más sobre lo que hacemos en la misa. También aprenderemos que en la misa, el sacerdote nos envía a amar y a servir a Dios y a los demás. Agárrense de las manos y digan la oración en la página 180.

Nuestra vida

Una historia acerca de nuestros regalos

Examine la ilustración en la página 180. Pida a los niños decir lo que está pasando en la misa. Recuerde que el pan y el vino son la comida especial que compartimos en la misa. Invítelos a escuchar con cuidado para ver si pueden descubrir por qué llevar las ofrendas es parte importante de nuestra celebración.

Lea la historia en la página 180. Pregunte lo que hizo Isabel en la misa, que dijo la tía Sandra, que le dijo su padre y cómo se sintió. Haga las preguntas de seguimiento.

Compartiendo la vida

Formas favoritas de celebrar

Comparta las respuestas a las preguntas al final de la página 180. Refuerce que todos tenemos que participar en nuestra celebración.

Presentación _____ minutos

Nuestra fe católica

Vocabulario

Diga a los niños que antes de llevar nuestras ofrendas de pan y vino al altar en la misa, hacemos algo muy importante. Escriba la palabra *evangelio* y pronúnciela.

Escuchamos la palabra de Dios

He aquí algunas sugerencias para presentar la página 182.

- Párrafo 1: Examine la ilustración. Pregunte: "¿Por qué es importante escuchar la palabra de Dios?"

- Párrafo 2: Lea en voz alta un resumen de las lecturas del próximo domingo. Siga con las respuestas. Pregunte por qué decimos te alabamos Señor.

- Párrafo 3–4: Llame la atención a la palabra *evangelio*. Pida a los niños ponerse de pie. Lea un resumen del evangelio del próximo domingo, seguido de las respuestas. Explique que alabamos a Jesús por enseñarnos como amar a Dios y a los demás.

- Párrafo 5: Pida a los niños sentarse. Explique que el sacerdote nos habla de la palabra de Dios y como esta nos ayuda a vivir como amigos de Jesús.

- Párrafo 6: Pida a los niños ponerse de pie y repetir después de usted: "Creemos en Dios Padre. Creemos en Dios Hijo, Jesús. Creemos en el Espíritu Santo".

- Párrafo 7: Pida a los niños pensar en alguien por quien ellos quisieran rezar en la misa.

Explique que la primera parte de la celebración ha terminado. Escuchamos la palabra de Dios de la Biblia. Decimos a Dios que creemos en él. Rezamos unos por otros.

Objectives

To help the children:

- know that at Mass we listen to God's word
- appreciate that our gifts of bread and wine become Jesus himself
- choose to take part in the Mass.

LESSON PLAN

Beginning _____ min.

Focusing Prayer

Recall that in the last lesson we learned that the Mass is the special celebration Jesus gave his friends, and that Jesus is with us at Mass. Announce that today we will learn more about what we do at Mass. We will also discover that at the end of Mass, the priest sends us away to love and serve God and others. Join hands and say the prayer on page 181.

Our Life

A Story About Our Gifts

Examine the photo on page 181. Ask the children to tell what is happening at Mass. Recall that the bread and wine are the special food we share at Mass. Invite them to listen carefully to see if they can discover why bringing up the gifts is an important part of our celebration.

Read the story on page 181. Ask what Megan did at Mass, what Aunt Sondra said, what Dad told Megan, and how Megan felt. Use the follow-up question.

Sharing Life

Favorite Ways to Celebrate

Share responses to the question at the bottom of page 181. Stress that we must all do our part to join in our celebration.

Middle _____ min.

Our Catholic Faith

Faith Word

Tell the children that before our gifts of bread and wine are brought to the altar at Mass, we do something very important together. Display the word *gospel* and pronounce it.

We Listen to God's Word

Here are suggestions for presenting page 183.

- Paragraph 1: Examine the illustration. Ask, "Why is it important to listen to God's word?"
- Paragraph 2: Read aloud an excerpt from one of next Sunday's readings. Follow up with the responses. Ask why we say thank you to God.
- Paragraphs 3–4: Call attention to the word *gospel*. Have the children stand. Read an excerpt from next Sunday's gospel, followed by the responses. Explain that we praise Jesus for showing us how to love God and others.
- Paragraph 5: Have the children sit down. Explain that the priest talks to us about God's word and how it helps us live as friends of Jesus.
- Paragraph 6: Have the children stand and repeat after you, "We believe in God the Father. We believe in God's Son, Jesus. We believe in the Holy Spirit."
- Paragraph 7: Ask the children to think of someone they would like to pray for at Mass.

Explain that the first part of our celebration is over. We listened to God's word from the Bible. We told God we believe in God. We prayed for one another.

Nuestros regalos se convierten en Jesús

He aquí algunas sugerencias para presentar la página 184.

• Párrafo 1: Mira la foto en la página 184. Refuerce que en la misa nuestros regalos de pan y vino se convierten en el mismo Jesús.

• Párrafo 2: Explique que alabamos a Dios cuando decimos "Bendito seas por siempre Señor".

• Párrafos 3–5: Mire la foto en la página 185. Refuerce que el sacerdote dice y hace lo que Jesús hizo y dijo en la última Cena.

• Párrafo 6: Examine la foto en la página 184. Refuerce que Jesús está con nosotros de manera especial en la Comunión. Explique que Cristo esta verdaderamente tanto si recibimos sólo la Hostia o si tomamos de la copa.

• Párrafo 7 hasta el final: Explique que escuchar la palabra de Dios y compartir a Jesús en la comunión nos ayuda a crecer en amor. Cuando terminamos nuestra celebración, debemos llevar el amor de Dios a otros.

Conclusión _____ minutos

Acercándote a la fe

Revisión de la misa

Deje que varios niños respondan la primera pregunta al principio de la página 186. Pregunte a los niños si a ellos les gustaría llevar las ofrendas en la misa y por qué.

Resumen de la fe

Pase al *Resumen de la fe* en la página 188. Verifique si los niños pueden expresar en sus propias palabras lo que han aprendido. Anime a los que puedan aprender de memoria las afirmaciones a memorizarlas. Recuerde que hacer suyo el *Resumen de la fe* y llevarlo al corazón es más importante que memorizarlo.

Si el tiempo lo permite revise el *Repaso y la Revisión de la tercera unidad* en las páginas 264 y 266 o pida a los niños hacerlo en la casa con un adulto.

Viviendo la fe

Participando en la misa

Dé tiempo para que los niños miren las ilustraciones antes de responder. Anímeles a participar en la misa este fin de semana. Use la despedida en la página 184 como oración final.

Evaluación de la lección

• ¿Saben los niños que escuchamos la palabra de Dios en la misa?

• ¿Saben que nuestras ofrendas de pan y vino se convierten en el mismo Jesús?

• ¿Han decidido participar en la misa?

SEÑOR, AYUDANOS A DIRIGIR A LOS NIÑOS Y A SUS FAMILIAS HACIA TI.

Our Gifts to God Become Jesus

Here are suggestions for presenting page 185.

• Paragraph 1: Look at the photo on page 184. Stress that our gifts of bread and wine become Jesus himself at Mass.

• Paragraph 2: Explain that we praise God when we say, "Blessed be God forever."

• Paragraphs 3–5: Look at the picture at the top of page 185. Stress that the priest says and does what Jesus said and did at the Last Supper.

• Paragraph 6: Examine the picture on page 185. Stress that Jesus is with us in a special way in Holy Communion. Explain that the risen Christ is fully present whether they receive the Host alone or drink from the cup.

• Paragraphs 7–end: Explain that listening to God's word and sharing Jesus in Holy Communion helps us grow in love. When we leave our celebration, we are to bring God's love to others.

End _____ min.

Coming to Faith

Reviewing the Mass

Let several children answer the first question at the top of page 187. Ask the children if they would like to bring up the gifts at Mass, and why.

Faith Summary

Turn to the *Faith Summary* on page 189. See if the children can express in their own words what they have learned today. Encourage those who can to learn the statements by heart. Bear in mind, however, that making the *Faith Summary* their own and taking it to heart are more important than rote repetition.

If time permits, use the Unit III Review/Test on pages 265 and 267, or have the children go over the pages with someone at home.

Practicing Faith

Taking Part in the Mass

Allow time for the children to look at the pictures before calling for responses. Encourage them to take part in the Mass this weekend. Use the dismissal on page 185 as a closing prayer.

Evaluating Your Lesson

• Do the children know that we listen to God's word at Mass?

• Do they know that our gifts of bread and wine become Jesus himself?

• Have they decided to take part in the Mass?

LORD, HELP US TO ENLIGHTEN THE MINDS OF OUR YOUNG PEOPLE AND THEIR FAMILIES.

Cuaresma

El tema de este capítulo corresponde al párrafo 2705

Para el catequista:
Desarrollo espiritual y catequético

REFERENCIA PARA EL CATEQUISTA

Nuestra vida

Malcom Muggeridge escribió una corta parábola que dice: Una señora fue al teatro a ver la obra "El Rey Lear". Sin embargo, se asombra de todo el sufrimiento de Lear. Poco después la señora muere y se encuentra con Shakespeare en el cielo. Ella lo reprende por hacer sufrir tanto a Lear. Sonriendo le responde: "Sí, pude haberle dado un sedante al final del primer acto. Pero si hacia eso no tendría una obra".

Pregúntese:

• ¿Cuál es una respuesta frecuente hacia el sufrimiento?

• ¿Qué sugiere la muerte y resurrección de Jesús acerca del valor del sufrimiento?

Nuestra fe católica

Como tiempo de preparación para la Pascua de Resurrección, la Cuaresma, es para recordar como Jesús dio su vida por amor a nosotros.

Este espíritu de sacrificio por amor debe infundirse en todas nuestras prácticas de cuaresma. Ya sea que estemos rezando o estudiando la Biblia, ayunando o haciendo penitencia, dando limosna o rezando por los que se están preparando para el Bautismo, debemos hacerlo con alegría—no meramente por obligación.

Acercándote a la fe

¿Cómo pasará tiempo a solas para rezar durante la Cuaresma?

¿Cómo integrará el espíritu de Jesús en sus prácticas de Cuaresma?

Viviendo la fe

¿De qué forma, durante la Cuaresma, será ministro de los que sufren?

¿Cómo va a compartir su conocimiento de la Cuaresma con los niños?

Recursos de enseñanza

Sugerencias

Algunos niños no tienen mucho tiempo de tranquilidad. Sus vidas están llenas de actividades planificadas, comidas rápidas y horas mirando televisión. Trate de darles tiempo para detenerse. Una atmósfera de reflexión les ayuda a apreciar el tomar tiempo para estar quietos, pensar o renovarse.

Al final de la lección los niños hacen señales para recordar rezar y compartir en la Cuaresma.

Niños con necesidades especiales

Anime a los niños con dificultad para hablar a participar en las discusiones. No termine sus pensamientos; escuche con paciencia.

Necesidades visuales
• compañeros que ayuden con las actividades en la página 194

Necesidades auditivas
• cinta y audífonos para la historia

Necesidades motoras y de tacto
• compañeros que ayudan con las actividades artísticas

Recursos complementarios

Springing Out (video)
Freckles and Friends (series)
Brown-ROA
1665 Embassy West Drive
Dubuque, IA 52002-2259
(1-800-922-7696)

Lent

For the Catechist:
Spiritual and Catechetical Development

ADULT BACKGROUND

Our Life

There is a brief parable, told by Malcolm Muggeridge, that goes like this: An elderly lady goes to the theater and sees a stirring performance of "King Lear." However, she is aghast at how much Lear suffers. Shortly thereafter she dies. In heaven the lady meets William Shakespeare. She scolds him for making Lear suffer so much. The Bard smiles knowingly and replies, "Yes, I could have given him a sedative at the end of Act I. But then there would have been no play."

Ask yourself:

• What is my usual response to suffering?

• What does the life and death of Jesus suggest about the value of suffering?

Our Catholic Faith

As the season of preparation for Easter, Lent is a time for remembering how Jesus laid down his life out of love for us.

This spirit of loving self-sacrifice should infuse all our Lenten practices. Whether we are praying or studying the Bible, fasting or doing penance, giving alms or praying for those preparing for Baptism, we should do so gladly not merely from a sense of duty.

Coming to Faith

How will you integrate quiet time for prayer into your Lenten schedule?

How might you integrate the spirit of Jesus into your own Lenten practices?

Practicing Faith

In what way will you minister to those who suffer during Lent?

How will you share your understanding of Lent with the children?

Teaching Resources

Teaching Hints

Some children have limited experience of quiet time. Their lives are filled with planned activities, hurried meals, and hours of television watching. Try to provide a calm, reflective atmosphere to help the children appreciate taking time out to be still, to think, and to renew.

At the end of the lesson the children make signs as reminders to pray and share in Lent.

Special-Needs Child

Encourage children with speech impairments to participate in discussions. Do not complete their thoughts; listen patiently.

Visual Needs
• peer helpers for the activities on page 195

Auditory Needs
• audiotape and headphones for the story

Tactile-Motor Needs
• peer helpers for art activities

Supplemental Resources

Springing Out (video)
Freckles and Friends (series)
Brown-ROA
1665 Embassy West Drive
Dubuque, IA 52002-2259
(1-800-922-7696)

Objetivos

Ayudar a los niños a:

• volorar el tiempo de tranquilidad para rezar durante la Cuaresma

• entender que pensar acerca de Jesús y rezar nos ayuda a crecer como amigos de Jesús

• escoger formas de crecer en amor por Jesús durante la Cuaresma.

PLANIFICACION DE LA LECCION

Introducción _____ minutos

Oración de la lección

Escriba la palabra *Cuaresma*. Explique que durante la Cuaresma tomamos tiempo para pensar cuanto nos ama nuestro amigo Jesús. Tomamos tiempo para hablar con Jesús. Jesús quiere que hablemos con él y le digamos lo que hay en nuestros corazones. Invite a los niños a pensar acerca de algo que quieran decir a Jesús en estos momentos. Pause por un momento. Luego haga la oración en la página 190.

Nuestra vida

Explorando tiempo de reposo

Diga a los niños que tiene una historia que contarles. Use la ilustración en la página 190 para introducir los personajes. Señale que a los tres amigos les gusta nadar en el estanque, o en el río y jugar juntos en la orilla. Lea la historia. Pregunte:

• ¿Qué dijo Toni cuando sus amigos la invitaron a jugar?

• ¿Por qué cree que a Toni le gustaba estar sola?

• ¿Qué dijo Toni que iba a hacer para pasar tiempo a solas?

Invite voluntarios para mostrar cómo la tortuga se esconde dentro de su caparazón y decir como se siente estar ahí dentro. Luego discuta las preguntas acerca de la historia. Señale que cuando estamos tranquilos somos como Toni. Entramos en nuestro interior para relajarnos y pensar.

Compartiendo la vida

Hablando en silencio con Dios

Use las preguntas al final de la página 190 para extraer el sentimiento de los niños acerca de pasar tiempo en paz con Dios. Acepte todas las respuestas. Señale que hablar con Dios nos ayuda a encontrar formas de ser mejores amigos de él.

Presentación _____ minutos

Nuestra fe católica

Jesús necesitó tiempo a solas

Señale la ilustración en la página 192–193. Pregunte a los niños lo que piensan que Jesús está haciendo. Señale que a Jesús le gustaba estar con la gente. A él le gustaba hablarles acerca de Dios y ayudar a los necesitados. Pero algunas veces a él le gustaba estar solo en lugares apartados. Invite a los niños a escuchar y a descubrir por qué. Lea el primer párrafo en la página 192. Pregunte: "¿Por qué Jesús necesitaba tiempo para estar a solas?"

Necesitamos estar solos

Señale la palabra *Cuaresma*, escrita en la pizarra. Pregunte a los niños si recuerdan lo que usted dijo acerca de la Cuaresma al inicio de la lección. Pídales escuchar la palabra mientras lee el próximo párrafo. Pregunte:

• ¿Durante la Cuaresma, qué hacemos con nuestro tiempo de soledad?

• ¿Qué recordamos acerca de Jesús?

Refuerce que buscar tiempo a solas para rezar a Jesús y recordar lo que él hizo por nosotros nos ayuda a crecer en amor por Jesús.

Rezamos cuando estamos a solas

Pregunte a los niños que dirán a Jesús durante su tiempo a solas. Compare las respuestas de los niños con las del libro. Refuerce nuevamente que en nuestro tiempo a solas podemos hablar con Jesús acerca de cualquier cosas que queramos. Jesús siempre escuchará a sus amigos.

Objectives

To help the children:

• **value quiet time to pray during Lent**

• **know that thinking about Jesus and praying help us to grow as friends of Jesus**

• **choose ways to grow in love for Jesus during Lent.**

LESSON PLAN

Beginning _____ min.

Focusing Prayer

Display the word *Lent*. Explain that during Lent we make quiet time to think about how much our friend Jesus loves us. We make quiet time to talk to Jesus. Jesus wants us to talk to him and to tell him whatever is in our hearts. Invite the children to think about something they want to tell Jesus right now. Pause for a moment. Then say the prayer on page 191.

Our Life

Exploring Quiet Time

Tell the children that you have a story about quiet time. Use the illustration on page 191 to introduce the characters. Point out that the three friends liked to swim in the bayou, or river, and to play together on the shore. Read the story. Ask:

• What did Shelly say when her friends asked her to play?

• Why do you think Shelly needed quiet time alone?

• What did Shelly say she was going to do to make quiet time?

Invite volunteers to show how a turtle goes inside its shell and to tell how it feels to be inside the shell. Then discuss the questions about the story. Point out that we are like Shelly when we make quiet time. We go inside ourselves to relax and think.

Sharing Life

Talking Quietly to God

Use the questions at the bottom of page 191 to elicit the children's feelings about spending quiet time with God. Affirm all responses. Point out that talking to God can help us find ways to become better friends of God.

Middle _____ min.

Our Catholic Faith

Jesus Needed Quiet Time

Call attention to the illustration on pages 192–193. Ask the children what they think Jesus is doing. Point out that Jesus loved to be with people. He liked to talk to them about God and to help people who needed him. But sometimes Jesus also liked to go off alone to a quiet place. Invite them to listen and find out why. Read the first paragraph on page 193. Ask, "Why did Jesus need some quiet time?"

We Need Quiet Time

Point to the word *Lent*, which you have displayed. Ask the children if they remember what you said about Lent at the beginning of the lesson. Tell them to listen for this word as you read the next paragraph. Ask:

• What do we do in quiet time during Lent?

• What do we remember about Jesus?

Stress that finding quiet time to pray to Jesus and to remember what he did for us helps us to grow in love for Jesus.

We Pray in Quiet Time

Ask the children what they might say to Jesus in quiet time. Compare the children's responses with those in the text. Stress again that in our quiet time we can talk to Jesus about anything we want. Jesus will always listen to his friends.

Crecemos durante el tiempo a solas

Señale que otra buena manera de usar nuestro tiempo a solas durante la Cuaresma es pensar acerca de lo que Jesús pidió a sus amigos hacer.

Lea el último párrafo. Refuerce que pensar en estas palabras nos puede ayudar a encontrar formas de compartir el amor de Jesús con otros, especialmente los que necesitan ayuda. Si el tiempo lo permite pida ejemplos de cómo los niños pueden ayudar a alguien en necesidad, tal como un amigo triste, un padre cansado, un vecino enfermo.

Conclusión _____ minutos

Acercándote a la fe

Rezando a Jesús durante la Cuaresma

Reúna a los niños en el piso cerca de usted. Pídales sentarse en posición cómoda. Explique que van a ser como la tortuga Toni. Vamos a entrar dentro de nosotros para relajarnos y pensar acerca de nuestro amigo Jesús. Conduzca la meditación en la página 194. Hable en voz baja y lea cada oración despacio.

Cuando la meditación termine, pregunte a los niños si a ellos les gusta esa forma de rezar y por qué. Sugiérales tratar de rezar de esta forma en sus casas durante la Cuaresma.

Viviendo la fe

Ayudando a otros durante la Cuaresma

Recuerde las palabras de Jesús: "Amense unos a otros como yo los he amado". Señale que cuando hacemos cosas por otros con amor, les ayudamos a ver que Jesús les ama y les cuida y quiere ser su amigo. Lea los dos primeros párrafos debajo de *Viviendo la fe*. Anime a los niños a elegir una cosa que harán esta semana para ayudar a alguien a conocer que Jesús le ama.

Evaluación de la lección

• ¿Ven los niños la necesidad de rezar durante la Cuaresma?

• ¿Valoran el tiempo a solas como forma de crecer en amor por Jesús?

• ¿Han escogido formas de profundizar su amistad con Jesús durante la Cuaresma?

SEÑOR, AYUDANOS A DIRIGIR A LOS NIÑOS Y A SUS FAMILIAS HACIA TI.

We Grow in Quiet Time

Point out that another good way to spend quiet time in Lent is to think about what Jesus told his friends to do.

Read the last paragraph. Emphasize that thinking about these words can help us find ways to share Jesus' love with others, especially with those who need help. If time permits, call for examples of how the children can help someone in need, such as a sad friend, a tired parent, or a sick neighbor.

End _____ min.

Coming to Faith

Praying to Jesus in Lent

Gather the children around you on the floor. Tell them to sit in a comfortable position. Explain that we are going to be like Shelly Turtle. We are going inside ourselves to relax and to think about our friend Jesus. Conduct the meditation on page 195. Speak softly and read each sentence slowly.

When the meditation is over, ask the children if they liked this way of praying, and why. Suggest that they try to pray this way at home during Lent.

Practicing Faith

Helping Others in Lent

Recall Jesus' words, "Love one another, just as I love you." Point out that when we do loving things for others, we help them to know that Jesus loves and cares for them and wants to be their friend, too. Read the first two paragraphs under *Practicing Faith* on page 195. Encourage the children to choose one thing they will do this week to help someone know that Jesus loves them.

Evaluating Your Lesson

• Do the children see the need for prayer in Lent?

• Do they value quiet time as a way to grow in love for Jesus?

• Have they chosen ways to deepen their friendship with Jesus in Lent?

LORD,
HELP US
TO ENLIGHTEN
THE MINDS OF
OUR YOUNG
PEOPLE AND
THEIR
FAMILIES.

21 Pascua de Resurrección

Para el catequista:
Desarrollo espiritual y catequético

El tema de este capítulo corresponde al párrafo 638

REFERENCIA PARA EL CATEQUISTA

Nuestra vida

Hace algunos años una popular canción titulada "A Little Good News" protestaba: "No puedo soportar otra historia triste".

Pregúntese:

• ¿Cuál es mi respuesta habitual a las malas noticias en el mundo? ¿En mi propia vida?

• ¿Qué buena noticia me gustaría recibir?

Compartiendo la vida

• ¿Por qué cree que hay tantas malas noticias?

• ¿La buena nueva de la resurrección de Cristo influencia la forma en cómo usted responde al mal en el mundo?

Nuestra fe católica

En su carta a los romanos, Pablo habla directamente a los cristianos de hoy, quienes con frecuencia piensan que escuchan más malas noticias de lo que merecen.

En verdad, me parece que lo que sufrimos en la vida presente no se puede comparar con la Gloria que ha de manifestarse después en nosotros. Pues, si la creación se ve obligada a trabajar para la nada, no es porque ella hubiese deseado esa suerte, sino que le vino del que la sometió. Con todo, ella guarda la esperanza de ser liberada del destino de muerte que pesa sobre ella y de poder así compartir la libertad y la gloria de los hijos de Dios.
(Romanos 8:18, 20–21)

La Pascua de Resurrección, el día de la victoria final de Jesús sobre la muerte y la destrucción, es la fiesta de nuestra esperanza cristiana. Porque nos asegura que, a pesar de que Jesús murió, Cristo realmente resucitó y vendrá de nuevo.

Acercándote a la fe

¿Cómo espera encontrar al Cristo resucitado?

¿En qué forma le desafía el mensaje de Pascua?

Viviendo la fe

¿Cómo será buena noticia para otros?

¿Cómo va a comunicar a los niños la esperanza de la Pascua?

Recursos de enseñanza

Sugerencias

Haga un saludo de pascua usando las palabras *resucitó y está vivo*. Pegue dos hojas de papel de color verde dos de color amarillo. Corte las hojas en ocho pedazos. Use el lado verde para las letras de "resucitó". Voltee el papel y en el lado amarillo escriba "está vivo" una letra en cada pedazo amarillo. Cuando termine "resucitó" al revés debe revelar el mensaje de Pascua.

Niños con necesidades especiales

Cuando realice actividades motoras, modifique los movimientos para acomodar a los niños con impedimentos físicos.

Necesidades visuales

• compañeros para ayudar con la actividad de la bandera

Necesidades auditivas

• cinta y audífonos para la obra y la canción

Necesidades motoras y de tacto

• marcadores largos y gruesos

Recursos complementarios

Alleluia Alleluia (video)
Freckles and Friends (series)
Brown-ROA
1665 Embassy West Drive
Dubuque, IA 52002-2259
(1-800-922-7696)

Easter

The Theme of This Chapter Corresponds with Paragraph 638

For the Catechist:
Spiritual and Catechetical Development

ADULT BACKGROUND

Our Life

A few years ago a popular song called "A Little Good News" complained, "One more sad story is one more than I can stand."

Ask yourself:

• What is my usual response to bad news in the world? in my own life?

• What good news would I most like to receive in my life?

Sharing Life

Why do you think there is so much bad news?

Does the good news of Christ's resurrection influence the way you respond to the signs of evil in the world?

Our Catholic Faith

In his letter to the Romans, Paul speaks directly to Christians of today, who often feel that they have had more than their share of bad news.

I consider that what we suffer at this present time cannot be compared at all with the glory that is going to be revealed to us. . . .Yet there was the hope that creation itself would one day be set free from its slavery to decay and would share the glorious freedom of the children of God.
(Romans 8:18, 20–21)

Easter, the day of Jesus' final victory over death and destruction, is the feast of our Christian hope. For we are assured that although Christ has died, Christ is truly risen and he will come again.

Coming to Faith

How do you hope to encounter the risen Christ?

In what way does the Easter message challenge you?

Practicing Faith

How will you be good news for others?

How will you communicate the hopefulness of Easter to the children?

Teaching Resources

Teaching Hints

Make an Easter message greeting using the terms *alleluia* and *Jesus is alive*. Glue two sheets of green paper to two sheets of yellow paper back to back. Cut each sheet into fourths. Use the green sides for the letters in "alleluia" and number them 1 to 8 for order. Turn them. On the first yellow box write "Jesus." Then print the letters in "is alive," one letter on each yellow box. When completed, "alleluia" should reverse to reveal the Easter message.

Special-Needs Child

When conducting motion activities, you may want to modify motions to accommodate the mainstreamed child.

Visual Needs
• peer helpers for the banner activity

Auditory Needs
• audiotape and headphones for the play and the song

Tactile-Motor Needs
• large, thick crayons

Supplemental Resources

Alleluia Alleluia (video)
Freckles and Friends (series)
Brown-ROA
1665 Embassy West Drive
Dubuque, IA 52002-2259
(1-800-922-7696)

189

Objetivos

Ayudar a los niños a:

• saber que la Pascua de Resurrección es la celebración de la resurrección de Jesús a una nueva vida

• escoger formas para celebrar la buena nueva de la resurrección.

PLANIFICACION DE LA LECCION

Introducción _____ minutos

Oración de la lección

Distribuya las letras de "resucitó" a ocho niños. (Ver *sugerencias*). Dígales que miren las letras del lado verde y salir al frente cuando escuchen el nombre de su letra. Llame las letras aclamando "Dame una R". Cuando todas las letras hayan sido llamadas, diga en voz alta "resucitó" y pida al grupo repetirla.

Nuestra vida

Explorando buenas nuevas

Use las preguntas al principio de la página 198 para poner énfasis en que las palabras nos ayudan a mostrar cómo nos sentimos cuando escuchamos o decimos una buena noticia. Dé ejemplos tales como: "puedo saltar de alegría", "es una buena noticia".

Explique que aleluya significa "gracias a Dios". Es un palabra especial que decimos o cantamos durante la Pascua de Resurrección para mostrar como nos sentimos acerca de la buena noticia de que . . . (pida a los niños voltear las letras) . . . Jesús está vivo. Pida a los niños repetir el mensaje. Refuerce que en Pascua celebramos la buena nueva de que Jesús resucitó de la muerte a una nueva vida. Invite a los niños a decir la oración en la página 198.

Materiales necesarios: letras

Compartiendo la vida

Celebrando la buena nueva de la resurrección

Invite a los niños a celebrar la buena nueva de la Pascua de Resurrección representando la oración "Aleluya" en la página 198. Hable acerca de los alegres signos de vida en la oración. Señale la parte donde ellos pueden mostrar como se sienten acerca de la buena nueva de la pascua de resurrección. Anime a los niños a sugerir otras acciones de gozo.

Forme un círculo. Lea la oración en voz alta mientras los niños escenifican las acciones que sugiere.

Presentación _____ minutos

Nuestra fe católica

Preparando una obra de Pascua

Pase a la página 200. Pregunte a los niños si les gustaría dramatizar la historia bíblica acerca de la primera pascua de resurrección. Pídales escuchar atentamente para que puedan darse cuenta de lo que pasó el día que Jesús resucitó de la muerte a una nueva vida. Explique que María Magdalena era una amiga de Jesús. Después que Jesús murió ella fue a visitar la tumba donde había sido enterrado. Luego lea despacio la obra.

Seleccione algunos niños para representar a María, el ángel y a Jesús. El resto puede pretender ser amigos de Jesús con quienes María comparte la buena noticia. Si es posible distribuya vestuarios, por ejemplo, alas para el ángel, un pañuelo para María, una cruz amarilla para el pecho de Jesús. Los personajes principales se pueden envolver en sábanas viejas.

La obra se puede presentar en dos formas. Lea toda las partes mientras los niños actúan, o asigne diálogos a los niños. Si decide la segunda opción, repase los diálogos varias veces. Si quiere puede tocar alguna música de resurrección durante los ensayos.

Objectives

To help the children:

• know that Easter is the celebration of Jesus' rising to new life

• choose ways to celebrate the good news of Easter.

LESSON PLAN

Beginning _____ min.

Focusing Prayer

Distribute "alleluia" letters to eight children. (See *Teaching Hints*.) Tell them to look at the letters on the green side and to come forward when they hear you call their letter. Call out the letters, using a cheer such as "Give Me an A." Tell the A's to leave a big space between them for the other letters. When all the letters have been called, shout out "alleluia" and have the group repeat it.

Our Life

Exploring Good News

Use the questions at the top of page 199 to emphasize that words help us show how we feel when we hear or tell good news. Give examples, such as "I could jump for joy!" and "That's great news!"

Explain that alleluia means "Praise to God." It is a special word we say or sing on Easter to show how we feel about the good news that. . . (have the children reverse the letters). . . Jesus is alive. Have the children repeat the message. Stress that on Easter we celebrate the good news that Jesus rose from the dead to new life. Invite the children to say the prayer at the top of page 199.

Materials needed: letters

Sharing Life

Celebrating Easter Good News

Invite the children to celebrate Easter good news by acting out the "alleluia" prayer at the bottom of page 199. Talk about the joyful signs of life in the prayer. Point out the part where they can show how they feel about the good news of Easter. Encourage the children to suggest other joyful actions.

Form a circle. Read the prayer aloud as the children perform the actions they suggested.

Middle _____ min.

Our Catholic Faith

Preparing for an Easter Play

Turn to page 201. Ask the children if they would like to act out the Bible story of the first Easter. Tell them to listen carefully, so that they will know what happened on the day Jesus rose from the dead to new life. Explain that Mary Magdalene was Jesus' friend. After Jesus died, she went to visit the tomb where he was buried. Then slowly read aloud the play.

Select children to play the roles of Mary, the angel, and Jesus. The rest could pretend they are the friends of Jesus with whom Mary shared the good news. If possible, distribute costumes and props such as a veil or hankie for Mary, wings for the angel, and a large yellow cross for Jesus' chest. Old sheets could be draped around the principal characters for clothing.

The play could be presented in one of two ways. Read all the parts yourself and have the children act out what is happening, or assign speaking roles. If you opt for the latter, rehearse the dialogue several times. You might want to play Easter music softly during rehearsal.

Nota: Si el tiempo no permite una dramatizacion completa pida a los niños leer en voz alta las líneas de María y usted las demás partes.

Materiales necesarios: Vestimentas y música de pascua de resurrección (opcional)

Dramatizando la historia de Pascua de Resurrección

Dirija la obra. Cuando termine, invite a María a mostrar como se sintió cuando vio a Jesús vivo. Pida a Jesús decir lo que pidió a María hacer. Pregunte a los amigos de Jesús como se sintieron cuando escucharon la buena noticia de que Jesús estaba vivo.

Refuerce que Jesús resucitó a una nueva vida en Pascua de Resurrección. Significa que Jesús está vivo y con nosotros; él estará con nosotros siempre. El comparte su nueva vida con nosotros para que podamos ser felices con Dios para siempre.

Conclusión _____ minutos

Acercándote a la fe

Recordando la historia

Use las preguntas en la página 202 para ayudar a los niños a expresar el significado de la historia de resurrección para ellos. Pase al *Resumen de la fe* en la página 204 y asegúrese de que los niños tienen un conocimiento básico de la Pascua.

Celebrando la nueva vida

Lea el párrafo debajo de la pregunta en la página 202. Pregunte: "¿Cuál es la palabra especial que cantamos y rezamos durante la Pascua de Resurrección? ¿Por qué rezamos y cantamos esta palabra?"

Enseñe una canción con aleluya.

Viviendo la fe

Haciendo una bandera de Pascua

Discuta la pregunta en la página 202. Anime a los niños a llevar la buena noticia. Al despedir a los niños puede decir a cada uno: "Aleluya _____ lleva la buena notica de Pascua a tu familia y amigos."

Evaluación de la lección

• ¿Cree qué los niños tienen un conocimiento básico de nuestra celebración de la Pascua de Resurrección?

• ¿Han elegido los niños formas para celebrar la buena noticia de Pascua de Resurrección?

SEÑOR, AYUDANOS A DIRIGIR A LOS NIÑOS Y A SUS FAMILIAS HACIA TI.

Note: If time does not permit a full dramatization, have the children read aloud Mary's lines and read the other parts yourself.

Materials needed: costumes and props; Easter music (optional)

Acting Out the Easter Story
Conduct the play. When the play is over, invite Mary to tell how she felt when she saw that Jesus was alive. Ask Jesus to tell what he told Mary to do. Ask the friends of Jesus to tell how they felt when they heard the good news that Jesus was alive.

Stress that Jesus rose to new life on Easter. This means that Jesus is alive and with us now; he will be with us forever. He shares his new life with us so that we can be happy with God forever.

End _____ min.

Coming to Faith

Remembering the Story
Use the question on page 203 to help the children express what the Easter story means to them. You may also want to turn to the *Faith Summary* on page 205 to ensure that the children have a basic understanding of Easter.

Celebrating New Life
Read the paragraph under the question on page 203. Ask, "What is the special word we pray and sing on Easter? Why do we pray and sing this word?"

Teach the song "Alle! Alleluia!"

Practicing Faith

Sharing Easter News
Discuss the question on page 203. Encourage prompt follow-through. As the children leave, you may want to say to each child, "Alleluia, _____! Bring the good news of Easter to your family and friends."

Evaluating Your Lesson

• Do you feel that the children have a basic understanding of our Easter celebration?

• Have they chosen ways to celebrate the good news of Easter?

LORD,
HELP US
TO ENLIGHTEN
THE MINDS OF
OUR YOUNG
PEOPLE AND
THEIR
FAMILIES.

Nuestra iglesia parroquial

Para el catequista:
Desarrollo espiritual y catequético

Nuestra vida

Los reportajes televisados de las visitas del Papa Juan Pablo II a los Estados Unidos en 1979, 1987, 1993 y 1995 ponen una cosa clara: las parroquias católicas son muchas y variadas, como los remiendos de una colcha.

Hablan español, francés, inglés, italiano, chino y otros muchos idiomas. La música y la atmósfera de su liturgia hace eco de su diversidad étnica y geográfica.

Más importante que sus diferencias es su unidad en la fe que une todos los parches de las parroquias. Ellas son parte de: "un solo Señor, una sola fe, un solo Bautismo".

Pregúntese:

• ¿De qué formas mi parroquia es especial para mí?

• ¿Cómo me siento acerca de la diversidad de las parroquias católicas en mi área?

Compartiendo la vida

¿Acoge y convoca mi parroquia los dones de las diferentes personas? ¿Cómo?

¿Cómo alimenta su parroquia su amor por el catolicismo?

Nuestra fe católica

La parroquia es una reflexión microscópica de la Iglesia universal. La parroquia, una división de la diócesis, está unida por sus ritos, creencias y tradiciones a todas las parroquias del mundo.

La mayoría de las parroquias se definen por áreas geográficas específicas dentro de una diócesis. Algunas parroquias se designan por su grupo étnico (hispana o italiana, por ejemplo) o por rito religioso en particular (tal como maronite o melkite). A pesar de su diversidad todas son católicas.

La parroquia es un hogar espiritual donde los miembros son bautizados, catequizados y alimentados durante toda su vida con los sacramentos y vida en común. Al igual que una familia todos los miembros tienen una responsabilidad mutua, así que todos los feligreses—los líderes y los dirigidos, los jóvenes y los mayores, los comprometidos y los indiferentes—necesitan "respirar la vida" en sus iglesias locales.

Idealmente, la parroquia provee buen terreno en el cual la semilla de la compasión por los enfermos, la justicia por los pobres, apoyo por la familia y respeto por la vida humana, da una abundante cosecha para el sembrador.

En creciente número, los católicos están siendo llamados a servir en sus parroquias en lo administrativo, lo social, en la liturgia y como ministros laicos y catequistas. Al igual que el sirviente que convirtió la moneda de oro del amo en diez al invertirla sabiamente, los ministros laicos enriquecen la vida espiritual de la parroquia, y la de ellos mismos.

Las parroquias están unidas en una diócesis bajo la dirección de un obispo. Los obispos, juntos con el papa, el obispo de Roma, sirven como líderes de la Iglesia universal. Ellos han sido "ungidos por el Espíritu Santo" para enseñar la moral y la doctrina cristiana.

Our Parish Church

For the Catechist: Spiritual and Catechetical Development

ADULT BACKGROUND

Our Life

Televised coverage of the visits of Pope John Paul II to the United States in 1979, 1987, 1993, and 1995 made one thing vibrantly clear: American Catholic parishes are as multiple and various as the patches of a quilt.

They speak Spanish, French, English, Italian, Chinese, and assorted other tongues. The music and atmosphere of their liturgies echo their ethnic and geographic diversity.

But more important than their differences is the unity of faith that holds the patchwork of parishes together. They are all a part of "one Lord, one faith, one baptism."

Ask yourself:

• What are some of the ways in which my parish is special to me?

• How do I feel about the diversity of Catholic parishes in my area?

Sharing Life

Does your parish welcome and call forth the gifts of all kinds of people? How?

How does your parish nourish your love for Catholicism?

Our Catholic Faith

The parish is a microcosmic reflection of the universal Church. The parish, a division of the diocese, is bound by its rituals, beliefs, and traditions to all other Catholic parishes throughout the world.

For the most part, parishes are defined by specific geographic areas within a diocese. Some parishes are designated for particular ethnic groups (Hispanic or Italian-American, for example) or for particular religious rites (such as the Maronite or Melkite). Despite their diversity, they are all one in Catholicism.

The parish is a spiritual home in which members are baptized, catechized, and nourished throughout their lives by the sacraments and communal life. Just as in a family all the members have mutual responsibilities, so all parishioners— the leaders and the led, the young and the old, the committed and the lukewarm—need to "breathe life" into this local Church.

Ideally, the parish provides the good soil in which the seeds of compassion for the sick, justice for the poor, support for the family, and respect for all human life yield a rich harvest for the sower.

In increasing numbers, Catholics are being called to serve their parishes as social, administrative, liturgical, and catechetical lay ministers. Like the servant who turned the master's one gold coin into ten by investing it wisely, lay ministers are enriching the parish's spiritual life, as well as their own.

Parishes are joined together in a diocese under the leadership of a bishop. The bishops, together with the Pope, the Bishop of Rome, serve as leaders of the universal Church. They have been "anointed by the Holy Spirit" to teach morality and Christian doctrine.

Acercándote a la fe

¿Qué piensa que son sus "responsabilidades recíprocas de participación" en la vida parroquial?

¿Cómo puede contribuir más efectivamente en la vida espiritual de su "pequeña iglesia"?

Viviendo la fe

¿Qué hará para apoyar a algún ministro de su parroquia?

¿Cómo va a animar a los niños del grupo para valorar la parroquia como lugar especial donde pertenecen?

RECURSOS LITURGICOS

Algunas veces es difícil imaginar la parroquia más allá del campanario. Esa imagen hace que definamos nuestro "apoyo a la parroquia" como la asistencia semanal a misa y contribuir a la colecta.

En sentido profundo, la Iglesia es la asamblea del pueblo reunido para ayudarse unos a otros y alabar a Dios.

Esta semana tome tiempo para considerar como las siguientes imágenes bíblicas acerca de la Iglesia se aplican a su parroquia.

• Sal y luz (Mateo 5:13–16)
¿Cómo es su parroquia sal y luz para el mundo?
• El buen pastor (Lucas 15:4–7)
¿Cómo busca a las "ovejas perdidas"?

Elija una de estas imágenes bíblicas para compartir con los niños. Por ejemplo, lea con dramatismo Mateo 5:14–16. Luego invite a los niños a nombrar algunas formas en que pueden ser "luces brillantes" para otros en la parroquia que necesiten amistad, buen ejemplo o ánimo.

RECURSOS DE JUSTICIA Y PAZ

La cantidad de ministerios que las comisiones de justicia y paz de la parroquia llevan a cabo es enorme. Estos ministerios incluyen desde recoger material para los desamparados hasta cabildeo por la paz mundial. Hable con un miembro de esa comisión en su parroquia y entérese de los proyectos que lleva a cabo y como su grupo puede ayudar.

He aquí algunas posibilidades:

• Si la parroquia tiene una venta de ropa usada o una alacena para los pobres, planifique un día "recordando a los necesitados" cuando los niños puedan traer contribuciones de ropa o comida.

• Adopte un sacerdote, un religioso o un misionero laico para rezar por él o apoyándole económicamente. Coloque su fotografía en un mapa indicando donde sirve.

Coming to Faith

What do you discern as your own "reciprocal duties of involvement" in parish life?

How might you contribute more effectively to the spiritual life of your "little Church"?

Practicing Faith

What will you do to be supportive of someone who ministers in your parish?

How will you encourage the children in your group to value their parish as a special place that belongs to them?

LITURGICAL RESOURCES

Sometimes it's hard to get beyond the image of the parish church as a bell-towered building. That image makes it easy for us to define "supporting the parish" as attending weekend liturgies and contributing to the collection basket.

In a deeper sense, the Church is the assembly of people gathered together to help one another offer worship to God.

This week take some time to consider how the following scriptural images of Church apply to your parish.

• Salt and Light (Matthew 5:13–16)
How is your parish salt and light for the world?
• The Shepherd (Luke 15:4–7)
How does your parish reach out to the "lost sheep"?

Choose one of these scriptural images to share with the children. For example, dramatically read Matthew 5:14–16. Then invite the children to name some of the ways in which they can be "shining lights" for others in the parish who need friendship, a good example, or encouragement.

JUSTICE AND PEACE RESOURCES

The range of ministries embraced by our parish social justice and peace commissions is remarkable. These ministries may include everything from supplying the material needs of a homeless family to lobbying for world peace. Contact a member of the commission at your parish to find out what projects they are involved in and how your group can be of assistance to them.

Here are a few possibilities:

• If the parish has a thrift shop or a food cupboard, plan a "Remember the Needy" day when the children can bring contributions of clothing or food collected from their families, neighbors, or relatives.
• Find out who the diocesan priests or religious or lay missionaries are, and adopt one of them for prayer and financial support. Display his or her photograph on a map indicating where the missioner serves.

Recursos de enseñanza

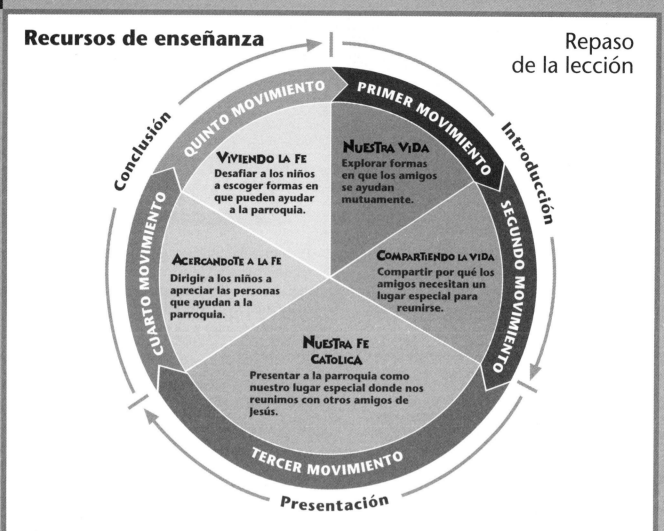

QUINTO MOVIMIENTO

Conclusión

PRIMER MOVIMIENTO

Introducción

VIVIENDO LA FE
Desafiar a los niños a escoger formas en que pueden ayudar a la parroquia.

NUESTRA VIDA
Explorar formas en que los amigos se ayudan mutuamente.

CUARTO MOVIMIENTO

SEGUNDO MOVIMIENTO

ACERCANDOTE A LA FE
Dirigir a los niños a apreciar las personas que ayudan a la parroquia.

COMPARTIENDO LA VIDA
Compartir por qué los amigos necesitan un lugar especial para reunirse.

NUESTRA FE CATOLICA
Presentar a la parroquia como nuestro lugar especial donde nos reunimos con otros amigos de Jesús.

TERCER MOVIMIENTO

Presentación

Sugerencias

Use las oportunidades en esta lección para ayudar a los niños a apreciar que ellos son miembros importantes de su familia parroquial. La parroquia los invita a sentirse bien y a dar la bienvenida a otros; a preocuparse unos por otros.

Invite a un sacerdote de la parroquia a hablar con los niños acerca de servir en la parroquia.

En esta lección los niños crean un mensaje de amor para los enfermos de la parroquia. Haga los arreglos para que el mensaje sea enviado.

Niños con necesidades especiales

Acepte a los niños por sus muchos dones y talentos.

Necesidades visuales
• fotos grandes de personas que ayudan en la parroquia.
• lápices gruesos de colores fuertes

Necesidades auditivas
• cinta y audífonos para el poema y la canción

Necesidades motoras y de tacto
• la ilustración de la página 212 pegada al pupitre del niño

Recursos complementarios

My Father's House (video)
St. Anthony Messenger/
Franciscan Communications
1615 Republic Street
Cincinnati, OH 45210
(1-800-488-0488)
(1-800-989-3600)

The Care-filled Caper (video)
Nanny and Isaiah Adventure
(series)
Concordia Publishing House
3558 South Jefferson Ave
Saint Louis, MO 63118-3968
(1-800-325-3040)

Vocabulario

La **parroquia** es nuestro lugar especial en la Iglesia Católica.

Teaching Resources

Overview of the Lesson

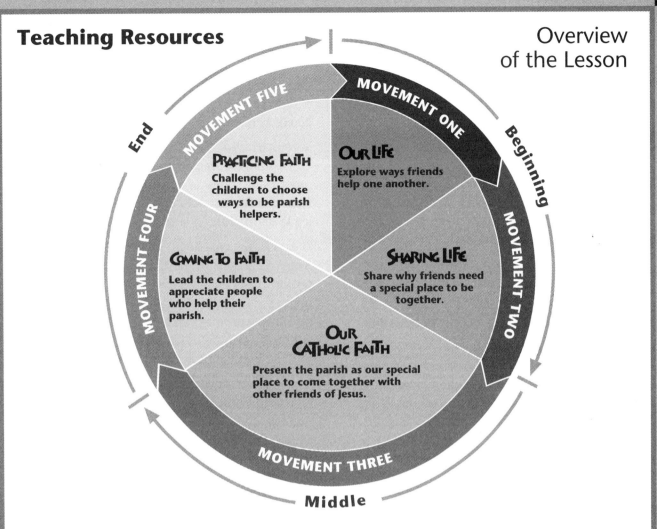

Teaching Hints

Use the opportunities in this lesson to help the children appreciate that they are important members of their parish family. The parish invites them to feel welcome and to welcome others; to be cared for and to care for one another.

Invite a parish priest to speak with the children about serving in the parish.

In this lesson the children create a message of love for a sick parish member. Arrange to have the message delivered.

Special-Needs Child

Affirm the children for who they are and for their many gifts and talents.

Visual Needs
• large photos of parish helpers
• dark, thick lead pencils

Auditory Needs
• audiotape and headphones for the poem and the Enrichment songs

Tactile-Motor Needs
• fish art on page 213 taped to the child's desk

Supplemental Resources

My Father's House (video)
St. Anthony Messenger/
Franciscan Communications
1615 Republic Street
Cincinnati, OH 45210
(1-800-488-0488)
(1-800-989-3600)

The Care-filled Caper (video)
Nanny and Isaiah Adventure
(series)
Concordia Publishing House
3558 South Jefferson Avenue
Saint Louis, MO 63118-3968
(1-800-325-3040)

Faith Word

The **parish** is our special place in the Catholic Church.

Objetivos

Ayudar a los niños a:

- **saber que la parroquia es nuestro lugar especial en la Iglesia**
- **sentir que pertenecen a nuestra familia parroquial**
- **apreciar cómo la gente en nuestra parroquia se preocupan unos por otros.**

PLANIFICACION DE LA LECCION

Introducción _____ minutos

Oración de la lección

Diga a los niños que hoy van a hablar acerca del lugar especial donde los amigos de Jesús se acogen y ayudan unos a otros. Haga la oración en la página 206.

Nuestra vida

Compartiendo una poesía de amistad

Reúna a los niños a su alrededor. Anuncie que tiene un poema acerca de un lugar imaginario en el fondo del mar. Use la ilustración en la página 206–207 para introducir los personajes. Señale que Carlos está leyendo una nota. La estrella de mar está cerca del tiburón. Luego lea la poesía. Pida a los niños decir en sus propias palabras lo que dice la nota.

Use las preguntas para ayudar a los niños a relacionar la poesía con su vida.

Compartiendo la vida

Compartiendo lugares especiales

Describa un lugar especial que disfrutaba con sus amigos durante su niñez. Invite a los niños a compartir sus lugares especiales. Luego haga las preguntas al final de la página 206.

Presentación _____ minutos

Nuestra fe católica

Vocabulario

Escriba la palabra *parroquia*. Pida a los niños repetirla después de usted. Pídales levantar las manos si han escuchado antes la palabra. Luego lea la definición en la página 210.

Si es posible, enseñe un globo o un mapa mundi. Antes de la lección, ponga una marca en el lugar próximo a la localización de su parroquia. Use el mapa para ayudar a los niños a darse cuenta de que las parroquias son lugares especiales en todo el mundo donde los católicos se reúnen para sentirse bienvenidos y para ayudarse unos a otros a vivir como amigos de Jesús. Señale varios países.

Pida a un voluntario encontrar la estrella. Deje que los niños adivinen lo que la estrella significa. Dígale que muestre el lugar donde se encuentra su parroquia, su lugar especial en la gran familia de la Iglesia Católica. Puede mencionar que dondequiera que vaya en el mundo, siempre serán bienvenidos en otras parroquias.

Materiales necesarios: un mapa del mundo; estrella

Nuestra parroquia pertenece a todos

Dibuje una estrella grande en el pizarrón. Dibuje en el centro una iglesia. Pida a los niños decir el nombre de la parroquia. Escríbalo encima de la estrella.

Pida a los niños decir por qué ellos y personas que conocen van a la iglesia parroquial. Si el tiempo lo permite, déjeles añadir figuras dentro de la iglesia para representar la gente que va a la iglesia. Lea la página 210 excluyendo la actividad escrita.

Como seguimiento pida a los niños pensar en una forma en que pueden dar la bienvenida a alguien en su parroquia. (Respuestas posibles: sonreír y decir hola a un amigo en la iglesia; invitar a un amigo a visitar la iglesia; llevar a un familiar que está de visita con ellos a la misa.) Luego complete la actividad escrita.

Objectives

To help the children:

• know that the parish is our special place in the Church

• feel a sense of belonging to our parish family

• appreciate how the people in our parish care for one another.

LESSON PLAN

Beginning _____ min.

Focusing Prayer

Tell the children that today we are going to talk about a special place where Jesus' friends welcome and help one another. Say the prayer on page 207.

Our Life

Sharing a Friendship Poem

Gather the children around you. Announce that you have a poem about an imaginary place at the bottom of the sea. Use the picture on page 206–207 to introduce the characters. Point out that Charlie is reading a note. The fish above Charlie is called Sharkey. The starfish is next to Sharkey. Then read the poem. Ask the children to tell in their own words what the note said.

Use the questions to help the children connect the poem to their lives.

Sharing Life

Sharing Special Places

Describe a special place you and your childhood friends enjoyed. Invite the children to share their special places. Then ask the questions at the bottom of page 207.

Middle _____ min.

Our Catholic Faith

Faith Word

Display the word *parish*. Have the children repeat it after you. Ask them to raise their hands if they have heard this word before. Then read the definition on page 211.

If possible, display a globe or a world map. Before the lesson, paste a small star on it to mark the approximate location of your parish. Use the globe or map to help the children realize that parishes are special places all over the world where Catholics come together to feel welcome and to help one another live as Jesus' friends. Point to various countries.

Ask a volunteer to find the star. Let the children guess what the star means. Tell them that it shows the location of their parish, their special place in the big Catholic Church family. You may want to mention that wherever they go in the world, they will always be welcome in other parishes.

Materials needed: globe or world map; star

Our Parish Belongs to All of Us

Draw a big star on the chalkboard or newsprint to represent your parish. Sketch a church building in the center. Ask the children to tell the name of their parish. Print it above the star.

Ask the children to tell why they and people they know come to their parish church. If time permits, let them add stick figures inside the star to show these people going to church. Then read page 211, excluding the writing activity.

As a follow-up, ask the children to think of one way they can welcome someone to their parish. (Possible answers: smile and say hello to a friend at church; invite a friend to visit the church; take a visiting relative to Mass with them.) Then complete the writing activity.

Todos ayudamos a nuestra parroquia

Señale que nuestra parroquia es como una familia grande; todos ayudan a que sea feliz, se preocupan por familiares y amigos de Jesús. Lea el primer párrafo de la página 210. Pida a los niños subrayar las dos primeras oraciones. Luego pregunte si pueden nombrar formas en que la gente de su parroquia se ayuda una a otra. Sugiera que las ilustraciones en las páginas 210–211 pueden darle algunas ideas.

Lea los párrafos 2, 3 y 4. Mientras revisa como la gente ayuda en nuestra parroquia, pida a los niños subrayar las frases claves. Luego pídales compartir formas en que ellos pueden ayudar a la parroquia. (Respuestas posibles: rezando por los enfermos de la parroquia, llevando comida para la alacena de la iglesia, participando en la misa.)

Pregunte a los niños si saben el nombre de los sacerdotes de su parroquia. Invítelos a decir cómo los sacerdotes ayudan a nuestra familia parroquial. Luego pida a los niños hacer la actividad escrita al final de las páginas 208 y 210. Sugiérales rezar esta semana por los sacerdotes de su parroquia.

Conclusión _____ minutos

Acercándote a la fe

Resumen de la fe

Pase al *Resumen de la fe* en la página 214. Verifique si los niños pueden expresar en sus propias palabras lo aprendido. Anime a los que puedan a memorizar las afirmaciones. Tenga presente que hacer suyo el *Resumen de la fe* y llevarlo al corazón es más importante que memorizarlo.

Preocupándonos por nuestra parroquia

Pase a la página 212 y trate de que los niños respondan a la primera pregunta. Lea el próximo párrafo. Recuerde como Pedro y los demás

animales marinos mostraron que se preocupaban por Carlos. Invite a los niños a ser "pescados parroquiales amistosos" enviando un mensaje especial a un enfermo de la parroquia. Luego haga el projecto.

Materiales necesarios: papel para dibujar; lápices; creyones, tijeras; escena debajo del agua

Viviendo la fe

Siendo ayudantes de la parroquia

Invite a los niños a compartir formas reales en que puedan ayudar en la parroquia esta semana. Luego reúnanse alrededor de su proyecto del tanque de peces y recen por la persona que recibirá la sorpresa del "pez amistoso parroquial".

Terminen rezando una oración por su familia parroquial.

Evaluación de la lección

• ¿Valoran los niños la parroquia como su lugar especial?

• ¿Están contentos de pertenecer a su parroquia?

• ¿Han escogido formas de ayudar en la parroquia?

SEÑOR, AYUDANOS A DIRIGIR A LOS NIÑOS Y A SUS FAMILIAS HACIA TI.

We All Help Our Parish

Point out that our parish is like a big family; everyone helps to make it a happy, caring family of friends of Jesus. Read the first paragraph on page 211. Have the children underline the first two sentences. Then ask if they can name ways people in their parish help one another. Suggest that the pictures on pages 210–211 may give them clues.

Read paragraphs 2, 3, and 4. As you review how people help our parish, have the children underline the key phrases. Then ask them to share ways they can help their parish. (Possible answers: pray for a sick parish member; collect food for a parish food drive; take part in the Mass.)

Ask if the children know the name(s) of their parish priest(s). Invite them to tell how the parish priest helps our parish family. Then have the children do the writing activities at the bottom of pages 209 and 211. Suggest that they pray for their parish priest this week.

they cared for Charlie. Invite the children to be "friendly parish fish" by sending a special message of love to a sick person in their parish. Then do the project.

Materials needed: tracing and drawing paper; pencils; crayons; paste; scissors; underwater scene

Practicing Faith

Being Parish Helpers

Invite the children to share realistic ways they can be parish helpers this week. Then gather around the fish project and pray for the person who will receive the "friendly parish fish" surprise.

Pray for your parish family.

Evaluating Your Lesson

• Do the children value the parish as their special place?

• Are they happy about belonging to their parish?

• Have they chosen ways to be parish helpers?

End _____ min.

Coming to Faith

Faith Summary

Turn to the *Faith Summary* on page 215. See if the children can express in their own words what they have learned today. Encourage those who can to learn the statements by heart. Bear in mind, however, that making the *Faith Summary* their own and taking it to heart are more important than rote repetition.

Caring for Our Parish

Turn to page 213 and elicit responses to the first sentence. Read the next paragraph. Recall how Sharkey and the other friendly fish showed that

LORD, HELP US TO ENLIGHTEN THE MINDS OF OUR YOUNG PEOPLE AND THEIR FAMILIES.

Nuestra Iglesia Católica

Para el catequista:
Desarrollo espiritual y catequético

Nuestra vida

Fue un gozo estar en la iglesia ese día. Todo el mundo celebraba con nosotros. Había flores en el altar y velas encendidas. Este es un día para recordar, un día para poner en el album de la familia para que sea reliquia cuando seamos viejos y con canas.

Cuando el cantor anunció la canción de entrada, todos nos paramos listos para cantar con todo el corazón.

(Complete la historia recordando un evento memorable.)

Pregúntese:

• ¿Qué significan los sacramentos en mi vida?

• ¿Sería mi vida diferente sin ellos?

Compartiendo la vida

¿Por qué algunos encuentros sacramentales resaltan en tiempo de oración y culto, fortaleciendo su santidad?

¿Por qué otros parecen rituales vacíos cambiando poco su vida?

Nuestra fe católica

Alabamos a Dios en la sagrada liturgia (los sacramentos, especialmente la Eucaristía y la Oración de la Iglesia), ofreciéndonos a Dios por medio de su hijo y el poder del Espíritu Santo.

La práctica exterior del culto, sin embargo, significa poco. En su diálogo con la samaritana en el pozo Jesús insistió:

Pero llega la hora, y ya estamos en ella, en que los verdaderos adoradores adorarán al Padre en espíritu y en verdad. Son los adoradores a los que busca el Padre.
(Juan 4:23–24)

Por su vida, muerte y resurrección, Jesús dio un significado enteramente nuevo al culto en la vida de la gente.

Es esencialmente a través de estos . . . sacramentos, que Cristo se hace presente en Su pueblo, derramando su Espíritu sobre ellos y santificándolos mediante a la unión con El mismo . . . . Los sacramentos están ordenados a la santificación de la humanidad, a la edificación del Cuerpo de Cristo y a dar culto a Dios.
(*Compartir la luz de la fe,* DCN, 97)

Es en Cristo que somos bienvenidos a la Iglesia, poniéndonos en el camino a la santidad en el Bautismo. Es Cristo quien nos impulsa a seguir en la fe, invitándonos a recibir los dones del Espíritu Santo en la Confirmación. Es Cristo quien nos perdona y nos desafía a "no pecar más" en la reconciliación.

Cuando participamos con conocimiento y amor en la vida de oración y culto de la Iglesia, tenemos la experiencia de ser pueblo sacerdotal comisionado a "proclamarán sus maravillas. Ustedes estaban en las tinieblas y los llamó Dios a la luz admirable" (1 Pedro 2:9).

Acercándote a la fe

¿Qué discernimiento en el culto verdadero le sugiere nuestra fe?

¿Cómo puede estar más abierto a crecer en santidad la próxima vez que participe en el culto?

Viviendo la fe

¿Qué hará esta semana para dar verdadero culto a Dios?

Our Catholic Church

For the Catechist:
Spiritual and Catechetical Development

ADULT BACKGROUND

Our Life

It was such a joy to be in church that day! Everyone had come to celebrate with us. There were flowers on the altar, and the candles flickered in anticipation. This would be a day to remember, a day to enshrine in the family album and relish when we were old and gray.

As the cantor announced the opening song, we all stood together, ready to sing our hearts out.

(Complete this account by recalling a memorable event.)

Ask yourself:

• What do the sacraments mean in my life?

• How might my life be different without them?

Sharing Life

Why do some sacramental encounters stand out as times of true prayer and worship, strengthening you in holiness?

Why do others seem to remain empty rituals effecting little change in your life?

Our Catholic Faith

We worship God in the sacred liturgy (the sacraments—especially the Eucharist—and the Prayer of the Church), offering ourselves to God through God's Son and in the power of God's Spirit.

The external practice of worship, however, means very little in itself. In his dialogue with the Samaritan woman at the well, Jesus insisted:

But the time is coming and is already here, when by the power of God's Spirit people will worship the Father as he really is, offering him the true worship that he wants. God is Spirit, and only by the power of his Spirit can people worship him as he really is.
(John 4:23–24)

By his life, death, and resurrection, Jesus cast an entirely new meaning on what worship is for people's lives.

It is principally through these . . . sacraments that Christ becomes present to His people, conferring His Spirit on them and making them holy by drawing them into union with Himself. . . . The purpose of the sacraments is to sanctify humankind, build up the Body of Christ, and give worship to God.
(*Sharing the Light of Faith*, NCD, 97)

It is Christ who welcomes us into the Church, setting us on the path to holiness in Baptism. It is Christ who urges us forward in the faith, inviting us to receive the gifts of the Holy Spirit in Confirmation. It is Christ who gives himself to us in the Eucharist, fortifying and renewing our desire for holiness. It is Christ who forgives us and challenges us to "sin no more" in Reconciliation.

When we participate knowingly and lovingly in the Church's life of prayer and worship, we experience ourselves as a priestly people commissioned to "proclaim the wonderful acts of God, who called you out of darkness into his own marvelous light" (1 Peter 2:9).

Coming to Faith

What insight into true worship does our faith suggest for you?

How might you be more open to growth in holiness the next time you participate in worship?

Practicing Faith

What will you do this week to offer true worship to God?

El tema de este capítulo corresponde al párrafo 1210

RECURSOS LITÚRGICOS

¿Cómo va a inculcar en los niños el amor por la oración?

La mayoría de los catequistas se quejarían del triste reconocimiento de la verdad que Alan Jones, expresa acerca de la oración en su libro, *Journey Into Christ*, la oración nos invita a estar quietos cuando lo que queremos es correr. Nuestros horarios diarios parece que nunca tienen suficientes horas para lo que tenemos que hacer. Algo tiene que dejarse. Con frecuencia, eso es la oración—especialmente el tipo de oración que nos invita a sentar, a estar quietos y a no hacer nada.

Sí, esta simple oración de presencia en el Señor es esencial para crecer en santidad.

Empiece compartiendo esta oración de la presencia con los niños en su grupo. Enseñe una bonita imagen de Jesús. Deje que los niños sepan que cuando aparece esa imagen es una señal de silencio (como "shhh") y quietud. La foto les dice: "Estad quietos y sabed que yo soy Dios".

Pídales mirar la foto por un minuto o dos y luego cerrar los ojos y descansar quietamente en la presencia de Jesús. Después de unos minutos, rece: "Jesús, quédate con nosotros mientras trabajamos y jugamos hoy".

RECURSOS DE JUSTICIA Y PAZ

La íntima relación entre el culto y el testimonio por la justicia y la paz puede ser dado a los niños en la casa (en su familia) por servicios de oración ocasionales. Si claramente enfoca en un tema relevante, esas experiencias de oración pueden motivar a la gente a actuar en temas como:

- cómo servir mejor a los que no tienen comida y a los desamparados en su comunidad;
- cómo los niños participan o pueden participar en defender la paz mundial;
- cómo practica la reconciliación entre los miembros de la familia;
- cómo la iglesia puede ser ministro para las familias separadas de los niños de su parroquia.

El tema debe comunicarse por medio de una combinación de breves lecturas bíblicas, dramatización, película o vídeo, una letanía, una conferencia de alguien que pueda proveer discernimiento acerca del tema y algunas canciones para ayudar a la gente a abrirse al Espíritu Santo.

The Theme of This Chapter Corresponds with Paragraph 1210

LITURGICAL RESOURCES

How will you instill in the children a love of prayer?

Most religion teachers will groan in rueful recognition of the truth that Alan Jones, in his book, *Journey Into Christ*, expressed about prayer when he said that prayer invites us to stand still when all we want to do is run. Our heavily scheduled days never seem to have enough hours in them to go around. Something has to give. Often enough, that something is prayer—particularly the kind of prayer that invites us to sit down, keep quiet, and do nothing.

Yet this simple prayer of presence to the Lord is essential to the growth of holiness.

Begin to share this prayer of presence with the children in your group. Display or project a beautiful picture of Jesus. Let the children know that whenever that picture appears, it is a signal (like "Shh") to be silent and still. The picture says to them: "Be still and see that I am God."

Have them gaze at the picture for a minute or two, then close their eyes and rest quietly in the presence of Jesus. After a few more minutes, pray, "Jesus, remain with us as we go about our work and play today."

JUSTICE AND PEACE RESOURCES

The intimate relationship between worship and witness for justice and peace can be brought home to the children (and their families) by occasional prayer services. If clearly focused on a relevant theme, these prayer experiences can motivate people to act on such issues as:

• how best to serve the hungry and homeless of their own community;

• how children have been and can be involved in advocating world peace;

• how to practice reconciliation among family members;

• how the church can minister to broken families in the children's own parish.

The theme may be communicated through a combination of brief scripture readings, role-playing by the children, a film or videotape, an original litany, a talk by someone who can provide insight on the issue at hand, and a few songs to help people be open to the Holy Spirit.

Recursos de enseñanza

Repaso
de la lección

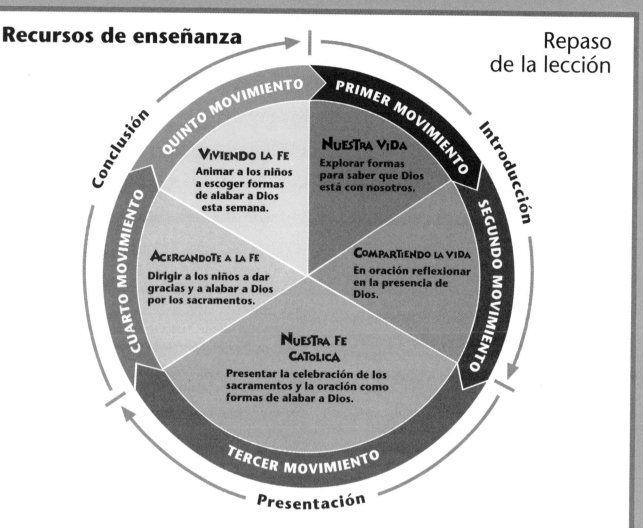

Sugerencias

Maneje su tiempo con cuidado mientras presenta esta lección. Algunas materias, tales como la oración y los sacramentos del Bautismo y la Eucaristía, pueden ser conocidas por los niños. No hay necesidad de explicar la Confirmación con profundidad tampoco ahondar en la Reconciliación que será presentada más tarde en esta unidad. Enfoque los sacramentos como signos especiales de la amorosa presencia y en la oración y la celebración de los sacramentos como formas maravillosas de nuestra Iglesia de alabar a Dios.

Niños con necesidades especiales

Presente las indicaciones despacio, una por una. Despacio repítalas de nuevo para los niños con necesidades especiales.

Necesidades visuales
• un foco para ayudar en la lectura

Necesidades auditivas
• cinta y audífonos para la poesía y el Ave María

Necesidades motoras y de tacto
• la página 222 pegada al pupitre del niño

Recursos complementarios

Traditional Prayers for Children: Our Father, Hail Mary, Apostles' Creed, Glory Be to the Father (video)
Paulist Press
997 MacArthur Blvd.
Mahwah, NJ 07430
(1-800-218-1903)

The Clown of God by Tomie De Paola (book)
Harcourt General Corp.
1250 Sixth Avenue
San Diego, CA 92101
(1-800-346-8648)

Vocabulario
Culto es honrar y adorar a Dios.

Teaching Resources

Overview of the Lesson

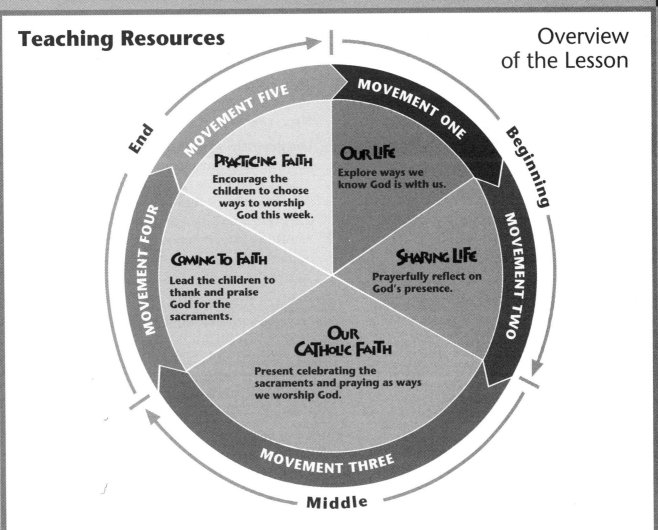

Teaching Hints

Govern your time carefully as you present this lesson. Some of the material, such as prayer and the sacraments of Baptism and Eucharist, should be familiar to the children. There is no need to explain Confirmation in depth nor to expand on Reconciliation, which will be presented later in this unit. Rather, focus on the sacraments as special signs of God's loving presence and on prayer and celebrating the sacraments as wonderful ways our Church worships God.

Special-Needs Child

Present directions slowly and one at a time. Quietly repeat them to the mainstreamed child after they have been given to the group.

Visual Needs
• flashlight to aid reading

Auditory Needs
• audiotape and headphones for the poem and the Hail Mary

Tactile-Motor Needs
• page 223 taped to the child's desk

Supplemental Resources

Traditional Prayers for Children: Our Father, Hail Mary, Apostles Creed, Glory Be to the Father (video)
Paulist Press
997 MacArthur Blvd.
Mahwah, NJ 07430
(1-800-218-1903)

The Clown of God by Tomie De Paola (book)
Harcourt General Corp.
1250 Sixth Avenue
San Diego, CA 92101
(1-800-346-8648)

Faith Word
To **worship** is to give honor and praise to God.

Objetivos

Ayudar a los niños a:

- apreciar los sacramentos como signos especiales de Dios es con nosotros
- saber que nuestra Iglesia alaba a Dios en los sacramentos y en la oración
- celebrar y orar.

PLANIFICACION DE LA LECCION

Introducción _____ minutos

Oración de la lección

Forme un círculo de oración. Pregunte "¿Quién puede decir el nombre de nuestra parroquia, nuestro lugar especial en la gran familia de la Iglesia Católica?" Diga a los niños que hoy vamos a descubrir cómo la parroquia (nombre) y las iglesias católicas alrededor del mundo celebran que Dios está con nosotros. Invite a los niños a celebrar ahora diciendo a Dios lo maravilloso que es. Agarrados de las manos hagan la oración al principio de la página 216.

Nuestra vida

Explorando la presencia de Dios

Pida a los niños pasar a la página 216. Escriba la palabra *signo* en la pizarra. Explique que signo es algo que podemos ver, escuchar o tocar y que nos habla de algo que no podemos ver.

Anuncie que tiene una poesía que les ayudará a entender el significado de *signo*. Lea las primeras dos líneas de la poesía. Pida a los niños escuchar las claves en la poesía. Lea la poesía con gestos. Discutan signos que vemos, escuchamos o sentimos y que nos hablan del viento. Luego discutan las preguntas acerca de signos de la presencia de Dios.

Compartiendo la vida

Reflexionando en la presencia de Dios

Lea esta sección en voz alta. Luego permita unos minutos para reflexionar.

Presentación _____ minutos

Nuestra fe católica

Los grandes signos de Dios

Llame la atención a la ilustración en las páginas 218–219. Recuerde a los niños que Jesús, el hijo de Dios, es el mayor regalo, o signo, de que Dios está con nosotros. ¿Saben los niños por qué Dios envió a su Hijo a estar con nosotros? (Posibles respuestas: para mostrarnos como es Dios; para mostrarnos cuanto Dios nos ama.)

Nuestra Iglesia celebra

Explique a los niños que Jesús sigue compartiendo con nosotros signos del amor y la protección de Dios. Escriba en la pizarra la palabra *sacramentos* debajo de la palabra *signo*. Pronuncie la palabra y pida a los niños repetirla y estar pendientes de ella.

Lea el primer párrafo en la página 218. Refuerce que Jesús, el Hijo de Dios, dio unos signos especiales a su Iglesia, llamados *sacramentos*, para ayudarnos a saber que Dios está con nosotros cuando celebramos el amor y cuidado de Dios por nosotros.

Haga una lista de los cuatro sacramentos mencionados en la página 218. Por cada uno pida a un niño repetir después de usted: "El sacramento de _____ es un signo especial de que Dios está con nosotros". Anímeles a escuchar con cuidado porque usted va a decirles como nuestra Iglesia hace en cada sacramento lo que Jesús hizo para mostrar el amor de Dios por todo el mundo.

Lea los párrafos del 2 al 5. Pida a los niños subrayar cada oración que empiece con "en el sacramento de . . ." Pida voluntarios para decir en sus propias palabras como nuestra Iglesia comparte los signos de Jesús del amor y cuidado de Dios en cada sacramento.

Objectives

To help the children:

- appreciate the sacraments as special signs that God is with us
- know that our Church worships God in the sacraments and in prayer
- celebrate and pray.

LESSON PLAN

Beginning _____ min.

Focusing Prayer

Form a prayer circle. Ask, "Who can tell us the name of our parish, our special place in the big Catholic Church family?" Tell the children that today we will discover how (name) parish and Catholic parishes all over the world celebrate that God is with us, loving and caring for us. Invite them to celebrate now by telling God how wonderful God is. Join hands and say the prayer at the top of page 217.

Our Life

Exploring God's Presence

Have the children turn to page 217. Print the word *sign* on the chalkboard. Explain that a sign is something we can see, hear, or touch that tells us about something we cannot see.

Announce that you have a poem to help them understand what *sign* means. Read the first two lines under the poem. Tell the children to listen for clues in the poem. Read the poem with gestures. Discuss signs we see, hear, and feel that tell us about the wind. Then discuss the question about signs of God's presence.

Sharing Life

Reflecting on God's Presence

Read this section aloud. Then allow a few moments for quiet reflection.

Middle _____ min.

Our Catholic Faith

The Greatest Sign of God

Call attention to the illustration on pages 218–219. Remind the children that God's Son, Jesus, is the greatest gift, or sign, that God is with us. Do they know why God sent Jesus to be with us? (Possible responses: to show us what God is like; to show us how much God loves us.)

Our Church Celebrates

Tell the children that Jesus still shares signs of God's love and care for us today. Print the word *sacraments* under *sign* on the chalkboard. Pronounce the word and have the children repeat it. Tell them to listen for this important word.

Read the first paragraph on page 219. Stress that God's Son, Jesus, gave his Church special signs, called *sacraments*, to help us know that God is with us and to help us celebrate God's love and care for us.

List the names of the four sacraments mentioned on page 219. For each, have the children repeat after you, "The sacrament of _____ is a special sign that God is with us." Urge them to listen carefully because you are going to ask them to tell how our Church does in each sacrament what Jesus did to show God's love for all people.

Read paragraphs 2–5. Have the children underline each sentence that begins, "In the sacrament of..." Ask volunteers to tell in their own words how our Church shares Jesus' signs of God's love and care in each sacrament.

Vocabulario

Escriba la palabra *culto*. Pronúnciela y pida a los niños repetirla. Pregunte si saben el significado. Luego lea la definición en la página 221. Señale que culto es una palabra especial que usamos sólo cuando estamos hablando de Dios.

Lea el último párrafo. Asegúrese de que los niños entienden que cuando celebramos los sacramentos, alabamos—honramos y adoramos a Dios.

Nuestra Iglesia reza

Pregunte a los niños que es rezar (hablar y escuchar a Dios) y nombrar la oración especial que Jesús nos enseñó (el Padre Nuestro). Diga a los niños que la oración es otra forma maravillosa de honrar y alabar a Dios por lo mucho que nos ama. Luego lea los primeros dos párrafos en la página 220.

Repita las palabras de Jesús: "Oren siempre". Pregunte por qué Jesús quiere que sus amigos recen. Luego pregunte: "¿Creen que Jesús quiere que recordemos a su madre María, cuando rezamos?" Lea el tercer párrafo. Pida a los niños repetir, después de usted, cada línea del Ave María.

Lea el último párrafo. Luego invite a los niños a mostrar que ellos son amigos de Jesús celebrando y rezando juntos. (Ver *Acercandote a la fe* en la proxíma columna.)

Conclusión _____ minutos

Acercándote a la fe

Resumen de la fe

Pase al *Resumen de la fe* en la página 224. Verifique si los niños pueden expresar en sus propias palabras lo que han aprendido.

Celebrando signos especiales

Enseñe la respuesta para las oraciones en la página 222. Luego pida a los niños trabajar juntos componiendo cuatro oraciones de acción de gracias por los sacramentos escritos al principio de la página. Dirija a los niños en oración.

Viviendo la fe

Eligiendo celebrar y orar

Permita a los niños mirar las fotos por unos minutos y decir lo que cada una dice acerca de alabar a Dios. ¿Cómo van a alabar a Dios esta semana? Invite a los niños a compartir lo que han encerrado en círculo.

Rece el Ave María en honor a la madre de Jesús. Pídales repetir cada línea después de usted.

Evaluando la lección

• ¿Valoran los niños los sacramentos como signos especiales de la presencia de Dios?

• ¿Saben que alabamos a Dios cuando celebramos y oramos?

• ¿Han decidido cómo van a alabar a Dios?

Faith Word

Display the word *worship*. Pronounce it and have the children repeat it. Ask if they know what the word means. Then read the definition on page 220. Point out that worship is a special word we use only when we are talking about God.

Read the last paragraph. Be sure the children understand that when we celebrate the sacraments, we worship—give honor and praise to God.

Our Church Prays

Ask the children what prayer is (talking and listening to God) and to name the special prayer Jesus taught us (the Our Father). Tell the children that prayer is another wonderful way we can honor and praise God for loving us so much. Then read the first two paragraphs on page 221.

Repeat Jesus' words, "Pray always." Ask why Jesus wants his friends to pray. Then ask, "Do you think Jesus would like us to remember his mother, Mary, in prayer?" Read paragraph 3. Have the children repeat each line of the Hail Mary after you.

Read the last paragraph. Then invite the children to show that they are friends of Jesus by celebrating and praying together. (See *Coming to Faith* on the next column.)

End _____ min.

Coming to Faith

Faith Summary

Turn to the *Faith Summary* on page 225. See if the children can express in their own words what they have learned today.

Celebrating Special Signs

Teach the response: "Let Us Pray and Celebrate" on page 223. Then have the children work together to compose four thank-you prayers for the sacraments listed at the top of the page. Lead the children in prayer.

Practicing Faith

Choosing to Celebrate and Pray

Allow a few moments for the children to look at the photos and tell what each says about worshiping God. How will they decide to worship God this week? Invite the children to share what they have circled.

Pray the Hail Mary to honor the mother of Jesus. Have them repeat each line after you.

Evaluating Your Lesson

• Do the children value the sacraments as special signs of God's presence?

• Do they know that we worship God when we celebrate and pray?

• Have they decided how they will worship God?

La Iglesia ayuda a la gente

Para el catequista:
Desarrollo espiritual y catequético

REFERENCIA PARA EL CATEQUISTA

Nuestra vida

El Santo Padre fue a la cárcel a visitar a Mehmet Ali Agca, quien intentó asesinarlo, para ofrecerle perdón y paz. En este profundo gesto cristiano Juan Pablo II nos recuerda a todos que si queremos vivir verdaderamente en paz, debemos estar dispuestos a dar el primer paso. También personifica para nosotros el ministerio de la Iglesia y comunica la buena nueva al mundo—ya sean amigos o enemigos.

Pregúntese:

• ¿Cómo entiendo el ministerio cristiano de llevar la paz?

• ¿Qué mensaje me trae el acto del papa?

Compartiendo la vida

¿Cuáles son algunos de los obstáculos que nos impiden fomentar la paz?

¿En qué forma la Iglesia le da esperanza por la paz y la justicia en el mundo?

Nuestra fe católica

La enseñanza social de la Iglesia sobre la justicia y la paz encuentra sus raíces en el Antiguo y el Nuevo Testamento. En los convenios hechos por Dios con los israelitas y en las inspiradas voces de los profetas, encontramos una llamada constante a la justicia y al amor.

Ya se te ha dicho, hombre, lo que es bueno y lo que el Señor te exige: Tan sólo que practiques la justicia, que sepas amar y te portes humildemente con tu Dios. (Miqueas 6:8)

El Señor gobernará a las naciones y enderezará a la humanidad. Harán arados de sus espadas y sacarán hoces de sus lanzas. Una nación no levantará la espada contra otra, y no se adiestrarán para la guerra.
(Isaías 2:4)

Desde la proclamación del nacimiento de Jesús hasta su despedida en la última Cena, la vida de Cristo habla de paz y justicia para todos.

Integrado a la enseñanza de la fe católica está el énfasis continuo en esos imperativos bíblicos. Empezando en los cursos primarios, los niños necesitan ser guiados y motivados en las formas de justicia, misericordia y paz.

La catequesis procura inspirar a la gente a vivir recta, misericordiosa y pacíficamente como individuos; a actuar como la levadura del evangelio en la familia, en la escuela, en el trabajo y en la vida cívica y social, y a trabajar en favor de los adecuados cambios sociales. (*Compartir la luz de la fe*, DCN, 170)

La realidad de la injusticia no debe ser negada ni ignorada. Aun los niños pequeños reconocen la injusticia de la pobreza, el prejuicio, el abuso físico y otras formas de injusticias, algunas de las cuales conocen por experiencia personal.

Dar oportunidades a los niños de practicar la justicia y el perdón en la vida diaria es un aspecto importante de la educación religiosa. Es en la familia donde la catequesis por la justicia, la misericordia y la paz debe florecer primero si se quiere que tenga grandes consecuencias.

The Church Helps People

For the Catechist:
Spiritual and Catechetical Development

ADULT BACKGROUND

Our Life

The Holy Father had gone to the prison cell of his would-be assassin, Mehmet Ali Agca, to offer him forgiveness and peace. In this profoundly Christian gesture, John Paul II reminded all of us that if we truly want peace, we must be willing to make the first move. He also personified for us the Church's ministry of communicating the good news to men and women of every nation—friend and enemy alike.

Ask yourself:

• How do I understand the Christian ministry of peacemaking?

• What message does John Paul's act of forgiveness impart to me?

Sharing Life

What are some of the obstacles that can prevent us from being effective peacemakers?

In what ways does the Church give you hope for peace and justice in the world?

Our Catholic Faith

The Church's social teaching on justice and peace is soundly rooted in the Old and New Testaments. In the covenants God made with the Israelites, and in the inspired voices of the prophets, we find a constant call to justice and love.

What [the LORD] requires of us is this: to do what is just, to show constant love, and to live in humble fellowship with our God. (Micah 6:8)

They will hammer their
  swords into plows
and their spears into
  pruning knives.
Nations will never again
  go to war,
  never prepare for battle
  again.
(Isaiah 2:4)

From the proclamation of Jesus' birth to his farewell at the Last Supper, the life of Christ speaks peace and justice to all people.

Integral to the teaching of the Catholic faith is an ongoing emphasis on these biblical imperatives. Beginning in the primary grades, children need to be guided and motivated in the ways of justice, mercy, and peace.

Catechesis seeks to move people to live justly, mercifully, and peacefully as individuals, to act as the leaven of the gospel in family, school, work, social, and civic life, and to work for appropriate social change. (*Sharing the Light of Faith*, NCD, 170)

The reality of injustice should not be denied or ignored. Even young children recognize the unfairness of poverty, prejudice, physical abuse, and other injustices—some of which they know from personal experience.

Giving children opportunities to practice fairness and forgiveness in their daily lives is an important aspect of religious education. For it is in the family that catechesis for justice, mercy, and peace must first blossom if it is to have any larger consequence.

Acercándote a la fe

¿Cómo usted responde al llamado de la Iglesia a ser una persona de justicia, misericordia y paz?

¿Qué imagen de justicia y paz le habla con más poder?

Viviendo la fe

¿Qué hará esta semana para moverse hacia la paz con una persona o con un grupo?

¿Cómo va a inculcar en los niños amor por la justicia y la paz?

RECURSOS LITURGICOS

¿Podemos realmente hacer algo para avanzar la causa de la paz y la justicia en el mundo? A juzgar por la vida de muchos santos hombres y mujeres en la Iglesia, la respuesta es un rotundo "Sí". Nuestra celebración de los sacramentos debe dirigirnos a promover paz y justicia. Como preludio de cualquier acción que usted vaya a tomar esta semana para fomentar la paz u oponerse a la injusticia rece la siguiente letanía con el grupo.

Guía: Santa Teresa de Lisieux, quien trató a todo el mundo con igual bondad . . .
Todos: Ruega por nosotros.

Guía: Dorothy Day, quien amó y sirvió a los pobres . . .
Todos: Ruega por nosotros.

Guía: Martin Luther King, Jr., quien trabajó por justicia e igualdad de derechos . . .
Todos: Ruega por nosotros.

Guía: Cesar Chávez, quien dirigió a la gente a buscar la equidad . . .
Todos: Ruega por nosotros.

Guía: Que tu constante amor esté con nosotros, Señor, porque ponemos nuestra esperanza en ti. En el nombre del Padre . . . .

RECURSOS DE JUSTICIA Y PAZ

Elija un campeón de la justicia histórico o contemporáneo cuyo testimonio le haya inspirado. Lea un libro o un artículo, o mire un video acerca de su vida.

He aquí algunas sugerencias:

• John J. Delaney, ed., *Saints Are Now: Eight Portraits of Modern Sanctity* (New York: Doubleday, 1983). Incluye material acera de la Madre Teresa, Juan XXIII, Dorothy Day, John LaFarge, Thomas Merton, Padre Pio, Pierre Teihard de Chardin.

• David J. Gaarrow, *Bearing the Cross: Martin Luther King, Jr., and the Southern Christian Leadership Conference* 1955–1968 (New York: Random House, 1987).

Escoja uno de estos campeones de la justicia y la paz para compartir con los estudiantes. Exhiba fotografías y cuente la historia para ilustrar como esta persona trabajó por la justicia y la paz. Si quiere puede preparar un boceto para que los niños dramaticen un episodio de la vida de Martin Luther King, Jr. o Dorothy Day.

Coming to Faith

How do you respond to the Church's call to be a person of justice, mercy, and peace?

What image of justice or peace speaks most powerfully to you?

Practicing Faith

What will you do this week to make the first move toward peace with someone or some group?

How will you instill in the children in your group love for justice and peace?

LITURGICAL RESOURCES

Can we really do anything to advance the cause of peace and justice in the world? Judging by the lives of many holy women and men of the Church, the answer is a resounding "Yes!" Our celebration of the sacraments should lead us to promote peace and justice. As a prelude to whatever action you may take this week to make peace or oppose injustice, pray the following litany with your group.

Leader: Saint Thérèse of Lisieux, who treated everyone with equal kindness . . .
All: Pray for us.

Leader: Dorothy Day, who loved and served the poor . . .
All: Pray for us.

Leader: Martin Luther King, Jr. who worked for justice and equal rights . . .
All: Pray for us.

Leader: Cesar Chavez, who led people to seek fairness . . .
All: Pray for us.

Leader: May your constant love be with us, Lord, as we put our hope in you. In the name of the Father. . . .

JUSTICE AND PEACE RESOURCES

Choose one historical or contemporary champion of justice and peace whose witness might inspire you. Read a book or article, or watch a videotape, on his or her life.

Here are some suggestions:

• John J. Delaney, ed., *Saints Are Now: Eight Portraits of Modern Sanctity* (New York: Doubleday, 1983). Includes material on Mother Teresa, John XXIII, Dorothy Day, John LaFarge, Thomas Merton, Padre Pio, Pierre Teilhard de Chardin.

• David J. Garrow, *Bearing the Cross: Martin Luther King, Jr., and the Southern Christian Leadership Conference* 1955–1968 (New York: Random House, 1987).

Choose one of these champions of justice and peace to share with your class. Display pictures of him or her, and tell a story that illustrates how this person worked for justice and peace. You might also prepare a brief skit in which the children act out an episode from the life of Martin Luther King, Jr., or Dorothy Day.

Recursos de enseñanza

QUINTO MOVIMIENTO

PRIMER MOVIMIENTO

Conclusión

Introducción

SEGUNDO MOVIMIENTO

CUARTO MOVIMIENTO

VIVIENDO LA FE
Animar a los niños a buscar formas de llevar la paz a ellos y a los demás.

NUESTRA VIDA
Explorar lo que significa ser tratado justamente.

ACERCANDOTE A LA FE
Dirigir a los niños a mostrar como los compañeros de paz de Jesús actúan justamente.

COMPARTIENDO LA VIDA
Hablar acerca de por qué Jesús quiere que seamos justos con todos.

NUESTRA FE CATOLICA
Presentar la buena nueva de que compartimos la paz de Jesús tratando a todo el mundo justamente.

TERCER MOVIMIENTO

Presentación

Sugerencias

Esta lección pone énfasis en llevar la paz por medio de nuestros esfuerzos de tratar a los demás justamente como lo hizo Jesús. Refuerce que la paz empieza con pequeñas cosas en la casa, la escuela y nuestro vecindario. Anime a los niños a rezar por la paz para todo el mundo y a luchar por llevar la paz a todos.

Niños con necesidades especiales

Es importante asignar sólo una tarea a la vez a los niños con necesidades especiales.

Necesidades visuales
• la palabra *paz* cortada en tela de felpa
• dramatización de la Biblia

Necesidades auditivas
• cinta y audífonos para la historia bíblica de la página 228

Necesidades motoras y de tacto
• compañeros que ayuden con las actividades.
• marcadores grandes y gruesos

Recursos complementarios

Children of Love (video)
1. *How God Loves Us*
2. *How We Love God*
3. *Jesus, the Way of Love*
4. *The Church, Community of Love*
Treehaus Communications
P.O. Box 249
Loveland, OH 45140-0249
(1-800-638-4287)

What Changed Michael? (video)
Twenty-third Publications
P.O. Box 180
Mystic, CT 06355
(1-800-321-0411)

Teaching Resources

Overview of the Lesson

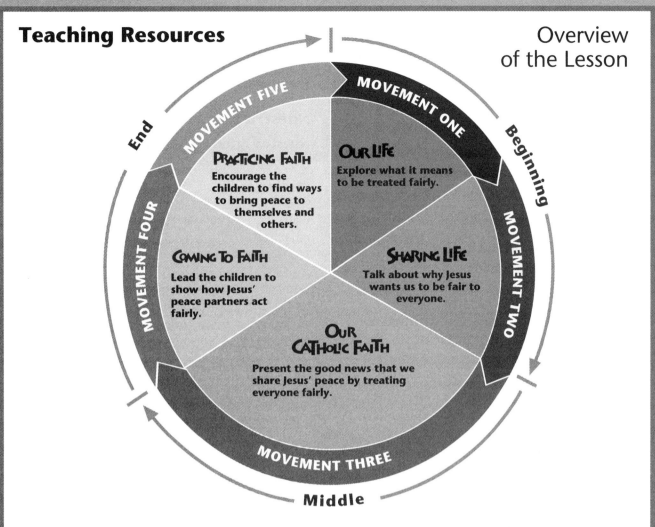

Beginning

MOVEMENT ONE
Our Life
Explore what it means to be treated fairly.

MOVEMENT TWO
Sharing Life
Talk about why Jesus wants us to be fair to everyone.

MOVEMENT THREE
Our Catholic Faith
Present the good news that we share Jesus' peace by treating everyone fairly.

Middle

MOVEMENT FOUR
Coming To Faith
Lead the children to show how Jesus' peace partners act fairly.

MOVEMENT FIVE
Practicing Faith
Encourage the children to find ways to bring peace to themselves and others.

End

Teaching Hints

This lesson focuses on bringing about peace through our efforts to treat others fairly, as Jesus did. Stress that peace begins in small ways at home, at school, and in our neighborhood. Encourage the children to pray for peace for all people and to work to bring about peace in their own ways.

Special-Needs Child

It is important to assign only one task at a time to the mainstreamed child.

Visual Needs
• word *peace* cut from felt
• role-play of the Bible

Auditory Needs
• audiotape and headphones for the Bible story on page 229

Tactile-Motor Needs
• peers helpers for creative activities
• large, thick markers

Supplemental Resources

Children of Love (video)
1. *How God Loves Us*
2. *How We Love God*
3. *Jesus, the Way of Love*
4. *The Church, Community of Love*
Treehaus Communications
P.O. Box 249
Loveland, OH 45140-0249
(1-800-638-4287)

What Changed Michael? (video)
Twenty-third Publications
P.O. Box 180
Mystic, CT 06355
(1-800-321-0411)

Objetivos

Ayudar a los niños a:

• saber que Jesús quiere que seamos justos con todo el mundo

• apreciar que la justicia nos ayuda a llevar paz

• decidir ser compañeros de paz de Jesús practicando la justicia.

PLANIFICACION DE LA LECCION

Introducción _____ minutos

Oración de la lección

Anuncie que hoy va a hablar acerca de cómo podemos ser compañeros de paz de Jesús tratando a los demás justamente. Invite a los niños a juntar las manos y pedir a Jesús que les ayude a escuchar y a aprender cómo ser su compañero de paz. Haga la oración al principio de la página 226.

Nuestra vida

Explorando comportamiento justo e injusto

Use la actividad al inicio de la página 226 para ver las percepciones que tienen los niños de la justicia y sus sentimientos acerca de tratar a alguien injustamente.

Compartiendo la vida

Discutiendo justicia

Use las preguntas que se encuentran al final de la página 226 para ayudar a los niños a decir lo que significa ser injusto, por qué somos injustos y por qué Jesús quiere que seamos justos con todos.

Presentación _____ minutos

Nuestra fe católica

Nuestra Iglesia ayuda a la gente

Escriba las palabras los *compañeros de paz* en la pizarra. Pronúncielas. Explique que compañeros de paz son personas que tratan con ahínco de ser justos con otros como quiere Jesús. Escriba la palabra *son justos* y lea la oración completa en voz alta. Pida a los niños sonreír si quieren aprender como ser compañeros de paz de Jesús.

Lea el primer párrafo de la página 228. Refuerce que nuestra Iglesia Católica nos ayuda a ser compañeros de paz con Jesús enseñándonos lo que Jesús dijo acerca de ser justos. Invite a los niños a escuchar la historia que Jesús enseñó acerca de ser justo.

Tiempo para una historia bíblica

Mientras lee la historia bíblica haga preguntas como las siguientes:

• Primer párrafo: ¿Qué le debía el sirviente al rey? ¿Tenía el sirviente el dinero? ¿Qué dijo el rey al sirviente?

• Segundo párrafo: ¿Qué le debía el hombre al sirviente? ¿Qué le pidió el hombre al sirviente? ¿Qué dijo el sirviente al hombre?

• Ultimo párrafo: ¿Por qué se enojó el rey? ¿Qué dijo el rey al sirviente?

Haga la pregunta al inicio de la página 230 y comparta las respuestas, o pida a varios niños dramatizarla. Pregunte cuál persona en la historia actuó como un compañero de paz y por qué.

Siendo compañero de paz con Jesús

Lea los párrafos 2–4 en la página 230 para resumir las enseñanzas de Jesús acerca de la justicia. Haga preguntas como las siguientes:

• ¿Qué significa ser justo?

• ¿Con quién debemos ser justos?

• ¿Qué muestra a los demás el actuar con justicia?

Hable de quién es cada quien. Incluyendo a personas que no nos caen bien, que son menos afortunados que nosotros o que son diferentes a nosotros.

Objectives

To help the children:

• know that Jesus wants us to be fair to everyone

• appreciate that fairness helps bring about peace

• decide to be Jesus' peace partners by practicing fairness.

LESSON PLAN

Beginning _____ min.

Focusing Prayer

Announce that today we are going to talk about how we can be Jesus' peace partners by treating everyone fairly. Invite the children to join hands and ask Jesus to help us listen and learn how to be his peace partners. Say the prayer at the top of page 227.

Our Life

Exploring Fair/Unfair Behavior

Use the activity at the top of page 227 to begin to explore the children's perceptions of fairness and their feelings about being treated unfairly.

Sharing Life

Discussing Fairness

Use the questions at the bottom of page 227 to help the children tell what it means to be unfair, why we act unfairly, and why Jesus wants us to be fair to everyone.

Middle _____ min.

Our Catholic Faith

Our Church Helps People

Print the words *peace partners* on the chalkboard. Pronounce them. Explain that peace partners are people who try hard to be fair to others as Jesus wants. Print the words *are fair* and read the whole sentence aloud. Ask the children to smile if they would like to learn how to be Jesus' peace partners.

Read the first paragraph on page 229. Stress that our Catholic Church helps us to be Jesus' peace partners by teaching us what Jesus said about being fair. Invite the children to listen to a story Jesus told about being fair.

Bible Story Time

As you read the Bible story, ask questions such as:
• First paragraph: What did the servant owe the king? Did the servant have the money? What did the king say to the servant?

• Second paragraph: What did the man owe the servant? What did the man ask the servant? What did the servant say to the man?

• Last paragraph: Why was the king angry? What did he say to his servant?

Pose the question at the top of page 231 and share responses, or let several children role-play the story. Ask which person in the story acted as a peace partner, and why.

Being Jesus' Peace Partners

Read paragraphs 2–4 on page 231 to summarize Jesus' teaching on fairness. Ask questions such as:

• What does being fair mean?
• To whom should we be fair?
• What does acting fairly show other people?

Talk about who *everyone* is. Include people who do not like us, people who are less fortunate than we are, people who look different from us.

Conciencia multicultural

Aproveche la oportunidad para ayudar a los niños a ver que todos somos iguales. Todos tenemos las mismas necesidades y sentimientos. Señale que los compañeros de paz de Jesús tratan a todo el mundo con respeto.

Compartiendo la paz de Jesús

Lea nuevamente la oración: "Cuando somos justos unos con otros hacemos la paz". Pregunte a los niños cuál es el significado de paz. Lea el párrafo 5. Dé ejemplos de que estar quietos dentro significa; sentirse bien acerca de uno mismo; no guardar rencor; perdonar; tratar de ser justo; rezar por la paz para todos.

Lea el último párrafo en la página 230. Pregunte lo que Jesús dice acerca de la paz. Refuerce que cuando nos tratamos justamente y ayudamos a los que están en necesidad, actuamos como compañeros de paz de Jesús.

Viviendo la fe

Estando en paz

Forme un círculo de oración en el piso. Con calma invite a los niños a tranquilizarse. Pídales pensar en alguien con quien serán justos esta semana y en alguien con quien quieren hacer las paces. Conduzca la experiencia de oración que se encuentra al final de la página 232. Anime a decir sus oraciones. Al finalizar diga: "Vayan en paz a amar a Dios y a los demás".

Evaluación de la lección

• ¿Saben los niños lo que significa tratar a otros justamente?

• ¿Valoran el ser compañeros de paz de Jesús?

• ¿Han decidido ser justos y hacer las paces con alguien esta semana?

Conclusión _____ minutos

Acercándote a la fe

Resumen de la fe

Pase al *Resumen de la fe* en la página 234. Cerciórese de que los niños pueden expresar en sus propias palabras lo aprendido.

Viviendo en paz

Invite a los niños a mostrar como los compañeros de paz se ayudan unos a otros a ser justos. Use la actividad al inicio de la página 232.

SEÑOR, AYUDANOS A DIRIGIR A LOS NIÑOS Y A SUS FAMILIAS HACIA TI.

Multicultural Awareness

Take this opportunity to help the children see that we are all the same kind of people on the inside. We have the same needs and the same feelings. Point out that Jesus' peace partners treat all people with respect.

Sharing Jesus' Peace

Reread the sentence, "When we are fair to one another, we help to make peace." Ask the children what they think peace means. Read paragraph 5. Give examples of what being quiet inside means: feeling good about ourselves; not holding grudges; being willing to forgive; trying to be fair; praying for peace for everyone.

Read the last paragraph on page 231. Ask what Jesus says about peace. Stress that when we treat one another fairly and help those in need, we act as peace partners with Jesus.

End _____ min.

Coming to Faith

Faith Summary

Turn to the *Faith Summary* on page 235. See if the children can express in their own words what they have learned today.

Living in Peace

Invite the children to show how peace partners help others to act fairly. Use the activity at the top of page 233.

Practicing Faith

Being at Peace

Form a prayer circle on the floor. Quietly invite the children to make themselves still on the outside—and on the inside. Ask them to think of someone they will try to be fair to this week, and then of someone they want to be at peace with. Conduct the prayer experience at the bottom of page 233. Encourage follow-through on their prayers. In closing, say, "Go in peace to love God and others."

Evaluating Your Lesson

• Do the children know what it means to treat others fairly?

• Do they value being Jesus' peace partners?

• Have they chosen to be fair and make peace with someone this week?

LORD, HELP US TO ENLIGHTEN THE MINDS OF OUR YOUNG PEOPLE AND THEIR FAMILIES.

Dios nos perdona

Para el catequista:
Desarrollo espiritual y catequético

Nuestra vida

Considere cada uno de los siguientes conflictos. Busque una forma efectiva de decir "lo siento".

• Porque tenía mucho que hacer no fue a visitar a un amigo o familiar enfermo que depende de usted. ¿Qué hará en su próxima visita?

• En una discusión con un ser querido, ganó el pleito señalando las debilidades de la otra persona quien se niega a hablarle. ¿Qué hace usted?

• Perdió la paciencia con un niño travieso y lo castigó injustamente. Al volver a la calma se da cuenta de su actuación, ¿qué hace?

Pregúntese:

• ¿Cómo me siento al decir "lo siento"?

• ¿Qué tan importante es el sacramento de la Reconciliación para mí?

Compartiendo la vida

¿Por qué hoy los católicos usan menos la reconciliación sacramental?

¿Cuáles cambios le gustaría ver en la educación para el sacramento?

Nuestra fe católica

En la primera proclamación pública de la buena nueva, Jesús puso énfasis en la relación entre la conversión y el reino. "El plazo está vencido. El reino de Dios se ha acercado. Tomen otro camino y crean en la buena nueva" (Marcos 1:15).

Cualquier otro motivo que tengamos para el arrepentimiento es secundario. La persona que no se aleja del pecado y busca perdón no puede entrar al reino.

Los evangelios están llenos de historias de Jesús expresando sus deseos de perdonar a los pecadores y de reconciliarlos con Dios.

Jesús dijo a la mujer arrepentida que ungió sus pies y lloró por sus pecados: "Tus pecados te son perdonados . . . vete en paz" (Lucas 7:48, 50). Poniendo énfasis en el gozo de Dios cuando alguien se arrepiente, Jesús contó las parábolas de la oveja perdida, la moneda perdida y el hijo pródigo (Lucas 15).

En la parábola del hijo pródigo, Jesús nos ofrece una imagen del perdón ilimitado y desinteresado. El padre no amonesta ni castiga al hijo. Lo acoge y celebra su reconciliación con gratitud.

Dios da la bienvenida a la humanidad al hogar por medio de la vida, muerte y resurrección de su único Hijo.

El señor resucitado dio a sus apóstoles el poder de perdonar los pecados (ver Juan 20:23). En el sacramento de la Reconciliación, la Iglesia continúa el ministerio de Jesús de perdonar a los pecadores.

Somos llamados a encontrar a Jesús el reconciliador en este sacramento de sanación. También somos llamados a pavimentar el camino para otros que necesiten perdón.

Acercándote a la fe

¿Cuál de las historias de Jesús reconciliador es más significativa para usted? ¿Por qué?

¿Reflexionar en Jesús el reconciliador le ayuda a vencer cualquier problema que tenga para decir "lo siento" a Dios y a otros? ¿Por qué sí o por qué no?

Viviendo la fe

¿Qué hará esta semana para ser un reconciliador?

¿Cómo va a comunicar a los niños el constante perdón de Dios?

God Forgives Us

For the Catechist:
Spiritual and Catechetical Development

ADULT BACKGROUND

Our Life

Consider each of the following conflict situations. Come up with an effective way to say "I'm sorry."

• Because of your busy schedule, you neglect to visit a sick relative or friend who relies heavily on you. On your next visit what do you do?

• In an argument with a loved one, you win your point by emphasizing the other person's weaknesses or deficiencies. He or she then refuses to speak to you. What do you do?

• You lose your patience with a mischievous child and punish him or her unfairly. When tranquillity returns, you realize that you overreacted. What do you do?

Ask yourself:

• How do I feel about saying "I'm sorry"?

• How important is the sacrament of Reconciliation to me?

Sharing Life

Why do Catholics today make less use of sacramental Reconciliation?

What changes (if any) in education for the sacrament would you like to see?

Our Catholic Faith

In his first public proclamation of the good news, Jesus emphasized the connection between conversion and the Kingdom. "'The right time has come,' he said, 'and the Kingdom of God is near! Turn away from your sins and believe the Good News!' " (Mark 1:15).

Whatever other motives we may have for repentance, they are secondary to this basic truth.

The person who does not turn away from sin and seek forgiveness cannot enter into the Kingdom.

The Gospels are laced with stories expressing Jesus' eagerness to forgive sinners and reconcile them to God.

To the repentant woman who anointed his feet and wept over her sins, Jesus said, "'Your sins are forgiven . . . . go in peace'" (Luke 7:48, 50). Emphasizing how greatly God rejoices over those who repent, Jesus told the parables of the lost sheep, the lost coin, and the lost son (Luke 15).

In the parable of the lost son, Jesus offered us an image of unlimited and selfless forgiveness. The father does not preach to the son; nor does he punish him. He welcomes the lost one home, celebrating their reconciliation with gratitude.

God welcomed humankind home through the life, death, and resurrection of his only Son.

The risen Lord gave his apostles the power to forgive sins (See John 20:23). In the sacrament of Reconciliation, the Church continues Jesus' ministry of forgiving sinners.

We are called to encounter Jesus the Reconciler in this healing sacrament. We are also called to pave the way for others who need forgiveness.

Coming to Faith

What story or image of Jesus the Reconciler is most meaningful to you? Why?

Does reflecting on Jesus the Reconciler help you to overcome any reluctance you have about saying "I'm sorry" to God and others? Why or why not?

Practicing Faith

What will you do to be a reconciler this week?

How will you communicate God's constant forgiveness to the children in your group?

RECURSOS LITURGICOS

Nuestra profunda necesidad de perdón y reconciliación es poderosamente trasmitida por los salmistas quienes clamaron a Dios en favor de todos los pecadores. Al repetir versos de perdón selectos de los salmos podemos hacerlos nuestros.

He aquí algunos pasajes para tratar con los niños cuando surja una necesidad de perdón:

> Guárdame de la soberbia, que nunca instale en mí su dominio.
> (Salmo 19:13)

> Piedad de mí, en tu bondad, por tu gran corazón, borra mi falta.
> (Salmo 51:1)

> Felices los que guardan sus mandamientos y buscan a Dios con todo el corazón.
> (Salmo 119:2)

> Dichoso el que es absuelto de pecado y se encuentra sin culpa.
> (Salmo 32:1)

RECURSOS DE JUSTICIA Y PAZ

Si Jesús hubiera tenido que compartir sólo una parábola con sus discípulos, es probable que elegiría la del hijo pródigo (Lucas 15:11–32). En ella nos muestra el retrato de un Padre que siempre está dispuesto a perdonarnos, siempre buscando reconciliarse con nosotros. Sin importar cuanto hayamos pecado y cuan extraviados estemos, espera que pidamos perdón.

Los niños se divertirán dramatizando la historia de la ida y el regreso del hijo (versos 11–24). Planifique simples actuaciones con los niños representando al hijo perdido o la hija perdida. Incluya los animales, los sirvientes y la granja en la representación.

Cuente la historia dos o tres veces para que los niños se familiaricen. Deje que los personajes principales improvisen diálogos simples mientras usted sirve de narrador. Use otros elementos tales como dinero de papel, vegetales, un vestido elegante, un anillo de juguete y campanas para anunciar el "momento de la fiesta".

Termine con una breve oración:
> Padre que perdona, ayúdanos siempre a regresar a casa contigo.

The Theme of This Chapter Corresponds with Paragraph 1700

LITURGICAL RESOURCES

Our deep human need for forgiveness and reconciliation is powerfully conveyed by the Psalmists who cried out to God on behalf of all sinners. By repeatedly praying selected verses from the Psalms of Forgiveness, we can make them our own.

Here are a few suggested passages to be prayed with the children whenever a need for forgiveness arises.

Keep me safe from sins;
don't let them rule
over me.
(from Psalm 19:13)

Be merciful to me, O God,
because of your constant
love.
(Psalm 51:1)

Happy are those who . . .
obey the Lord with all
their heart.
(from Psalm 119:2)

Happy are those whose
sins are forgiven . . .
(Psalm 32:1)

JUSTICE AND PEACE RESOURCES

If Jesus had been able to share only one parable with his disciples, his likeliest choice would have been the lost son (Luke 15:11–32). In it he shows us a portrait of his Father as the one who is always eager to forgive us, always reaching out to be reconciled with us. No matter how we have sinned or strayed, forgiveness is ours for the asking.

The children will enjoy acting out the story from the son's departure to his return (verses 11–24). Plan several simple enactments with different children portraying the lost son or the lost daughter. Non-speaking parts might include the farmer, the pigs, and the servants.

Tell the story two or three times to insure familiarity. Have the main characters improvise simple dialogue while you serve as narrator. Use basic props like play money, paper vegetables, a fancy bathrobe, a toy ring, and bells to announce "Party time!"

Close with a brief prayer like:
Forgiving Father, help us always to
run home to you!

Recursos de enseñanza

Sugerencias

Esta lección ayuda a los niños a explorar el significado de estar verdaderamente arrepentido y por qué necesitamos perdonar y ser perdonados. Refuerce que el perdón trae paz y amistad.

Asegúrese de que los niños entienden que Dios es amor y perdona, que él siempre perdona si estamos arrepentidos. También les ayuda a ver que Dios espera que seamos generosos perdonando.

Niños con necesidades especiales

Cuando ponga a los niños a trabajar en parejas asigne un niño que acepte las diferencias para trabajar con un niño con necesidades especiales.

Necesidades visuales
• lugares preferenciales para sentarlos

Necesidades auditivas
• cintas y audífonos para la historia bíblica

Necesidades motoras y de tacto
• pegue la página 242 al pupitre del niño.

Recursos complementarios

First Reconciliation (video)
St. Anthony Messenger/
Franciscan Communication
1615 Republic Street
Cincinnati, OH 45210
(1-800-488-0488)
(1-800-989-3600)

A Child's First Penance (video)
Ligouri Publications
One Ligouri Drive
Ligouri, MO 63057-9999
(1-800-325-9521)

Teaching Resources

Overview of the Lesson

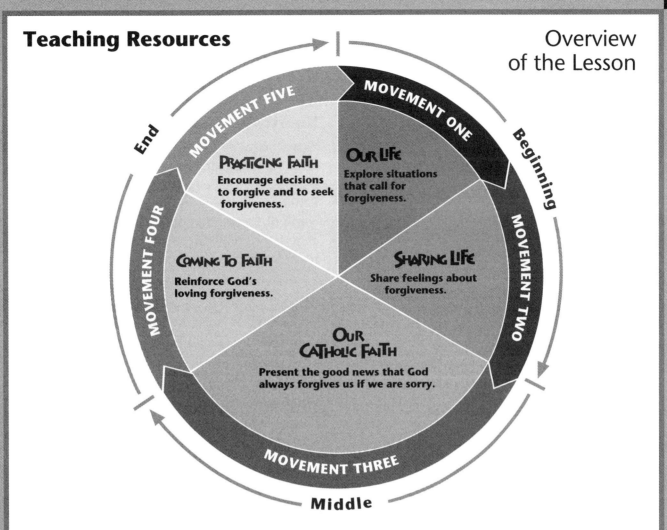

MOVEMENT FIVE

PRACTICING FAITH
Encourage decisions to forgive and to seek forgiveness.

MOVEMENT ONE

OUR LIFE
Explore situations that call for forgiveness.

Beginning

MOVEMENT FOUR

COMING TO FAITH
Reinforce God's loving forgiveness.

SHARING LIFE
Share feelings about forgiveness.

MOVEMENT TWO

End

OUR CATHOLIC FAITH
Present the good news that God always forgives us if we are sorry.

MOVEMENT THREE

Middle

Teaching Hints

This lesson helps the children explore what it means to be truly sorry and why we need to forgive and to be forgiven. Stress that forgiveness builds peace and friendship.

Make certain that the children understand that God is loving and forgiving, that he will always forgive us if we are sorry. Also help them begin to see that God expects us to be generous forgivers, too.

Special-Needs Child

When pairing children, assign the mainstreamed child a partner who is both accepting of her/his differences and able to help the child complete the activity.

Visual Needs
• preferential seating

Auditory Needs
• audiotape and headphones for the Bible story

Tactile-Motor Needs
• maze on page 243 taped to the child's desk

Supplemental Resources

First Reconciliation (video)
St. Anthony Messenger/
Franciscan Communications
1615 Republic Street
Cincinnati, OH 45210
(1-800-488-0488)
(1-800-989-3600)

A Child's First Penance (video)
Liguori Publications
One Liguori Drive
Liguori, MO 63057-9999
(1-800-325-9521)

Objetivos

Ayudar a los niños a:

• descubrir por qué necesitamos perdonar y ser perdonados

• saber que Dios siempre nos perdona si estamos arrepentidos

• tomar decisiones para pedir perdón y perdonar.

PLANIFICACION DE LA LECCION

Introducción _____ minutos

Oración de la lección

Recuerde a los niños que en la última lección aprendieron que ser justo ayuda a vivir en paz. Hoy vamos a descubrir que el perdonarnos unos a otros también nos ayuda a hacer la paces. Haga la oración que se encuentra al inicio de la página 236.

Nuestra vida

Cuando necesitamos perdón

Pida a los niños mirar las fotos en la página 236. Pregunte si los niños se ven en paz. Invite a los niños a escuchar la poesía escrita por un niño.

Lea la poesía. Pregunte quién empezó la pelea, qué hizo el niño, qué dijo la madre y por qué el niño piensa que él y su hermana no están listos para hacer las paces. Luego discuta las preguntas que siguen.

Compartiendo la vida

Sentimientos de perdón

Discuta las preguntas de la sección *Compartiendo la vida*. Llame la atención a la ilustración. Pregunte si los niños parecen estar en paz ahora y qué hicieron para hacer las paces.

Presentación _____ minutos

Nuestra fe católica

"Lo siento"

Empiece un cuadro de reconciliación. Escriba las palabras *lo siento* en el centro. Léalas en voz alta. Refuerce que decir "lo siento" muestra a otros como nos sentimos cuando hacemos algo que no deberíamos haber hecho; es un *gran* paso hacia hacer las paces y empezar una amistad nuevamente.

Pida a los niños dibujar una carita triste al lado de "lo siento" en la página 238. Dibuje otra en el cuadro encima de las palabras lo siento. Invite a los niños a escuchar y descubrir cómo podemos convertir una cara "triste" en una feliz.

Mostramos que estamos arrepentidos

He aquí algunas sugerencias para presentar esta sección:

• Párrafos 1–2: Pregunte: "¿Cómo quiere Dios que vivamos como sus hijos?" Refuerce que el amarnos unos a otros nos ayuda a ser amigos y a vivir juntos en paz. El pecado hiere la paz y la amistad que Dios quiere que tengamos.

• Ilustraciones: Use la ilustración para reforzar que estar arrepentido es el primer paso para hacer las paces y ser amigos de nuevo. Hablar con un adulto nos puede ayudar a encontrar formas de mostrar que estamos arrepentidos.

• Párrafos 3–4: Refuerce que estar arrepentido es bueno, pero debemos también mostrar que queremos hacer las paces con los otros. Invite a voluntarios a dramatizar las formas que se ofrecen en el texto. ¿Pueden los niños pensar de otra forma? (Posibles respuestas: hacer algo bueno por otra persona, reparar algo que dañamos a propósito.)

• Párrafo 5: Pregunte: "¿Por qué debemos decir a Dios que estamos arrepentidos?" Acepte todas las respuestas posibles. (Posibles respuestas: rompimos nuestra promesa a Dios de amar.)

Objectives

To help the children:

• discover why we need to forgive and to be forgiven
• know God always forgives us if we are sorry
• make decisions to seek and give forgiveness.

LESSON PLAN

Beginning _____ min.

Focusing Prayer

Remind the children that in the last lesson we learned that being fair helps us to live in peace together. Today we will discover that forgiving one another also helps us make peace. Say the prayer at the top of page 237.

Our Life

Times We Need Forgiveness

Have the children look at the illustration at the top of page 237. Ask if the children look peaceful. Invite them to listen to a poem the boy wrote.

Read the poem. Ask who started the fight, what the boy did, what Mom told them, and why the boy thinks he and his sister are not ready to make up. Then discuss the follow-up questions.

Sharing Life

Feelings About Forgiveness

Discuss the *Sharing Life* questions. Call attention to the illustration alongside. Ask if the children look peaceful now and what they did to make peace.

Middle _____ min.

Our Catholic Faith

"I Am Sorry"

Begin a reconciliation chart. Print the words *I am sorry* in the center. Read them aloud. Stress that saying "I am sorry" shows others how we feel when we do something we know we should not do; it is a *big* step toward making peace and being friends again.

Have the children draw a sad face next to "I am sorry" on page 239. Also draw one on the chart above the words I am sorry. Invite them to listen and find out how we can turn the sad "sorry" face into a happy one.

We Show We Are Sorry

Here are suggestions for presenting this section.

• Paragraphs 1–2: Ask, "How does God want us to live as his children?" Stress that loving one another helps us to be friends and to live together in peace. Sin hurts the peace and friendship God wants us to have.

• Illustrations: Use the illustrations to stress that feeling sorry is the first step toward making peace and becoming friends again. Talking with a grown-up can help us find ways to show we are sorry.

• Paragraphs 3–4: Stress that feeling sorry is good, but we must also show that we want to make peace with others. Invite volunteers to act out the ways given in the text. Can the children think of other ways? (Possible responses: Do a kind act for the person; repair something damaged on purpose.)

• Paragraph 5: Ask, "Why must we tell God we are sorry?" Accept all answers. (Possible response: We did not keep our promise to God to be loving.)

Dios nos perdona

Debajo de la palabras *lo siento* escriba la oración *te perdono*. Léala en voz alta. Anuncie que tiene nuevas maravillosas acerca del amor de Dios por nosotros. Lea las primeras dos oraciones en la sección. Pregunte: "¿Qué nos dice esta noticia acerca de Dios?"

Lea la última oración en la página 238 y la historia en la página 240. Revise la historia y pregunte:

• ¿Qué decidió hacer el joven?

• ¿Qué hizo con el dinero? Luego, ¿qué pasó?

• ¿Cómo se sintió el joven? ¿Qué decidió hacer?

• ¿Lo perdonó el padre? ¿Cómo sabemos esto?

Refuerce que en la historia Jesús nos enseña que Dios siempre nos perdona, al igual que el padre perdonó a su hijo cuando se arrepintió.

Nuestra Iglesia celebra

Afirme que al igual que en la historia del padre, nuestra Iglesia nos da la bienvenida cuando estamos arrepentidos. Lea el párrafo debajo de la historia. Refuerce que en el sacramento de la Reconciliación celebramos el perdón de Dios. Hemos hecho las paces con Dios y con los demás, somos amigos de nuevo.

Pregunte a los niños como se sienten al saber que Dios siempre nos perdona. Pídales dibujar una carita feliz al lado de la foto. Añada una en el cuadro debajo de las palabras *te perdono*. Use el cuadro para resumir como hacemos las paces arrepintiéndonos de lo malo que hemos hecho, mostrando arrepentimiento, buscando el perdón. Luego pida a los niños decir la última oración de la página.

Conclusión _____ minutos

Acercándote a la fe

Resumen de la fe

Pase al *Resumen de la fe* en la página 244. Verifique que los niños pueden expresar en sus propias palabras lo aprendido.

Contando de nuevo la historia bíblica

Dé tiempo a los niños para que estudien el laberinto en la página 242 y encontrar el camino que los llevará de nuevo al padre. Complete la actividad y las preguntas que siguen.

Viviendo la fe

Necesidad de perdón

Haga las preguntas que se encuentran al final de la página 242. Explique que ofender incluye las cosas que decimos o hacemos y que hieren a otro. Señale que debemos perdonarnos unos a otros si esperamos que Dios nos perdone. Luego dirija a los niños a juntos rezar el Padre Nuestro.

Evaluación de la lección

• ¿Saben los niños que Dios quiere que nos arrepintamos y perdonemos?

• ¿Valoran el perdón ilimitado de Dios?

• ¿Han escogido pedir perdón y perdonar?

God Forgives Us

Under the chart words *I am sorry* print the sentence *I forgive you*. Read it aloud. Announce that you have wonderful news about God's love for us. Read the first two sentences in this section. Ask, "What does this news tell us about God?"

Read the last sentence on page 239 and the story on page 241. Review the story, asking:

• What did the young man decide to do?

• What did he do with the money? Then what happened?

• How did the young man feel? What did he decide to do?

• Did his father forgive him? How do we know this?

Stress that in this story Jesus teaches us that God always forgives us, as the father forgave his son when he was sorry.

Our Church Celebrates

Point out that like the father in the story, our Church welcomes us when we are sorry. Read the paragraph under the story. Stress that in the sacrament of Reconciliation we celebrate God's forgiveness. We have made peace with God and one another; we are friends again.

Ask the children how knowing God always forgives us makes them feel. Have them draw a happy face next to the picture. Add one on the chart under the words *I forgive you*. Use the chart to summarize how we make peace by feeling sorry for what we have done, by showing we are sorry, by seeking forgiveness. Then have the children say the last sentence on the page together.

End _____ min.

Coming to Faith

Faith Summary
Turn to the *Faith Summary* on page 245. See if the children can express in their own words what they have learned today.

Retelling the Bible Story
Allow time for the children to study the maze on page 243 and find the path that led the son back to his father. Complete the activity and the follow-up question.

Practicing Faith

Needing Forgiveness
Ask the questions at the bottom of page 243. Explain that trespass means the unloving things we do or say to hurt someone. Point out that we must forgive one another if we expect God to forgive us. Then lead the children in praying the Our Father together.

Evaluating Your Lesson

• Do the children know that God wants us to be sorry and to forgive?

• Do they value God's unlimited forgiveness?

• Have they chosen to ask forgiveness and to be forgiving?

Viviendo con Dios para siempre

Para el catequista:
Desarrollo espiritual y catequético

Nuestra vida

El tramo final en el camino junto con los niños está llegando a su final. Respire profundamente en señal de alivio (de pena). Alábese por haber servido a Jesús como un sirviente de provecho. Dé gracias a Jesús por preservar su sentido del humor y sanidad mental. Aprecie la individualidad de cada niño encomendado a su cuidado.

Pregúntese:

• ¿Qué cambios he observado en los niños este año?

• ¿Qué "momentos memorables" he compartido con ellos?

• ¿Cómo he cambiado este año como catequista y persona de fe?

• ¿Qué es lo que más valora de su experiencia en este año compartiendo la fe con los niños?

Compartiendo la vida

¿Qué desilusión experimentó acerca de la experiencia de compartir la fe con los niños?

¿Qué esperanza atesora para el ministerio catequético en la Iglesia?

Nuestra fe católica

Una de las grandes alegrías de los cristianos es que no tenemos que decir: "no hay mañana". Aun la muerte de nuestro cuerpo no es el final de la historia. Nuestro peregrinaje nos dirige a la eternidad y al gozo del reino de Dios, en toda su plenitud.

Cuando Jesús compartió con sus discípulos el significado de la Eucaristía, muchos se retiraron porque no aceptaban sus "fuertes enseñanzas". Mirando a los doce para ratificar, Jesús preguntó si ellos también le dejarían. Pedro habló por todos cuando respondió: "Señor, ¿a quién iríamos? Tú tienes palabras de vida eterna. Creemos y sabemos que eres el santo de Dios" (Juan 6:68–69).

Jesús nos ha revelado el significado y destino de nuestras vidas. "El nos dice que Dios, a quien debemos amar y servir sobre todas las cosas, (cf. DT 6, 5; MT 22, 37) nos ama más de lo que esperaríamos comprender y nos ofrece su amor irrevocable" (*Compartir la luz de la fe*, DCN, 91). El convenio de amor de Dios nunca nos falla o se nos retira. Con el poder del Espíritu morador, retornamos el amor de Dios en alabanza, ministerio y mutuo arrepentimiento.

Amor es nuestra primera y única obligación, de acuerdo a San Pablo quien escribió: "Con el amor, no se hace ningún mal al prójimo. Por eso en el amor cabe toda la Ley" (Romanos 13:10).

En el más conocido comentario acerca de la naturaleza del amor espiritual, Pablo nos recuerda: "El amor disculpa todo; todo lo cree, todo lo espera y todo lo soporta. El amor nunca pasará. El amor es eterno" (1 Corintios 13:7–8).

Es en el amor de Cristo que crecemos y florecemos cuando alcanzamos la madurez en la fe. Que la gracia de nuestro Señor Jesucristo, el amor de Dios y la comunión del Espíritu Santo esté siempre con nosotros.

Living with God Forever

For the Catechist:
Spiritual and Catechetical Development

ADULT BACKGROUND

Our Life

This is it. The final stretch of your faith journey with the children in your group is about to begin. Breathe a deep sigh of relief (and regret). Commend yourself for having served as Jesus' profitable servant. Thank him for preserving your sanity and sense of humor. Appreciate the uniqueness of each child he has commended to your care.

Ask yourself:

• What changes have I observed in the children this year?
• What "memorable moments" have we shared?
• How have I, as a catechist and as a person of faith, changed this year?
• What do I value most about this year's experience of sharing faith with the children?

Sharing Life

What disappointments about faith-sharing with the children have you experienced?

What hopes do you hold most dear for the ministry of catechesis in the Church?

Our Catholic Faith

One of our great joys as Christians is that we never have to say, "There's no tomorrow." Even the death of our bodies is not the end of the story. Our pilgrimage leads us on into eternity and the enjoyment of the Kingdom, or Reign, of God in its fullness.

When Jesus shared with his disciples the meaning of the Eucharist, many turned their backs on him because they could not accept this "hard teaching." Looking to the Twelve for reassurance, Jesus wondered if they, too, would leave him. Peter spoke for all believers when he responded: "Lord, to whom would we go? You have the words that give eternal life. And now we believe and know that you are the Holy One who has come from God" (John 6:68–69).

Jesus has revealed to us the meaning and destiny of our lives. "He tells us that God, whom we are to love and serve above all else (cf. DT 6, 5; MT 22, 37) loves us more than we can hope to understand, and offers us His love irrevocably" (*Sharing the Light of Faith*, NCD, 91). God's covenanted love can never fail us or be taken away from us. With the power of the indwelling Spirit, we return God's love in worship, ministry, and mutual forbearance.

Love is our first and only obligation, according to Saint Paul, who writes: "If you love someone, you will never do him wrong; to love, then, is to obey the whole Law" (Romans 13:10).

In his best-known commentary on the nature of spiritual love (agape), Paul reminds us: "Love never gives up; and its faith, hope, and patience never fail. Love is eternal" (1 Corinthians 13:7–8).

It is in this Christ-love that we grow and flourish as we come to the maturity of faith. May the grace of the Lord Jesus Christ, the love of God, and the fellowship of the Holy Spirit be with all of us!

Acercándote a la fe

¿Cómo su creencia en la promesa de vida eterna influye en su vida diaria?

¿Ve el llamado bíblico retando a perseverar en el amor como una afirmación o como un sueño imposible? Explique.

Viviendo la fe

¿Cómo va a responder al eterno e irrevocable amor de Dios esta semana?

¿Cómo va a animar a los niños a mantenerse en contacto con Dios?

RECURSOS LITURGICOS

Escoja una de estas citas bíblicas como punto de partida para iniciar un comentario, una canción, una poesía acerca del significado del amor cristiano como espera vivirlo.

• Si tuviera tanta fe como para mover montañas, pero me falta el amor, nada soy.
(1 Corintios 13:2)

• Jesús dijo a Pedro: "¿me amas más que estos?"
(Basado en Juan 21:15)

• Me acompaña tu bondad y tu favor mientras dura mi vida. . . (Salmo 23:6)

Comparta los frutos de su reflexión con los niños. Ayúdeles a crear sus propias oraciones sobre estos temas (en palabras o arte).

• El amor mueve montañas.
(¿Cómo puede el amor de Dios y de los demás hacer eso?)

• Jesús quiere que le amemos más y más.
(¿Cómo podemos mostrar a Jesús lo mucho que le amamos?)

• El amor de Dios por nosotros durará toda la vida.
(¿Cómo se siente al saberlo? ¿Cómo dará gracias a Dios?)

RECURSOS DE JUSTICIA Y PAZ

Cuando no esté con los niños preste atención a las oportunidades que se puedan presentar para expresar el amor de Dios a alguien cuyo comportamiento le tienta a responder con enojo o impaciencia. Recuerde la pregunta de Jesús a sus discípulos: "¿Qué recompensa tendrán si sólo aman a quienes les aman?" (Mateo 5:46).

Estas son algunas situaciones en que animará a los niños a responder como le gustaría a Jesús.

• Alguien que usted conoce hiere sus sentimientos o se burla de usted. ¿Qué haría?
(Anime respuestas honestas que no impliquen represalia, tal como: "heriste mis sentimientos pero te perdono".)

• Un amigo toma algo que te pertenece sin pedirte permiso y se olvida devolverlo. ¿Qué harías?
(Con amabilidad pedir que lo devuelva. No juzgar o culpar a la persona.)

Deje que los niños se den cuenta de que estos son grandes retos que requieren un gran corazón lleno de amor. Anime a los niños a hacer lo mejor que puedan para mostrar a otros el amor de Jesús.

Coming to Faith

How does your belief in the eternal life promised by Jesus influence your daily living?

Do you hear the Bible's call to selfless, persevering love as a challenge, an affirmation, or an impossible dream? Explain.

Practicing Faith

How will you respond to God's eternal and irrevocable love for you this week?

How will you encourage the children to keep in touch with God?

LITURGICAL RESOURCES

Choose one of the following Scripture citations as your starting point for a commentary, a song, or a poem on the meaning of Christian love as you hope to live it.

• I may have all the faith needed to move mountains—but if I have no love, I am nothing. (1 Corinthians 13:2)

• Jesus said, "Do you love me more than these others do?" (From John 21:15)

• I know that your goodness and love will be with me all my life. . . . (Psalm 23:6)

Share the fruits of your reflection with the children in your group. Help them to create their own prayers (in words or art) on one of these themes.

• Love can move mountains.
(How can love of God and others do this?)

• Jesus wants us to love him more and more.
(How can we show Jesus how much we love him?)

• God's love for us will last forever.
(How does this make us feel? How will we thank God?)

JUSTICE AND PEACE RESOURCES

During your time away from the children, be alert to whatever opportunities may come your way to express God's love to someone whose behavior tempts you to retaliate in anger or impatience. Remember the question Jesus put to his disciples: "Why should God reward you if you love only the people who love you?" (Matthew 5:46).

Here are some situations that you might encourage the children to look for and respond to as they think Jesus would.

• Someone you know makes fun of you or hurts your feelings. What do you do?
(Encourage an honest response that does not involve retaliation, such as, "You have hurt my feelings, but I forgive you.")

• A friend or family member takes something that belongs to you without asking and forgets to give it back. What do you do?
(Ask politely for its return. Do not judge or blame the person.)

Let the children know that these are big challenges that require big hearts filled with love. Encourage them to do their best in showing others the love of Jesus.

Recursos de enseñanza

Repaso
de la lección

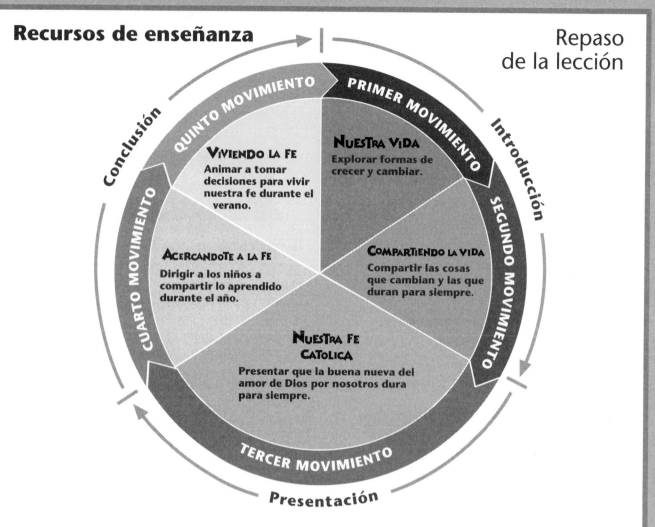

QUINTO MOVIMIENTO

Conclusión

PRIMER MOVIMIENTO

Introducción

VIVIENDO LA FE
Animar a tomar decisiones para vivir nuestra fe durante el verano.

NUESTRA VIDA
Explorar formas de crecer y cambiar.

CUARTO MOVIMIENTO

ACERCANDOTE A LA FE
Dirigir a los niños a compartir lo aprendido durante el año.

COMPARTIENDO LA VIDA
Compartir las cosas que cambian y las que duran para siempre.

SEGUNDO MOVIMIENTO

NUESTRA FE CATOLICA
Presentar que la buena nueva del amor de Dios por nosotros dura para siempre.

TERCER MOVIMIENTO

Presentación

Sugerencias

Cambiar es difícil para todos, pero especialmente para los niños de hoy. No sólo ellos crecen y cambian sino también el mundo a su alrededor. Es de vital importancia una constante en sus vidas—el amor de Dios. El amor de Dios nunca cambia; nunca termina, es eterno.

Esta lección ofrece oportunidades para que los niños elijan formas para tratar de vivir su fe durante las vacaciones de verano.

Niños con necesidades especiales

Con tranquilidad alabe a los niños con necesidades especiales por el esfuerzo hecho durante el año. Reafirme sus esfuerzos y la importancia de su participación en el grupo.

Necesidades visuales
• compañeros para realizar la actividad en la página 252

Necesidades auditivas
• cinta y audífonos para la buena noticia en la página 250

Necesidades motoras y de tacto
• marcadores gruesos y grandes

Recursos complementarios

Discovering Summer (video)
Freckles and Friends (series)
Brown-ROA
1665 Embassy West Drive
Dubuque, IA 52002-2259
(1-800-922-7696)

You and God: Friends Forever
by Francine M. O'Connor (book)
Liguori Publications
One Liguori Drive
Liguori, MO 63057-9999
(1-800-325-9521)

Teaching Resources

Overview of the Lesson

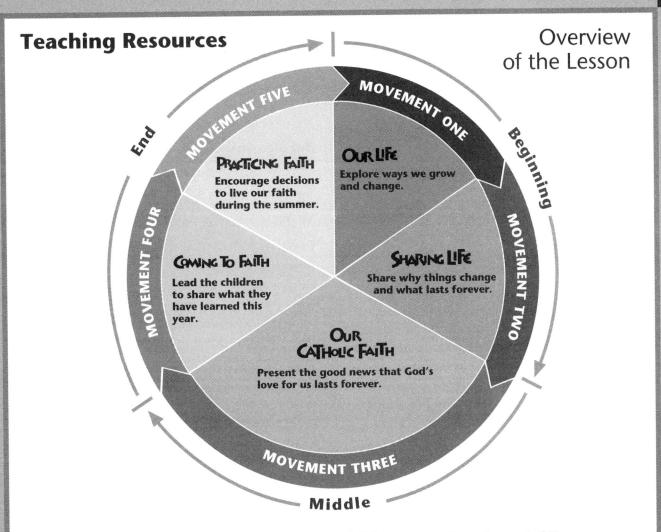

Teaching Hints

Change is difficult for all of us, but it is especially difficult for today's children. Not only are they growing and changing rapidly, but so is the world around them. It is vitally important to reassure them of one constant in their lives—God's love for them. God's love never changes; it never ends; it lasts forever.

This lesson provides opportunities for the children to choose ways they will try to live their faith during summer vacation.

Special-Needs Child

Quietly praise mainstreamed children for their efforts during the year. Reaffirm their strengths and the important role they played in the group.

Visual Needs
• peer helpers for the "pennant" activity on page 253

Auditory Needs
• audiotape and headphones for the good news on page 251

Tactile-Motor Needs
• large, thick markers

Supplemental Resources

Discovering Summer (video)
Freckles and Friends (series)
Brown-ROA
1665 Embassy West Drive
Dubuque, IA 52002-2259
(1-800-922-7696)

You and God: Friends Forever
by Francine M. O'Connor (book)
Liguori Publications
One Liguori Drive
Liguori, MO 63057-9999
(1-800-325-9521)

Objetivos

Ayudar a los niños a:

• **conocer y a apreciar que el amor de Dios es eterno**

• **escoger vivir como hijos de Dios durante el verano.**

PLANIFICACION DE LA LECCION

Introducción _____ minutos

Oración de la lección

Reúnanse en un círculo de oración. Felicite a los niños por cómo se han ayudado unos a otros a aprender acerca del amor de Dios y cómo han crecido como hijos de Dios. Invítelos a tomarse de las manos y juntos dar gracias a Dios por amarnos siempre. Haga la oración que se encuentra al inicio de la página 246.

Nuestra vida

Crecemos y cambiamos

Mencione varias formas de crecimiento interno que ha notado en los niños este año: amabilidad unos con otros, voluntad de compartir las cosas; piedad. Señale que estas son señales de que ellos han crecido como hijos de Dios.

Pida a los niños nombrar otras formas en que ellos han crecido este año. ¿Están más altos? ¿Fuertes? ¿Pueden leer y escribir mejor? ¿Capaces de ayudar más? Luego invítelos a imaginar cómo continuarán creciendo cuando estén en segundo curso. Dirija la actividad que encuentra al principio de la página 246.

Compartiendo la vida

El amor de Dios es eterno

Use las preguntas que están al final de la página 246 para ayudar a los niños a darse cuenta de que en medio del crecimiento y cambio podemos estar seguros de que el amor de Dios es eterno.

Presentación _____ minutos

Nuestra fe católica

Por siempre eterno

Escriba la palabra *siempre* en la pizarra. Pronuncie la palabra y pida a los niños repetirla. Llame voluntarios para decir el significado de la palabra. Analice siempre como algo que nunca termina.

Podemos estar con Dios por siempre

Pregunte: "¿Quién vino a decirnos que el amor de Dios es eterno? ¿Quién vino a mostrarnos que Dios quiere que estemos con él por siempre? ¿Quién vino a ayudarnos a vivir como hijos de Dios?" Anime a razonar "Jesús" en cada respuesta.

Pida a los niños mirar la ilustración en las páginas 248–249 e imaginar ser uno de los niños que fue a ver a Jesús. Invítelos a escuchar una historia bíblica que muestre como Jesús ama a los niños y quiere que estén con Dios para siempre. Lea la historia en la página 248. Repásela haciendo preguntas como las siguientes:

• ¿Por qué creen que los niños querían ver a Jesús?

• ¿Qué dijo Jesús a sus amigos cuando querían despedir a los niños?

• ¿Qué hizo Jesús para mostrar que amaba a los niños?

Lea el párrafo inicial de la página 248 para reforzar el significado de la historia.

Lea el párrafo debajo de la historia y pregunte: "¿Cómo podemos estar felices con Dios? ¿Por cuánto tiempo estaremos felices con Dios?" Pida a los niños repetir la última oración del párrafo.

La buena nueva de Dios

Invite a los niños a compartir la buena noticia que aprendieron este año acerca del amor de Dios y acerca de como Jesús nos ayuda a vivir como hijos de Dios. Pida voluntarios para decir una cosa que aprendieron. Si lo desea pida a los niños mirar las fotos en el libro y luego mostrarlas y hablar de ellas. Puede formar cuatro grupos y asignar una unidad para hablar de ella.

Objectives

To help the children:

- know and appreciate that God's love lasts forever
- choose ways to live as God's children during the summer.

LESSON PLAN

Beginning _____ min.

Focusing Prayer

Gather in a prayer circle. Compliment the children on how they have helped one another learn about God's love and how they have grown as loving children of God. Invite them to join hands and thank God together for loving us always. Say the prayer at the top of page 247.

Our Life

We Grow and Change

Mention several signs of interior growth you have noticed in the children this year: kindness to one another; willingness to share their things; prayerfulness. Point out that these are signs they are growing as God's children.

Ask the children to name other ways they have grown this year. Are they taller? stronger? better able to read or write? able to help more? Then invite them to imagine how they will continue to grow when they are in second grade. Conduct the activity at the top of page 247.

Sharing Life

God's Love Never Changes

Use the questions at the bottom of page 247 to help the children realize that in the midst of growth and change, we can be sure that God's love will never change.

Middle _____ min.

Our Catholic Faith

Forever Never Ends

Print the word *forever* on the chalkboard or newsprint. Pronounce the word and have the children repeat it. Call on volunteers to tell what the word means to them. Focus on forever as something that never ends.

We Can Be with God Forever

Ask, "Who came to tell us that God's love for us never ends? Who came to show us that God wants us to be with God forever? Who came to help us live as God's children?" Encourage a resounding "Jesus" in answer to each question.

Ask the children to look at the illustration on page 248–249 and to imagine that they are one of the children who came to see Jesus. Invite them to listen to a Bible story that shows how much Jesus loves children and wants them to be with God forever. Read the story on page 249. Review by asking questions such as:

- Why do you think the children wanted to see Jesus?
- What did Jesus say to his friends when they told the children to go away?
- What did Jesus do to show that he loved the children?

Read the opening paragraph on page 249 to reinforce the meaning of the story.

Read the paragraph under the story. Ask, "How can we be happy with God? How long will we be happy with God?" Have the children repeat after you the last sentence in the paragraph.

God's Good News

Invite the children to share the good news they learned this year about God's love and about how Jesus helps us to live as God's children. Call on volunteers to tell one thing they have learned. If you wish, let the children look at the pictures in their books and then show one picture and tell about it. Or you might want to form four groups and assign one unit to each group for a show and tell.

Lea el último párrafo de la página 248. Luego pida a los niños juntos repetir la última oración en la página 250.

Conclusión _____ minutos

Acercándote a la fe

Resumen de la fe
Pase al *Resumen de la fe* en la página 254. Verifique si los niños pueden expresar en sus propias palabras lo aprendido.

Compartiendo con Jesús
Mirar la ilustración en las páginas 248–249 puede ayudar a los niños a entrar en la experiencia al inicio de la página 252.

Si el tiempo lo permite use el *Repaso/Prueba de la unidad dos* en la página 260 y 262, o pida a los niños repasarlo en la casa con la familia.

Viviendo la fe

Viviendo como hijos de Dios
Explique la actividad de las banderas al final de la página 252. Quizás algunos niños quieran marcar todas las banderas, no los desaliente. Señale que muchas veces no es bueno prometer muchas cosas a la vez es mejor prometer sólo una o dos y cumplirlas.

Ayude a los niños a preparar *Mi libro de la fe católica* en las páginas 277–280.

Oración final
Reúna a los niños en un círculo de oración. Juntos de las manos digan la oración que se encuentra al final de la página 252. Si desea, termine el año como lo empezó. Haga la señal de la cruz en la frente de cada niño diciendo: "Dios te bendice, _____ . Que el amor de Dios esté contigo siempre".

Evaluación de la lección
- ¿Entienden los niños el concepto siempre?
- ¿Saben que el amor de Dios es eterno?
- ¿Han escogido vivir su fe este verano?

4000

Read the last paragraph on page 249. Have the children repeat the last statement on page 251 together.

End _____ min.

Coming to Faith

Faith Summary
Turn to the *Faith Summary* on page 255. See if the children can express in their own words what they have learned today.

Sharing with Jesus
The children might want to look at the illustration on pages 248–249 to help them enter into the experience at the top of page 253.

If time permits, use the *Summary Two Review/Test* on pages 261 and 263, or have the children go over the pages with someone at home.

Practicing Faith

Living as God's Children
Explain the "pennant" activity at the bottom of page 253. Some children may want to mark all the pennants. Do not discourage them, but point out that sometimes it is better to promise one or two things and stick to them.

Help the children assemble the *My Catholic Faith Book* on pages 281–284.

Closing Prayer
Gather in a prayer circle. Join hands and say the prayer at the bottom of page 253. If you wish, end the year as you began it. Make the sign of the cross on each child's forehead, saying, "God bless you, _____. May the love of God be with you forever."

Evaluating Your Lesson

• Do the children understand the concept of forever?

• Do they know that God's love will last forever?

• Have they chosen to live their faith this summer?

REVISION DE LA PRIMERA UNIDAD

Creación es todo lo hecho por Dios.
Dios creó al mundo y todo lo que hay en él.
Todo lo hecho por Dios es bueno.
Dios creó a todo el mundo bueno.
Dios quiere que todo el mundo se preocupe
de las cosas vivientes.

Dios te dio su propia vida.
Gracia es la vida y el amor de Dios en ti.
Puedes decir: "Dios es un padre amoroso.
Soy hijo de Dios".

Dios nos conoce y nos ama.
Hay un solo Dios.
Hay tres Personas en Dios: Dios Padre,
Dios Hijo y Dios Espíritu Santo. Las tres
Personas en Dios nos conocen y nos aman.

Dios siempre nos ama y nos cuida.
Algunas veces hacemos cosas malas.
A pesar de ello Dios siempre nos ama
y nos cuida.

Dios nos dio a Jesús, su único Hijo, para
enseñarnos a amar a Dios y unos a otros.

UNIT 1 · REVIEW

Creation is everything made by God.
God made the world and all things in it.
Everything God made is good.
God made all people wonderful.
God wants people to care for all
living things.

God gives you His own life.
Grace is God's own life and
love in you. You can say,
"God is like a loving Parent.
I am God's own child."

God knows and loves us.
There is only one God.
There are three Persons in God:
God the Father, God the Son,
and God the Holy Spirit.
The three Persons in God know
and love us.

God loves and cares for us always.
Sometimes we do what is wrong.
Even then, God loves and cares
for us always.

God gives us Jesus, His
own Son, to show us how to
love God and one another.

PRUEBA PARA LA PRIMERA UNIDAD

Encierra en un círculo **Sí** o **No**.
Encierra el signo **?** si no estás seguro.

1. Creación es todo lo hecho por Dios. **Sí** **No** **?**

2. Soy un hijo de Dios. **Sí** **No** **?**

3. Hay tres Personas en un solo Dios. **Sí** **No** **?**

4. Gracia es otro nombre para la Biblia. **Sí** **No** **?**

5. Reza una oración para mostrar que crees en la Santísima Trinidad.

Nombre _____

Su hijo ha completado la tercera unidad de este curso. Pídale entregar esta página al catequista. Esto permitirá a usted y al catequista ayudar al niño a crecer en la fe.

_____ Mi hijo necesita ayuda en lo subrayado.

_____ Mi hijo entiende bien lo enseñado en esta unidad.

_____ Me gustaría hablar con usted. Mi número de teléfono es

_____ .

_____

(Firma)

UNIT 1 ▪ TEST

Circle **Yes** or **No**.
Circle **?** if you are not sure.

1. Creation is everything made
by God.   **Yes   No   ?**

2. I am God's own child.   **Yes   No   ?**

3. There are three Persons in one God.   **Yes   No   ?**

4. Grace is another name for
the Bible.   **Yes   No   ?**

5. Pray the prayer that shows you believe in
the Blessed Trinity.

Child's name _____

Your child has just completed Unit 3. Have your
child bring this paper to the catechist. It will
help you and the catechist know better how to
help your child grow in the faith.

_____ My child needs help with the part of the
Review I have underlined.

_____ My child understands what has been
taught in this unit.

_____ I would like to speak with you.
My phone number is

_____.

_____
(Signature)

REVISION DE LA SEGUNDA UNIDAD

Jesús es parte de nuestra familia humana.
Jesús es humano como nosotros.
El rió y jugó con sus amigos. El los amó y se preocupó por ellos. Algunas veces se sintió cansado y triste. Jesús hizo las cosas que nosotros hacemos.

Jesús es el Hijo de Dios.
Jesús mostró a la gente lo mucho que Dios nos ama. Jesús mostró, con lo que hizo y dijo, que él era el Hijo de Dios.

Jesús es nuestro amigo y maestro.
Jesús enseñó a la gente cómo amarse y cuidarse mutuamente. Que feliz sería el mundo si todos amáramos a Dios, a los demás y a nosotros mismos.

Jesús se dio a sí mismo a nosotros.
La noche antes de morir Jesús compartió una comida especial con sus amigos, la última Cena. Al día siguiente, Viernes Santo, Jesús murió por todos sus amigos. El Domingo de Resurrección, Jesús resucitó de la muerte para darnos una nueva vida. Jesús está vivo y con nosotros.

UNIT 2 · REVIEW

Jesus is part of our human family.
Jesus was human like us.
He laughed and played with His
friends. He loved and cared for
them. At times He was sad or
tired. Jesus did the things we do.

Jesus is God's own Son.
Jesus showed the people how
much God loved them.
Jesus showed by what He did and
said that He was God's own Son.

Jesus is our Friend and Teacher.
Jesus showed the people how
to love and care for one
another. What a happy world
this would be if everyone loved
God, loved all people, and loved
themselves.

Jesus gave Himself for us.
The night before Jesus died He
shared a special meal, the Last
Supper, with His friends. The
next day, Good Friday, Jesus
died for all His friends. On
Easter Sunday, Jesus rose from
the dead to bring us new life.
Jesus is alive and with us today.

PRUEBA PARA LA SEGUNDA UNIDAD

Encierra en un círculo la respuesta correcta.

1. Jesús es el _____ de Dios.

      Padre   Hijo

2. Cuando hablamos y escuchamos a Dios

estamos _____ .

      leyendo   rezando

3. Jesús murió el _____ .

      Viernes Santo   Jueves Santo

4. Jesús resucitó de la muerte en _____ .

      Navidad   Pascua

5. La oración que Jesús enseñó es _____ .

      el Padre Nuestro   el Ave María

Nombre _____

Su hijo ha completado la tercera unidad de este curso. Pídale entregar esta página al catequista. Esto permitirá a usted y al catequista ayudar al niño a crecer en la fe.

_____ Mi hijo necesita ayuda en lo subrayado.

_____ Mi hijo entiende bien lo enseñado en esta unidad.

_____ Me gustaría hablar con usted. Mi número de teléfono es

_____ .

_____

(Firma)

UNIT 2 · TEST

Circle the correct answer.

1. Jesus is the _____ of God.

        Father   Son

2. When we talk and listen to God we _____.

        read   pray

3. Jesus died on _____.

        Good Friday   Holy Thursday

4. Jesus rose from the dead on _____.

        Christmas   Easter

5. The prayer Jesus taught is the _____.

        Our Father   Hail Mary

Child's name _____

Your child has just completed Unit 3. Have your child bring this paper to the catechist. It will help you and the catechist know better how to help your child grow in the faith.

_____ My child needs help with the part of the Review I have underlined.

_____ My child understands what has been taught in this unit.

_____ I would like to speak with you. My phone number is

_____.

_____
(Signature)

REVISION DE LA TERCERA UNIDAD

Jesús envía al Espíritu Santo

Dios Espíritu Santo ayudó a los amigos
de Jesús a rezar y recordar que Jesús
quería que se amaran unos a otros.
El Espíritu Santo les ayudó para que
dijeran la buena nueva de Jesús a
todo el mundo.

La Iglesia empieza

La Iglesia es Jesucristo y sus amigos
bautizados unidos por el Espíritu Santo.
El Espíritu Santo ayuda a los amigos de
Jesús a ser su Iglesia y a vivir como cristianos.

Celebramos el Bautismo

Cuando somos bautizados, nos hacemos
hijos de Dios. Recibimos la vida y el
amor de Dios. Nos convertimos en
parte de la Iglesia.

Celebramos la misa

La misa es nuestra gran celebración.
Escuchamos la palabra de Dios de la
Biblia. Recibimos el Cuerpo y la Sangre
de Jesús en la sagrada comunión.

UNIT 3 · REVIEW

Jesus sends the Holy Spirit.

God the Holy Spirit helped the
friends of Jesus to pray and to
love others. The Holy Spirit
helped them to tell everyone
the good news of Jesus

The Church begins.

The Church is Jesus Christ and
His baptized friends joined
together by the Holy Spirit.
The Holy Spirit helps the friends
of Jesus to be His Church and
to live as Christians.

We celebrate Baptism.

When we are baptized, we
become God's own children.
We receive God's own life
and love. We become part of
the Church.

We celebrate Mass.

Mass is our great celebration
together. We listen to God's
word from the Bible. We
receive the Body and Blood
of Jesus in Holy Communion.

PRUEBA PARA LA TERCERA UNIDAD

Colorea el círculo al lado de la respuesta correcta.

1. Pertenecemos a la _____ de Jesús.

⃝ Iglesia   ⃝ turba   ⃝ orquesta

2. El _____ está con nosotros.

⃝ amigo   ⃝ Espíritu Santo   ⃝ niño

3. Recibimos _____ en la sagrada comunión.

⃝ a Jesús   ⃝ agua   ⃝ pan

4. Por el bautismo nos hacemos _____ de Dios.

⃝ hijos   ⃝ flores   ⃝ libros

5. Dinos cómo amarás a alguien de la misma forma que Jesús amó.

Nombre _____

Su hijo ha completado la tercera unidad de este curso. Pídale entregar esta página al catequista. Esto permitirá a usted y al catequista ayudar al niño a crecer en la fe.

_____ Mi hijo necesita ayuda en lo subrayado.

_____ Mi hijo entiende bien lo enseñado en esta unidad.

_____ Me gustaría hablar con usted. Mi número de teléfono es

_____.

_____

(Firma)

UNIT 3 · TEST

Fill in the circle beside the correct answer.

1. We belong to Jesus' _____.

  ◯ room   ◯ Church   ◯ cross

2. The _____ is with us today.

  ◯ friend   ◯ Baptism   ◯ Holy Spirit

3. We receive _____ in Holy Communion.

  ◯ Jesus   ◯ water   ◯ bread

4. In Baptism I became _____ of God.

  ◯ a child   ◯ the Person   ◯ the Bible

5. Tell how you will love someone as Jesus did.

Child's name _____

Your child has just completed Unit 3. Have your child bring this paper to the catechist. It will help you and the catechist know better how to help your child grow in the faith.

____ My child needs help with the part of the Review I have underlined.

____ My child understands what has been taught in this unit.

____ I would like to speak with you. My phone number is

_____.

_____
(Signature)

REVISION DE LA CUARTA UNIDAD

Somos bienvenidos a la parroquia.
Nos reunimos en nuestra parroquia
para aprender sobre Jesús y como vivir
como sus amigos. Todos son bienvenidos
a la familia parroquial.

Pertenecemos a la Iglesia Católica.
Nuestra Iglesia nos ayuda a ser santos.
Celebramos los sacramentos. En los
sacramentos nuestra Iglesia hace lo
que Jesús hizo con sus amigos.

Aprendemos a vivir en nuestra Iglesia.
En nuestra Iglesia aprendemos cómo
ser justos. Ser justo significa tratar a
todo el mundo de la forma en que
queremos ser tratados. Cuando somos
justos con los demás podemos vivir en paz.

La Iglesia nos da el perdón de Dios.
En la Iglesia Católica tenemos una
forma maravillosa de celebrar el
perdón de Dios. Este es el sacramento
de la Reconciliación. Rezamos y damos
gracias a Dios por amarnos y perdonarnos.

La vida de Dios dura para siempre.
Si vivimos como hijos de Dios, seremos
felices con Dios en el cielo para siempre.

UNIT 4 · REVIEW

We belong to a parish.
In our parish we come together
to learn about Jesus and how to
live as Jesus' friends. Everyone
is welcome in our parish family.

We belong to the Catholic Church.
Our Church helps us to be holy
people. We celebrate the sacraments.
In the sacraments our Church does
what Jesus did for His friends.

We learn how to live in our Church.
In our Church we learn how to
be fair to others. Being fair means
treating people the way we want
them to treat us. When we are fair
to one another, we can live in peace.

The Church brings God's forgiveness.
In the Catholic Church we have
a wonderful way to celebrate
that God forgives us. It is called
the sacrament of Reconciliation.
We pray and thank God for
loving us and forgiving us.

God's life lasts forever.
If we live as children of God, we
will be happy with God forever in heaven.

PRUEBA PARA LA CUARTA UNIDAD

Colorea el círculo al lado de la respuesta correcta.

1. El _____ es una oración a la madre de Jesús.

   ○ Credo   ○ Ave María   ○ El Padre Nuestro

2. _____ da la bienvenida a los nuevos miembros a la Iglesia.

   ○ El Bautismo   ○ La Eucaristía   ○ La Reconciliación

3. Adorar es dar honor y gloria a _____.

   ○ María   ○ Pedro   ○ Dios

4. Dios siempre nos perdona si estamos _____.

   ○ amistosos   ○ arrepentidos   ○ viejos

5. Explica una forma en que trabajarás por la paz.

Nombre _____

Su hijo ha completado la tercera unidad de este curso. Pídale entregar esta página al catequista. Esto permitirá a usted y al catequista ayudar al niño a crecer en la fe.

_____ Mi hijo necesita ayuda en lo subrayado.

_____ Mi hijo entiende bien lo enseñado en esta unidad.

_____ Me gustaría hablar con usted. Mi número de teléfono es

_____.

_____
(Firma)

UNIT 4 · TEST

Fill in the circle beside the correct answer.

1. A prayer to the mother of Jesus is the _____.
  ◯ Creed   ◯ Hail Mary   ◯ Our Father

2. _____ welcomes new members into the Church.
  ◯ Baptism   ◯ Eucharist   ◯ Reconciliation

3. To worship is to give honor and praise to _____.
  ◯ Mary   ◯ Church   ◯ God

4. God always forgives us if we are _____.
  ◯ friendly   ◯ sorry   ◯ old

5. Tell one way you will be a peacemaker.

Child's name _____

Your child has just completed Unit 3. Have your child bring this paper to the catechist. It will help you and the catechist know better how to help your child grow in the faith.

_____ My child needs help with the part of the Review I have underlined.

_____ My child understands what has been taught in this unit.

_____ I would like to speak with you. My phone number is

_____.

_____
(Signature)

Oraciones

Señal de la Cruz
En el nombre del Padre,
y del Hijo,
y del Espíritu Santo.
Amén.

Gloria
Gloria al Padre
y al Hijo
y al Espíritu Santo.
Como era en el principio,
ahora y siempre, por los siglos
de los siglos. Amén.

Padre Nuestro
Padre nuestro, que estás en
el cielo,
santificado sea tu nombre;
venga a nosotros tu reino;
hágase tu voluntad en la tierra
como en el cielo.
Danos hoy nuestro pan de
cada día;
perdona nuestras ofensas,
como también nosotros
perdonamos

a los que nos ofenden;
no nos dejes caer en tentación,
más líbranos del mal. Amén.

Ave María
Dios te salve María, llena eres de
gracia;
el Señor es contigo;
bendita tú eres entre todas las
mujeres,
y bendito es el fruto de tu vientre,
Jesús.
Santa María, Madre de Dios,
ruega por nosotros pecadores,
ahora
y en la hora de nuestra muerte.
Amén.

Oración antes de las comidas
Bendícenos Señor, y bendice estos
dones
que vamos a recibir de tu
bondad, por tu Hijo
Jesucristo nuestro Señor. Amén.

Oración para después de las comidas

Te damos gracias, Dios
todopoderoso,
por este y todos tus regalos, que
recibimos por medio de
Jesucristo, nuestro
Señor. Amén.

Oración para la mañana

Señor, te ofrezco hoy todo lo que
piense, haga y diga, unido a lo
que en la tierra hizo tu Hijo
Jesucristo.

Oración para la noche

Querido Dios, antes de irme a
dormir quiero agradecerte por
este día lleno de tus bondades y
tu gozo. Cierro mis ojos y
descanso seguro de tu amoroso
cuidado.

Oración por mi vocación

Oh Dios, sé que me llamarás
para hacer un trabajo especial
en mi vida. Ayúdame a seguir a
Jesús todos los días y estar
dispuesto a contestar esa
llamada.

Oración por la familia

Ven, Espíritu Santo,
llena nuestros corazones
de tu amor.

Sagrada Familia,
ayuda a mi familia
a ser una
familia santa.

Prayers

Glory to the Father
Glory to the Father,
and to the Son,
and to the Holy Spirit
as it was in the beginning,
is now, and will be forever.
Amen.

Hail Mary
Hail Mary, full of grace,
the Lord is with you;
blessed are you
among women,
and blessed is the fruit
of your womb, Jesus.
Holy Mary, Mother of God,
pray for us sinners
now and at the hour
of our death.
Amen.

Sign of the Cross
In the name of the Father,
and of the Son,
and of the Holy Spirit.
Amen.

Our Father
Our Father, who art in heaven,
hallowed be thy name;
thy kingdom come;
thy will be done on earth
as it is in heaven.
Give us this day our daily bread
and forgive us our trespasses
as we forgive those
who trespass against us;
and lead us not into temptation
but deliver us from evil.
Amen.

Grace After Meals

We give you thanks,
almighty God,
for these and all your gifts
which we have received
through Christ our Lord.
Amen.

Morning Offering

My God, I offer you today
all I think and do and say,
uniting it with what was done
on earth by Jesus Christ,
your Son.

Evening Prayer

Dear God, before I sleep
I want to thank you
for this day so full of
your kindness and your joy.
I close my eyes to rest
safe in your loving care.

A Vocation Prayer

God, I know you will
call me for special work
in my life. Help me
to follow Jesus each day
and be ready to answer
your call.

Family Prayer

Come, Holy Spirit,
fill our hearts
with love.

Holy Family,
help our family
to be a
holy family, too.

ORACIÓN FINAL

Guía: Vean como el Padre los ama.
El amor de Dios es tan grande que somos
llamados hijos de Dios.

Basado en 1 de Juan 3:1

Querido Dios, somos tus hijos.
Gracias, por todos tus regalos.

Lector: Por crearnos...

Todos: Gracias, Señor.

Lector: Por amarnos...

Todos: Gracias, Señor.

Lector: Por estar siempre con nosotros. . .

Todos: Gracias, Señor.

Lector: Por el Espíritu Santo...

Todos: Gracias, Señor.

Lector: Por darnos a Jesús...

Todos: Gracias, Señor.

CLOSING PRAYER SERVICE

Leader: See how the Father has loved us!
God's love is so great that we are called
God's children.

From 1 John 3:1

Dear God, we are Your children.
We thank You for all Your gifts.

Reader: For making us. . .

All: Thank You, God!

Reader: For loving us. . .

All: Thank You, God!

Reader: For never leaving us. . .

All: Thank You, God!

Reader: For the Holy Spirit. . .

All: Thank You, God!

Reader: For giving us Jesus. . .

All: Thank You, God!

MI LIBRO DE LA FE CATÓLICA

Para la familia

Al tiempo que los niños finalizan su experiencia del primer curso, queremos celebrar con ustedes las formas en que ellos han crecido como hijos de Dios. Ustedes han guiado a sus hijos en su crecimiento en la fe cristiana y en sabiduría, incluyendo el amor por la Escritura. Durante este año los niños aprendieron y tuvieron importantes experiencias sobre algunas de las verdades de nuestra fe según están expresadas en el Catecismo de la Iglesia Católica, por ejemplo:

- Credo:
Dios nos dio a su único Hijo Jesucristo. Somos miembros de la familia de Dios, la Iglesia. El Espíritu Santo nos ayuda a vivir como hijos de Dios.

- Sacramentos:
Nos hacemos miembros de la Iglesia por el Bautismo. Damos gracias a Jesús en la misa por el regalo de sí mismo en la Eucaristía. En el Sacramento de la Reconciliación celebramos el perdón de Dios. Somos fortalecidos por el Espíritu Santo en la Confirmación.

- Moral:
Tratamos de seguir a Jesús. Tratamos de amar a Dios, a los demás y a nosotros mismos. Tratamos de ser justos y vivir en paz.

- Oración:
Escuchamos la palabra de Dios de la Biblia. Hablamos a Dios con nuestras palabras. Rezamos el Padre Nuestro, el Ave María y hacemos la Señal de la Cruz.

Continúe animando a su hijo a crecer en la fe y asistan juntos a misa, canten las canciones, lean las historias bíblicas acerca del amor de Dios por nosotros y crezcan juntos.

Oración por la familia

Querido Dios, ayuda a nuestra familia a seguir creciendo en la fe cada día. Ayúdanos a crecer imitando a tu Hijo Jesucristo. Amén.

Esto es lo que creemos…

Dios hizo el mundo y a todas las personas.
Todo lo hecho por Dios es bueno.
Dios nos creó y nos ama.

Dios lo sabe todo, Dios ama y crea.

C Dios nos creó para que aprendiéramos,
amáramos e hiciéramos cosas.

R Hay un solo Dios.

E Hay tres Personas en un solo Dios:

D Dios Padre, Dios Hijo y Dios Espíritu Santo.

O Llamamos a las tres Personas en Dios
Santísima Trinidad. El amor de Dios por
nosotros nunca termina.

Así es como rezamos…

Podemos rezar en cualquier momento,
solos o con otros.

R Escuchamos la palabra de Dios en la
Biblia.

E Hablamos a Dios con nuestras propias
palabras o hacemos oraciones especiales
que hemos aprendido: la Señal de la
Cruz, el Padre Nuestro, y el Ave María.

A Empezamos a aprender el Credo de los
Apóstoles.

Z Adoramos a Dios, le damos
gracias y le pedimos
ayuda. Decimos a Dios
que estamos arrepentidos
si hemos ofendido a
Dios u a otra persona.

R

Así es como vivimos...

Tratamos de seguir a Jesús.

Tratamos de cumplir la Ley del Amor.

M Amamos a Dios, a los demás y a nosotros mismos.

O Cuidamos del mundo de Dios.

R Cuidamos del pueblo de Dios.

A Nos preocupamos en forma especial por los pobres y los necesitados.

L Tratamos de vivir justamente.

Tratamos de vivir en paz.

Jesús es el mayor regalo de Dios a nosotros. Jesús es el Hijo de Dios. El nos enseñó cuanto Dios nos ama.

Jesús nos dio la Ley del Amor. El nos dijo que amáramos a Dios y a los demás como a nosotros mismos.

Jesús murió el Viernes Santo y resucitó de la muerte el Domingo de Resurrección. El está vivo y con nosotros hoy. Jesús nos dio nueva vida.

Jesús nos dio la Iglesia.

Así es como celebramos…

L Celebramos el sacramento del Bautismo. Cuando somos bautizados recibimos la vida y el amor de Dios.

O En el sacramento de la Confirmación recibimos el don del Espíritu Santo de forma especial.

S Celebramos la misa. Escuchamos la palabra de Dios y compartimos el cuerpo y la Sangre de Cristo.

S Celebramos el sacramento de la Eucaristía en la misa. Compartimos el regalo de Jesús en la comunión.

A Celebramos el sacramento de la Reconciliación. Decimos a Dios que estamos arrepentidos y celebramos que Dios está siempre dispuesto a perdonarnos.

C La Iglesia es la comunidad de amigos bautizados de Jesús.

R Estamos unidos por el Espíritu Santo. El Espíritu Santo ayuda a los amigos de Jesús a ser su Iglesia.

A Nos hacemos miembros de la Iglesia por el Bautismo. Somos cristianos católicos.

M En el Bautismo recibimos la vida y el amor de Dios. Esto es la gracia.

E La Iglesia Católica está en todo el mundo.

N El Espíritu Santo nos ayuda vivir como hijos de Dios.

T Podemos vivir en el cielo por siempre con Dios.

O

S

MY CATHOLIC FAITH BOOK

For the Family

As your child's first grade experience ends, we celebrate with you the ways in which your child has grown as a child of God. You have guided your child's growth in the wisdom of Christian faith, including a love for Scripture. During this year, your child has learned and experienced some very important truths of our faith as they are contained in the *Catechism of the Catholic Church*. For example:

- **Creed:** God gave us His Son, Jesus Christ. We are members of God's family, the Church. The Holy Spirit helps us live as children of God.

- **Sacraments:** We become members of the Church at Baptism. We thank Jesus at Mass for the gift of Himself in the Eucharist. In the sacrament of Reconciliation, we celebrate God's forgiveness. We are strengthened by the Holy Spirit at Confirmation.

- **Morality:** We try to follow Jesus. We try to love God, one another, and ourselves. We try to be fair and to live in peace.

- **Prayer:** We listen to God's word in the Bible. We talk to God in our own words. We pray the Our Father, the Hail Mary, and the Sign of the Cross.

Continue to encourage your child to grow in faith by going to Mass together, singing the faith songs, reading Bible stories about God's love for us, and praying together.

Family Prayer

Dear God,
Help our family to continue to grow in faith each day. God, help us as we grow more like Jesus Christ, Your Son. Amen.

This is what we believe…

C God made the world and all people.
Everything God made is good.
He made us and loves us.

R He knows and loves and creates.
God made us to know and love
and make things.

E There is only one God.

E There are three Persons in one God:
God the Father, God the Son, and
God the Holy Spirit.

D We call the three Persons in God
the Blessed Trinity.
God's love for us will never end.

This is how we pray…

P We can pray anywhere or anytime
by ourselves or with others.

R We listen to God's word in the Bible.

A We begin to learn the Apostles' Creed,
the Our Father, and the Hail Mary.
We talk to God in our own words
or say special prayers we have
learned, the Sign of the Cross,

Y We praise God, thank Him,
or ask Him for help.

E We tell God we are sorry
if we have hurt Him
or other people.

This is how we live...

M We try to follow Jesus.

O We try to follow the Law of Love.

R We love God, others, and ourselves.

A We care for God's world.

L We care for all people.

I We care especially for the poor and needy.

T We try to live fairly.

Y We try to be peacemakers.

Jesus is God's greatest gift to us. Jesus is God's own Son. He shows us how much God loves us.

Jesus gave us the Law of Love. He told us to love God, others, and ourselves.

Jesus died on Good Friday and rose from the dead on Easter Sunday. He is alive and with us today. Jesus gives us new life.

Jesus gave us the Church.

This is how we celebrate...

S

We celebrate the sacrament of Baptism. When we are baptized, we receive God's own life and love.

A

In the sacrament of Confirmation we receive the gift of the Holy Spirit in a special way.

C

We celebrate the Mass. We hear God's word and share the Body and Blood of Christ.

R

A

We celebrate the sacrament of Eucharist at Mass. We share Jesus' gift of Himself in Holy Communion.

M

E

We celebrate the sacrament of Reconciliation. We tell God we are sorry and we celebrate that God is always ready to forgive us.

N

T

S

The Church is the community of Jesus' baptized friends.

We are joined together by the Holy Spirit. The Holy Spirit helps the friends of Jesus to be His Church.

We became members of the Church at Baptism. We are Catholic Christians.

At Baptism, we receive God's own life and love. We call this grace.

The Catholic Church is all over the world.

The Holy Spirit helps us live as children of God.

We can live forever in heaven with God.

GLOSARIO

Adviento (página 124)
Nombre que los cristianos damos al tiempo de espera para la celebración del nacimiento de Jesús en Navidad. Continuamos esperando la segunda venida de Jesús.

Bautismo (página 164)
Nos da la gracia que es la vida y el amor de Dios.

Biblia (página 56)
El libro que nos cuenta la historia de Dios.

Confirmación (página 218)
Sacramento por medio del cual el Espíritu Santo viene a nosotros en forma especial.

Creación (página 8)
Todo lo que Dios ha hecho.

Cuaresma (página 192)
Tiempo especial antes de la Pascua de Resurrección. Rezamos y tratamos de crecer como seguidores de Jesús.

Culto (página 220)
Honrar y alabar a Dios.

Domingo de Resurrección
(página 116)
Día en que Jesús resucitó de la muerte.

Espíritu Santo (página 144)
La tercera Persona de la Santísima Trinidad, a quien Jesús envió para que nos ayude.

Eucaristía (página 218)
Sacramento por medio del cual recibimos el Cuerpo y la Sangre de Cristo.

Evangelio (página 184)
La buena noticia de que Dios nos ama y nos da a su Hijo Jesucristo.

Gracia (página 28)
El amor y la vida de Dios en nosotros.

Iglesia Católica
Todos los bautizados seguidores de Jesús reunidos por el Espíritu Santo bajo la dirección del papa y los obispos.

Jesucristo (página 74)
El Hijo de Dios y el hijo de María.

Ley del Amor (página 106)
Jesús nos enseña a amar a Dios a los demás y a nosotros mismos.

María (página 74)
La madre de Jesús, el Hijo de Dios. María es también nuestra madre.

Misa (página 174)
Celebración especial en la cual escuchamos la palabra de Dios, recordamos la muerte y resurrección de Jesús y compartimos el Cuerpo y la Sangre de Cristo.

Navidad (página 76)
Día en que celebramos el nacimiento de Jesús.

Oración (página 96)
Hablar y escuchar a Dios.

Papa (página 154)
Cabeza de la Iglesia Católica.

Parroquia (página210)
Lugar especial donde se reúnen a orar los amigos de Jesús.

Pecado (página 238)
El acto de elegir libremente hacer lo que sabemos está mal. Desobedecemos la ley de Dios a propósito.

Reconciliación (página 218)
Sacramento por medio del cual el sacerdote nos da el perdón y la misericordia de Dios.

Sacramentos (página 218)
Signos por medio de los cuales Jesús comparte la vida y el amor de Dios con nosotros.

Sagrada Comunión (página 116)
Recibir el Cuerpo y la Sangre de Cristo.

Sagrada Familia (página 76)
La familia de Jesús, María y José.

Santísima Trinidad (página 38)
Tres Personas en un solo Dios; el Padre, el Hijo y el Espíritu Santo.

Santos (página 64)
Personas que amaron mucho a Dios y que ahora comparten la felicidad con Dios por siempre en el cielo.

Ultima Cena (página 114)
La última comida que Jesús tuvo con sus amigos antes de morir. En esta comida, Jesús nos dio el regalo de la Eucaristía.

Viernes Santo (página 116)
El día en que Jesús murió en la cruz.

# GLOSSARY

Advent (page 125)
The name Christians give to our waiting time before we celebrate Jesus' birth at Christmas. We continue to wait until Jesus comes again.

Baptism (page 165)
The sacrament that gives us a share in God's life and makes us His own children and members of Jesus' Church.

Bible (page 57)
The book that tells God's story.

Blessed Trinity (page 39)
The three Persons in one God: the Father, the Son, and the Holy Spirit.

Catholic Church
The baptized followers of Jesus who are joined together by the Holy Spirit under the leadership of the pope and bishops.

Christians (page 153)
Followers of Jesus Christ.

Christmas Day (page 77)
The day we celebrate the birth of Jesus.

Confirmation (page 219)
The sacrament in which the Holy Spirit comes to us in a special way.

Creation (page 20)
Everything made by God.

Easter Sunday (page 117)
The day Jesus rose from the dead.

Eucharist (page 219)
The sacrament in which we receive the Body and Blood of Christ.

Good Friday (page 117)
The day Jesus died on the cross for all people.

Gospel (page 185)
The good news that God loves us and gives us Jesus Christ, the Son of God.

Grace (page 29)
God's own life and love in us.

Holy Communion (page 117)
The Body and Blood of Christ.

Holy Family (page 77)
The family of Jesus, Mary, and Joseph.

Holy Spirit (page 145)
The third Person of the Blessed Trinity, the Helper sent to us by Jesus.

Jesus Christ (page 75)
The Son of God and the Son of Mary.

Last Supper (page 115)
The last meal Jesus had with His friends before He died. At this meal, Jesus gave us the gift of the Eucharist.

Law of Love (page 107)
Jesus teaches us to love God, and others as we love ourselves.

Lent (page 193)
Lent is the special time before Easter. We pray and try to grow as followers of Jesus.

Mary (page 75)
Mary is the mother of Jesus, God's own Son. Mary is our mother too.

Mass (page 175)
The special celebration in which we hear God's word, remember Jesus dying and rising, and share the Body and Blood of Christ.

Parish (page 211)
The special place where Jesus'friends come together to pray.

Pope (page 155)
The pope is the leader of the Catholic Church.

Prayer (page 97)
Talking and listening to God.

Reconciliation (page 219)
The sacrament in which the Church brings us God's forgiveness and mercy.

Sacraments (page 219)
Signs through which Jesus shares God's own life and love with us.

Saints (page 65)
People who loved God very much, and who are now happy with God forever in heaven.

Sin (page 239)
The act of freely choosing to do what we know to be wrong. We disobey God's law on purpose.

Worship (page 221)
Giving honor and praise to God.

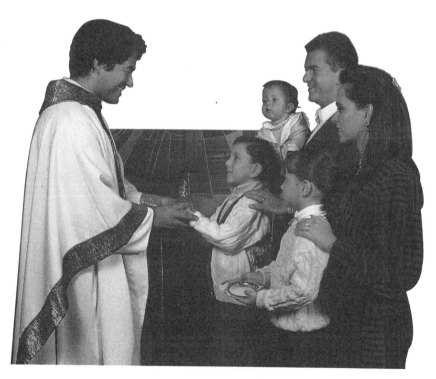

Arco iris de promesa

(Para usar con el capítulo 5)

1. Colorear el arco iris.

2. Escribir tu nombre en la nube.

3. Cortar en la línea de puntos.

4. Ayuda a tus amigos a hacer una bandera arco iris de promesa.

Dios:
Te prometo tratar de tomar decisiones con amor.

■ **Para el catequista:** Tenga disponible una hoja grande de papel con las palabras "Dios promete amarnos siempre" impresas en letras grandes. Ayude al niño a pegar su promesa.

Rainbow

(For use with Chapter 5)

1. Color the rainbow.

2. Write your name on the cloud.

3. Cut along the broken line.

4. Help your friends make a rainbow promise banner.

God,
I promise to try to make loving choices.

■ Have available a large sheet of paper with "God promises to love us always" printed in large letters on the paper. Help each child attach his or her promise to the group banner. Display the banner in a prominent place to remind the children of how we can thank God for his promise of love.

Botón oyente feliz

(Para usar con el capítulo 6)

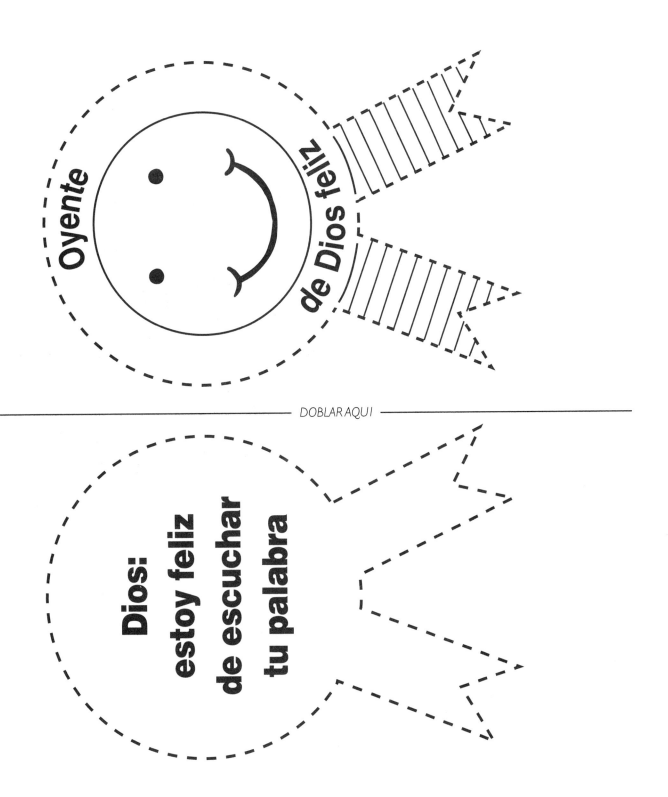

Oyente

de Dios feliz

DOBLAR AQUI

Dios: estoy feliz de escuchar tu palabra

■ Para el catequista: Pida a los niños colorear ambos lados del botón. Pídales cortar ambos lados en las líneas de puntos y pegarlos. Use un alfiler de cabeza para que cada niño pueda usar su botón en la celebración bíblica.

Happy Listener

(For use with Chapter 6)

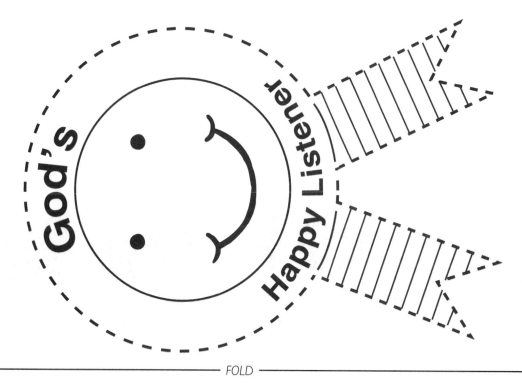

— FOLD —

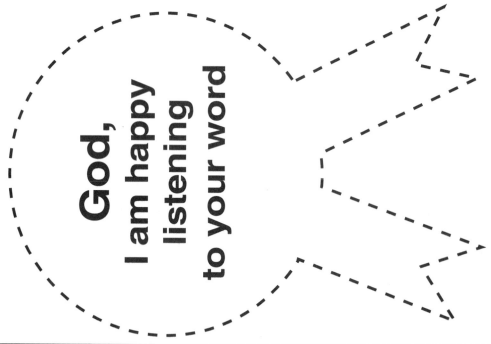

■ Ask the children to color the front and back of the badge. Have them cut the badge outlines and glue them back to back. Use a safety pin to pin each child's badge to wear for the Bible celebration.

Iluminamos el camino para Jesús en Adviento

(Para usar con el capítulo 13)

Colorea una estrella cada día que hagas algo para iluminar el camino de Jesús.

VEN SEÑOR JESUS

Semana 1	Semana 2	Semana 3	Semana 4
☆ ☆ ☆ ☆ ☆ ☆	☆ ☆ ☆ ☆ ☆ ☆	☆ ☆ ☆ ☆ ☆ ☆	☆ ☆ ☆ ☆ ☆ ☆

■ Para el catequista: Pida a los niños colorear las letras en el calendario. Explique que pueden poner sus calendarios en el refrigerador o en cualquier otro lugar prominente en sus casas. Pídales colorear una estrella por cada día que hagan algo para iluminar el camino de Jesús.

We Light the Way for Jesus in Advent

(For use with Chapter 13)

Color a star for each day you do
something to light the way for Jesus.

COME LORD JESUS

WEEK 1	WEEK 2	WEEK 3	WEEK 4
☆	☆	☆	☆
☆	☆	☆	☆
☆	☆	☆	☆
☆	☆	☆	☆
☆	☆	☆	☆
☆	☆	☆	☆

■ Ask the children to color the letters on the calendar. Explain that they should put their calendars on the refrigerator or some other prominent place at home. Tell them to color one star for each day they do something to light the way for Jesus.

Una vela de navidad

(Para usar con el capítulo 14)

1. Colorea la flama y el cuadro de la vela.

2. Corta en las líneas punteadas.

3. Enrolla el cuadro de la vela.

4. Juntas pega la parte de arriba y la de abajo.

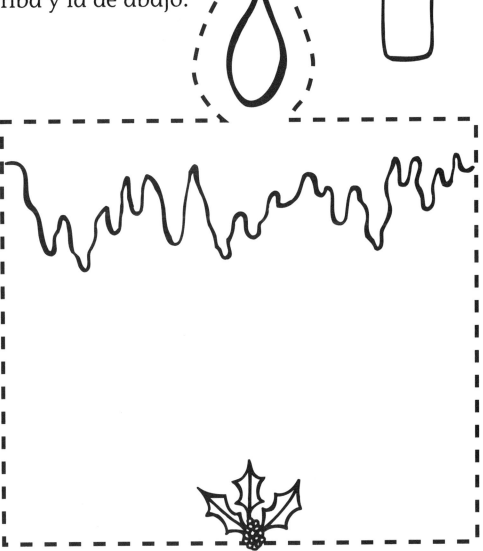

■ Para el catequista: Como alternativa, pida a los niños pegar sus velas a un pedazo de papel circular. Pídales guardar sus velas para una celebración especial de Navidad.

A Christmas Candle

(For use with Chapter 14)

1. Color the flame and the candle square.

2. Cut on the broken lines.

3. Roll the candle square.

4. Tape at the top and bottom to hold together.

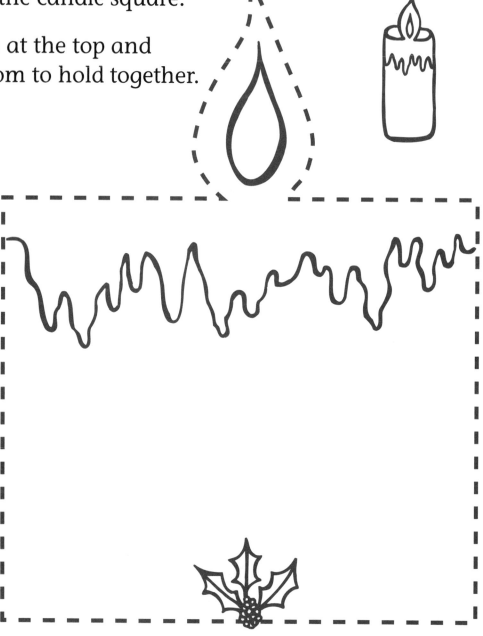

■ As an alternative, have the children attach their candle to a tissue-paper cylinder. Ask the children to hold their candles for the special Christmas celebration.

NOTAS/NOTES

Acknowledgments

Excerpts from Good News Bible, copyright © American Bible Society 1966, 1971, 1976, 1979.

Excerpts from La Biblia Latinoamerica copyright © 1972, Sociedad Bíblica Católica Internacional, Roma.

Excerpts from the English translation of the *Rite of Baptism for Children* ©1969, International Committee on English in the Liturgy, Inc. (ICEL); excerpts from the English translation of *The Roman Missal* © 1973, ICEL. All rights reserved.

English translation of the Lord's Prayer and the Kyrie by the International Consultation on English Texts.

The Documents of Vatican II, Abbot-Gallagher edition. Reprinted with the permission of America Press, Inc. 106 West 56th Street, New York, NY 100l9 © 1966. All rights reserved.

Concilio Vaticano II, San Pablo, © 1993 Bogotá, Colombia. All rights reserved.

Excerpts from *Sharing the Light of Faith: National Catechetical Directory for Catholics of the United States.* Copyright © 1979 United States Catholic Conference, Washington, DC. Used with permission of the copyright owner. All rights reserved.

Excerpts from *Compartir la Luz de la Fe Directorio Catequético Nacional para los Católicos de los Estados Unidos* © USCC are used with permission of copyright owner. All rights reserved.

Excerpts from *Gratefulness: The Heart of Prayer* by Brother David Steindl-Rast, copyright © 1984 Paulist Press, Mahwah, NJ. Used with permission.

Cover Photos

Peter Brandt: *background and nature insets.*
Myrleen Cate: *top right insets.*
CNE/Crosiers: *bottom left insets.*